Nic Leonhardt

Durch Blicke im Bild
Stereoskopie im 19. und frühen 20. Jahrhundert

Nic Leonhardt studierte Theaterwissenschaft und audiovisuelle Medien, Kunstgeschichte, Deutsche Philologie und Musikwissenschaft. Ihre wissenschaftliche Arbeit ist geprägt durch interdisziplinäre, Medien und Künste verbindende und transkulturelle Ansätze. Ihre Schwerpunkte liegen auf Theater-, Medien- und Kulturgeschichte des 19. und 20. Jahrhunderts, Globalgeschichte und Digital Humanities. Sie ist überdies als freie Autorin tätig.

Nic Leonhardt

Durch Blicke im Bild

Stereoskopie im 19. und frühen 20. Jahrhundert

Neofelis Verlag

Bibliografische Information der Deutschen Nationalbibliothek
Die Deutsche Nationalbibliothek verzeichnet diese Publikation in der Deutschen Nationalbibliografie; detaillierte bibliografische Daten sind im Internet über
http://dnb.d-nb.de abrufbar.

Umschlaggestaltung: Marija Skara, unter Verwendung der Stereoskopie *Miss Pixley in „Pinafore“*, um 1879 (Privates Bildarchiv NL).
Lektorat & Satz: Neofelis Verlag (mn)
Druck: PRESSEL Digitaler Produktionsdruck, Remshalden
Gedruckt auf FSC-zertifiziertem Papier.
ISBN (Print): 978-3-95808-006-5
ISBN (PDF): 978-3-95808-050-8

Aus technischen Gründen wurde in diesem Buch auf die Beigabe einer Stereobrille verzichtet. Empfehlenswert zur 3D-Betrachtung der hier wiedergegebenen Stereobilder ist ein Prismenlinsenbetrachter mit Lorgnette und für die Betrachtung der Farb-Anaglyphenbilder (Abb. 42 & 43) eine rot/grün- oder rot/blau-Brille.

Inhalt

Vorwort

Erst vor Kurzem hatte ich das erste Mal Gelegenheit, mit einem Oculus Rift vor Augen in eine virtuelle Umgebung einzutauchen. Der Blick war randlos, zu sehen und zu erleben waren eine räumliche Weite und Tiefe, die nichts mehr gemein hatten mit dem zuvor als zweidimensionale Fläche anvisierten Bildschirm. Der Sinneseindruck, der sich mir offenbarte, ließ mich unversehens an die berühmten, viel zitierten Worte von Oliver Wendell Holmes (1859) denken: „Der erste Eindruck, den die Betrachtung einer guten Fotografie im Stereoskop vermittelt, ist eine Überraschung, die kein Werk der Malerei in uns auslösen kann. Wir fühlen uns in die Tiefe des Bildes hineingezogen", notierte er damals. Die Erwartungen, die Holmes und seine Zeitgenossen in den ersten Jahren seit der Erfindung der Stereoskopie an die neue Möglichkeit des dreidimensionalen Bilderschauens hatten, ähneln denn auch folgerichtig den Weissagungen über die vermeintlich lebensverändernden Potenziale virtueller Realitäten und 3D: ein zunehmendes Verschwinden dessen, was wir „Wirklichkeit" nennen; ins Unendliche reichende Reproduktionsmöglichkeiten, Rekonstruktionen von Landschaften und Architektur; mittlerweile ist sogar das Ausdrucken von dreidimensionalen Kunstwerken und kulturellen Artefakten möglich.

Seit meiner ersten Begegnung mit alten stereoskopischen Bildern sind viele Jahre vergangen. Ich verdanke die Anregung zum ersten Blick auf die Doppelbilder dem amerikanischen Theaterwissenschaftler Laurence Senelick, der sich ihrer in zwei knappen Studien aus theaterikonographischer Perspektive annahm. Durchgehend verblüffend blieb für mich seit dieser ersten Begegnung nicht nur der Eindruck beim Anschauen selbst ältester Stereo-Bilder; verblüffend auf einer wissenschaftlichen und medienhistorischen

Ebene wirkt auch immer noch der Befund, dass die Stereoskopie, obwohl ein so wichtiges und in der Tat gesellschaftliche Schichten egalisierendes, da weit verbreitetes Medium des 19. Jahrhunderts, eine Leerstelle in den gängigen medien- und kulturgeschichtlichen Darstellungen bildet. Als Leitmedien des 19. Jahrhunderts werden vielmehr Fotografie, Kinematographie und – einen weiten Medienbegriff vorausgesetzt – Theater genannt. Trotz der weiten Verbreitung und des emsigen Gebrauchs der Doppelbilder wurde der Stereoskopie wenig wissenschaftliche Aufmerksamkeit geschenkt.

Gegenwärtig erfährt 3D wieder eine Renaissance, durch das Kino einerseits, das mittlerweile auch in 4D- oder 5D-Formaten agiert, aber auch durch computertechnische Optimierungen des virtuellen Raumerlebnisses sowie den 3D-Druck. Der Rückgriff auf die geschichtliche und vor allem kulturgeschichtliche Dimension dieses Mediums und seiner Praxis fehlt jedoch weiterhin. Dem ein wenig entgegenzuwirken, ist Anliegen des vorliegenden Buches.

Als ich begann, mich für Stereoskopie zu interessieren, war das Auffinden der Bilder noch knifflig. Ich traf über die Jahre zahlreiche Sammler, Archivare, Antiquitätenhändler, trat mit stereoskopischen Gesellschaften in Kontakt und geriet immer wieder in interessante Gespräche über dieses vergessene Medium. Mittlerweile verfügen viele Archive und historische Museen über Objektdatenbanken mit einer Fülle an Stereobildern, lassen sich Originale leicht im weltweiten Netz auftreiben und käuflich erwerben. Der Zugang zum Untersuchungsmaterial ist dadurch wesentlich erleichtert, und es wird auch den Lesern dieses Buches sehr viel einfacher sein, noch weitere Bildbeispiele zu finden, sie zu den in diesem Buch besprochenen Serien zu ergänzen, in Bezug zu setzen oder neue Zusammenhänge zu generieren. Die hier notwendigerweise stark selektierten Bilder lassen sich somit leicht durch digitale Lichttische ergänzen. Es ist nachgerade unmöglich, eine umfassende Darstellung zur Geschichte der Stereoskopie im 19. und 20. Jahrhundert vorzulegen. *Durch Blicke im Bild* versteht sich daher auch eher als kultur- und medienhistorischer und -anthropologischer Überblick über die Themenvielfalt, Einsatzbereiche, den Gebrauch und das Faszinosum der Doppelbilder. Das Buch möge in diesem Anriss zu weiteren Forschungen und Fragestellungen einladen.

Die Ideen und Erkenntnisse für dieses Buch sind über einen längeren Zeitraum gesammelt. Viele Menschen begleiteten mich dabei, berieten, besorgten Bilder oder beäugten mit mir Textteile und Reliefszenen. Stellvertretend für die Mitarbeiter in den entsprechenden Archiven und Sammlungen möchte ich folgenden Personen für ihre Unterstützung bei den Recherchen danken: Babette Angeleaes (Deutsches Theatermuseum München), Gabriele Ewenz (Stadtbibliothek Köln), Miriam Halwani und Ulrich Tillmann (Museum Ludwig Köln, Fotografische Sammlung), Margit Hame (Museum 3. Dimension, Dinkelsbühl), Christina Peters (Bildarchiv Preußischer Kulturbesitz), Nora Probst (Theaterwissenschaftliche Sammlung Porz-Wahn), Doug Reside (New York Public Library), Erhard Senf (†) (Leipzig), den Mitarbeitern des Stadtmuseums München sowie Hannes Wirth (Deutsche Stereoskopische Gesellschaft). Unter meinen Kolleginnen und Kollegen danke ich vor allem Stanca Scholz-Cionca, Christopher Balme, Daniel Cremers, Martin Loiperdinger, Axel Podehl und Laurence Senelick für den anregenden fachlichen Austausch sowie Gwendolin Lehnerer, Sabine Sophie Rösch, Lisa-Frederike Seidler und Tobias Englmeier für ihre großartige Unterstützung beim Finalisieren des Buches. Mein Dank geht auch an Matthias Naumann vom Neofelis Verlag für seine wunderbare Betreuung und das akribische Lektorat sowie an Marija Skara für das kreative Graphikdesign des Covers.

Dieses Buch ist für Volker und meine Familie geschrieben. Ihr seid in meinem Herzen, Euch verliere ich nicht aus dem Blick.

München, im Januar 2016

Durch Blicke im Bild
Einleitende Bemerkungen

Ein „Dachfenster zur Unendlichkeit“[1], so formulierte es der französische Literat Charles Baudelaire (1821–1867), sei das Stereoskop, ein Apparat zur Betrachtung eines Doppelbildes zweier auf einem Bildträger nebeneinander liegenden (fotografischen) Aufnahmen desselben Motivs, die sich perspektivisch leicht voneinander unterscheiden. Das „Dachfenster“ verwandelt dieses Doppelbild in einen dreidimensionalen Raum, in dem sich der Betrachter imaginativ ‚bewegen‘ kann. Diese Immersion, die mentale Grenzüberschreitung von Apparatur und Bildrahmen hinein in den Bildraum gleicht für Baudelaire dem Eindruck von „Unendlichkeit“. Durch Blicke im Bild zu sein, erleben Betrachter als Phantasmagorie der Stereoskopie. Es ist gleichsam ihr wirkungsästhetisches Spezifikum, das auch heutige Augenpaare noch in seinen Bann zieht.

Blickt man durch die zwei Okulare des Stereoskops auf das eingefügte Doppelbild, das Stereobild, so vermittelt sich dem Betrachter ein Eindruck, der alle bis dahin gefertigten und verfeinerten Versuche eines bildkünstlerischen Trompe-l’oeil sowie das für seine Wirklichkeitsreproduktion gerühmte neue Medium Fotografie defizitär erscheinen lässt. Das Doppelbild fusioniert zu einem einzigen, aber plastisch wirkenden Bild, und sein Betrachter sieht minutiöse Details in lebensnaher Plastizität „wie durch einen Zauberschlag gebannt“.[2] Als der britische Physiker Charles Wheatstone (1802–1875) in den dreißiger Jahren das erste Modell des Stereoskops, ein Spiegelstereoskop, entwickelte, verfolgte er das Ansinnen, im Bild „die *reale* Anwesenheit eines Gegenstands oder einer Szenerie zu simulieren“[3]. Aber nicht nur die ansichtige Naturähnlichkeit galt es zu erreichen, sondern eine (vermeintliche) Haptizität, eine Greifbarkeit.[4]

Betrachter stereoskopischer Bilder sind gleichermaßen Rezipienten wie Produzenten der Bildwirkung. Die Stereoskopie lässt die Dialektik von Bildmedium (Fotografie) und Wahrnehmungsmuster (stereo) erkennen: das flächige Bild wird räumlich erst vermittels der Betrachtung durch ein Stereoskop. Raumbilder sind korporeal und damit medien- oder bildanthropologisch zugänglich. Hans Belting hat in *Bild-Anthropologie* die Mehrfachbeziehung zwischen Bild, Körper und Medium formuliert; erst im Bezug von Körper und Bild gewinnt der Medienbegriff für ihn Bedeutung. Er spricht von einem doppelten Körperbezug: einerseits ist da der Bezug des Betrachters zum Trägermedium, andererseits die teils verändernde Wirkung von Medien auf, wie er es nennt, die körperlich bedingte Wahrnehmung des Rezipienten. „Im anthropologischen Blick", schreibt Belting, „erscheint der Mensch nicht als Herr seiner Bilder, sondern – was etwas ganz anderes ist – als ‚Ort der Bilder', die seinen Körper besetzen […]."[5] Und an anderer Stelle: „Der Dreischritt, den ich hier nachzeichne, ist für die Bildfunktion aus anthropologischer Sicht fundamental: Bild – Medium – Betrachter oder Bild – Bildapparat – lebender Körper (wobei dieser als medialer oder medialisierter Körper verstanden werden muß)."[6] Es ließe sich nachgerade formulieren, die Stereoskopie veranschauliche diesen Körperbezug mustergültig.

Erst das Zusammenspiel von Rezeption und/als Produktion ermöglicht ein Raumerlebnis: Ohne das ‚handelnde Zuschauen' entbehrt das Doppelbild seiner dreidimensionalen Anschau. Der Wahrnehmungsmodus der Stereoskopie rückt darin unverkennbar in die Nähe des Dispositivs Theater, denn auch die theatrale Anordnung erfordert überwiegend die Gleichzeitigkeit von Zuschauern und Angeschautem. Diese Dialektik der physischen Situierung des Betrachters in einer ‚realen' Wirklichkeit und seiner mental simulierten Gegenwart in der ‚fiktiven Wirklichkeit' des Bildes beschreibt der Begründer der Theaterwissenschaft, Max Hermann (1865–1942), im Jahre 1931 als Grundkonstituens eines „theatralischen Raumerlebnisses". Der theatrale Raum sei „kaum identisch mit dem realen Raum, der auf der Bühne existiert." Vielmehr sei dieser ein Kunstraum, der, so Hermann, „erst durch […] innerliche Verwandlung des tatsächlichen Raumes zustande" komme.[7] Und dieser Raum sei ein Erlebnis.

Sehen als Erleben zu begreifen – und auch marktstrategisch anzupreisen –, ist fester Bestandteil des gegenwärtigen Diskurses um 3D-Filme. Zuschauer sollen den Film nicht nur anschauen, sondern (durch mentale Immersion) den Filminhalt oder besondere Effekte miterleben. Sie sollen eine im Film dargestellte Reise nicht nur visuell nachvollziehen, sondern mitmachen, das Sinken eines Schiffes nicht nur beobachten, sondern ‚leibhaftig' Teil des Geschehens sein, in einer Kampfszene nicht nur Voyeur spielen, sondern durch 3D-Effekte und Rütteln der Kinositze am Kampf teilhaben. Gegenwärtig sind so viele 3D-Filme auf dem Markt wie nie zuvor. Und diese aktuelle Spitze des stereoskopischen Kinoerlebnisses lässt nach der historischen Bedingtheit des stereoskopischen Bildes fragen, die viel zu häufig aus der aktuellen Diskussion um 3D ausgeklammert wird. Im vorliegenden Buch liegt daher das Augenmerk auf der Stereoskopie als einem massenmedialen Phänomen der zweiten Hälfte des 19. Jahrhunderts und der ersten Dekaden des 20. Jahrhunderts. „Stereoviews were the television or internet of the day", diesen Vergleich zieht Greg Dinkins in *New York City in 3D*:

> At the peak of their popularity from the 1850s through 1930s, a stereoscope viewer and a carefully chosen collection of stereoviews boasted pride of place in most every middle- and upper-income household around the globe.[8]

Die Zeit zwischen der Jahrhundertmitte und dem frühen 20. Jahrhundert ist eine sehr pluralistische, auch im Hinblick auf die visuelle Kultur jener Jahre. Zahlreiche und heterogene Medien, vor allem Medien, die den Sehsinn adressieren, bilden sich heraus. Dabei zentral ist ein enges Wechselspiel von technischen Neuerungen, naturwissenschaftlichen Erkenntnissen und zunehmender Unterhaltung und Information durch Medien. In Bezug auf die visuelle Kultur dieser Zeit lässt sich die Pluralität an der Vielfalt optischer Medien[9] ebenso ablesen wie an einer bis dato nicht dagewesenen Liaison und permanenten produktiven Interrelation von bildkünstlerischen, inszenatorischen und Sehkonventionen. An anderer Stelle habe ich diese Interrelationen mit den Begriffen Interpiktoralität und Intervisualität bezeichnet:[10] Während ersteres die Wanderung von Bildsujets durch Medien der visuellen Kultur bedeutet, greift letzteres die Übernahme von Seh- und Wahrnehmungskonventionen zwischen Medien und Darstellungsformen auf. Jonathan Crary führt diese Verdichtung am Beispiel des Betrachtens von Kunstwerken vor:

> Im 19. Jahrhundert war der Betrachter eines Bildes immer auch zugleich einer wachsenden Menge von anderen optischen und sensorischen Erfahrungen ausgesetzt. Anders gesagt, Gemälde und deren jeweilige Bedeutung entstanden nicht in irgendeiner – unmöglichen – ästhetischen Isolation oder in einer kontinuierlichen Tradition von Codes in der Malerei, sondern als

> eines unter vielen konsumierbaren und flüchtigen Elementen innerhalb eines wachsenden Chaos von Bildern, Waren und Stimulationen.[11]

Betrachter eines Kunstwerks sehen folglich vor dem Hintergrund eines kognitiven und kanonischen Bild-Panoramas.

Medien haben entscheidenden Anteil an der Kreation eines ‚Bildes' vom 19. Jahrhundert, und es sind die Medien der Zeit, die, zum Teil selbst Erfindungen und Produkte jener Dekaden, die Wahrnehmung des 19. und 20. Jahrhunderts prägen. Nähert man sich dieser Zeit heutzutage an, geschieht dies in erster Instanz und unabhängig vom disziplinären oder erkenntnistheoretischen Zugriff über die zeithistorischen medialen ‚Repräsentationen' oder auch ‚Repräsentationsversuche' wie auch Jürgen Osterhammel gleich zu Beginn seiner umfassenden globalhistorischen Studie zum 19. Jahrhundert, *Die Verwandlung der Welt*, feststellt: „Heutige Wahrnehmungen des 19. Jahrhunderts sind immer noch stark von der Selbstbeobachtung jener Zeit geprägt. Die Reflexivität des Zeitalters, vor allem die neue Medienwelt, die es schuf, bestimmt fortdauernd die Art und Weise, wie wir es sehen. Für keine frühere Epoche ist dies in ähnlichem Maße der Fall."[12] Über diesen Sachverhalt, die visuelle Kultur des 19. Jahrhunderts und ihre prägenden und nachhaltigen Auswirkungen auf ein ikonisches Repertoire an Weltwissen, über die mittlerweile selbstverständliche Kopplung von Text und Bild zur Informationsvermittlung, über mentale Bilder, Imaginationen des Anderen und *imagined communities*, aber auch über die Nutzbarmachung von Bildern für plakative und sublime Manipulation und Propaganda ist in den vergangenen Jahren viel gearbeitet worden. Insbesondere das transdisziplinäre Forschungsfeld Visual Culture, zu dessen Gegenstandsbereichen nicht nur Artefakte der bildenden Kunst, sondern vielmehr Bilder der Alltagskultur gehören, hat erheblich Wissen über die visuelle Kultur des 19. und 20. Jahrhunderts gemehrt. Wie aber fügt sich die Stereoskopie nun in die Mediengeschichte und die wissenschaftliche Betrachtung der visuellen Kultur ein?

Die Stereoskopie ist neben der Fotografie eines der populärsten Bild-Medien des ausgehenden 19. Jahrhunderts. Ihre Prosperität reicht bis ins frühe 20. Jahrhundert hinein und bricht sich – trotz einer zunehmenden ‚Medienkonkurrenz' – während des gesamten 20. Jahrhunderts immer wieder Bahn. Es ist das enge Zusammenspiel von Technik, Kunst, Wissenschaft und gesellschaftlicher Unterhaltung, das die Entwicklung des ersten Stereoskops in den späten dreißiger Jahren des 19. Jahrhunderts befördert. Anlässlich der ersten Weltausstellung im Crystal Palace in London im Jahre 1851 wird das Stereoskop zum ersten Mal der Öffentlichkeit vorgestellt. Unter den Besuchern der Ausstellung befindet sich auch Queen Victoria. Sie ‚riskiert' einen Blick durch das Stereoskop, und ihre Begeisterung über die neue Erfindung, so heißt es, würde entscheidend sein für die rasche Etablierung der Stereoskopie als unterhaltendes und edukatives Medium für viele mit internationaler Verbreitung.

Um die Jahrhundertwende, so wird in den wenigen einschlägigen Überblicksdarstellungen zur Stereoskopie immer wieder erwähnt, soll es keinen Haushalt ohne Stereobetrachter und Bilder-Sets gegeben haben. William C. Darrah etwa notiert in *The World of Stereographs* folgendes über die dichte Verbreitung stereoskopischer Bilder:

> Through the illusion of three dimensions, millions of people were entertained and enlightened by stereo photographs of every description: travel, history, religions, humor and sentiment.
> At the turn of the twentieth century few homes were without a viewing instrument and a small assortment of cards, while some private libraries held thousands in neat boxes on shelves or in specially designed cabinets.[13]

Die Stereoskopie ist von Anfang an von einer doppelbödigen Rezeption gekennzeichnet: auf der einen Seite trägt die zwischen Betrachter und Bild geschaltete Apparatur, sei es ein Handstereoskop, ein Taschenstereoskop, ein öffentlich aufgestellter Apparat oder ein Kaiserpanorama, dazu bei, dass der Akt des Schauens ein sehr subjektiver, gar intimer ist. Um das dreidimensionale aus dem zweidimensionalen Bild zu ‚erblicken' ist eine direkte Anschau unvermeidlich, das dicht vor die Augen gehaltene Gerät verhindert einen schweifenden, panoramatischen und fördert anstelle dessen einen fokussiert selektiven Blick. Das Dispositiv des stereoskopischen Sehens ist durch die temporäre Einheit von Betrachter, Apparatur und Bild geprägt.

Auf der anderen Seite wird die Stereoskopie zu einer Zeit in die Welt gebracht, in der sich eine Demokratisierung des Sehens den Weg bahnt: stetig optimierte technische Reproduktionsbedingungen, infrastrukturelle Verbesserungen von Distributionswegen, aber auch weltweit vernetzte Illustratoren, Magazine, Zeitungen, Agenturen und Fotografen tragen im Verlauf des 19. Jahrhunderts dazu bei, dass Bilder weit verbreitet zugänglich sind. Seit der Erfindung der Fotografie bis in die ersten Jahre des 20. Jahrhunderts galt die Stereofotografie als weltweit vertriebenes Unterhaltungsmedium. Im Zeitraum zwischen den frühen

1850er und den 1930er Jahren fertigen professionelle Fotografen ebenso wie Amateure Millionen von Stereobildern. Firmen wie Underwood & Underwood, B.W. Kilburn oder die Keystone Company beauftragen Fotografen, Bilder zu fertigen, oder fertigen selbst. Über die Vertriebswege informiert Greg Dinkins in *New York City in 3D*:

> Images were on sale at tourist attractions as souvenirs to wow the folk back home. Traveling salesmen carried their cases of wares from door to door, offering viewers and photos to discerning fans eagerly building their collections. Stereoviews provided many people their first photographic views of the world, and they became devoted fans.[14]

Bildagenturen sind ebenso wie Nachrichtenagenturen seit den fünfziger Jahren des 19. Jahrhunderts etabliert, erst lokal, dann auch international. Firmen wie Underwood & Underwood, Keystone Views oder die London Stereoscopic Company spezialisieren sich auf die Produktion und Distribution von Stereobildern mit Filialen in Handelszentren der Welt. Auf diesem Gebiet einer globalen Mediengeschichte wird künftig noch viel aufzuarbeiten sein.[15]

Die mediale Eigenschaft oder Spezifizität der Stereoskopie, Bilder räumlich wirken zu lassen, bildet die Grundlage für die Selektion bestimmter Sujets als Bildmotive, die die räumliche Wirkung potenzieren helfen: vollgepackte, viktorianische Zimmer, Architektur, Bühnenbilder oder auch stark perspektivisch angeordnete Bildmotive wie Brücken. Stereoskopische Ansichten können ein Gesamtes en miniature greifbar, Fernes, wie in geographischen Aufnahmen, nah, Privates und Intimes, etwa in Genrebildern und den „Akademien" genannten Nacktdarstellungen, öffentlich werden lassen sowie groß angelegte theatrale oder politische Massenschauspiele privatisieren. Zu den häufigsten Bildmotiven gehören Personen, Landschaften, Opern- und Theaterszenen, biblische Szenen, Biologie, Genrebilder, Skulpturen, Architekturen, ferne Regionen, aktuelle Ereignisse und Feste ebenso wie Bilder von Kriegen und ganz alltägliche Straßenszenen. Teils stehen sie für sich, teils werden sie in Serien zusammengefasst und auch als Serie gehandelt. Die Bildmotive und ihre Anwendungsbereiche der Information, Bildung, Unterhaltung, Geisterdarstellungen und Spiritualität halten sich über die Jahrzehnte und finden nach der Hauptphase der Stereoskopie, die sich mit etwa 1850 bis 1920/30 angeben lässt, in anderen Medien ihren Ort.

Die ersten Jahre der Daguerreotypie[16], Fotografie und Stereoskopie sind begleitet von einem wissenschaftlichen

Diskurs – und werden Teil dessen –, der die neuen Medien und Apparaturen nicht nur als Weiterentwicklungen im Bereich der Optik ansieht, sondern auch immer zur Reflexion über (menschliche) Wahrnehmung, Abbildung von ‚Wirklichkeiten' und deren Illusion gereicht. Wie Bernd Stiegler in der von ihm herausgegebenen *Theoriegeschichte der Photographie* anmerkt, schließt „[d]ie Photographie [...] immer auch eine Reflexion über das Sehen und das Gesehene mit ein."[17] Fotografie sieht er denn auch als ein

> Medium, das das Sichtbare als kulturelle oder subjektive Konstruktion entlarvt, das der Tradition eine andere Form der Sichtbarkeit gegenüberstellt, das Sichtbare als Beweis nutzt oder als Ausgangsmaterial für die Herstellung anderer Bilder verwendet etc. Die Photographie ist radikaler Zweifel an der Evidenz des Sichtbaren und zugleich seine emphatische Proklamierung.[18]

Gut sichtbar wird dies unter anderem in den Schriften des Physikers und Physiologen Hermann von Helmholtz (1821–1894). Dieser hält etwa in seinem *Handbuch der physiologischen Optik* (1867) über das Täuschungspotential der stereoskopischen Bilder fest, ihre „Naturwahrheit" und „Lebhaftigkeit" seien so auffällig,

> dass manche Objekte, zum Beispiel Gebäude, die man aus stereoskopischen Bildern kennt, wenn man später in Wirklichkeit vor sie hintritt, nicht mehr den Eindruck eines unbekannten oder nur halb bekannten Gegenstandes machen. Man gewinnt in solchen Fällen durch den wirklichen Anblick des abgebildeten Gegenstandes, wenigstens für die Formverhältnisse, keine neuen und genaueren Anschauungen mehr, als man schon hat.[19]

Im letzten Band des *Handbuchs* widmet sich Helmholtz den psychosozialen Effekten der visuellen Wahrnehmung. Hierin adressiert er auch Erlebnis und Erfahrung, was vor allem greifbar wird in seinem Begriff des „unbewussten Schlusses". Darunter versteht Helmholtz einen visuellen Eindruck, der prä-rational vonstattengehe und vor allem darin bestehe, dass man Dinge für wahr nehme, die rein rational nicht wahr sein können. Erfahrung, also das Anwenden gelernter Konzepte, Muster und wiederholten Sehens des Gleichen in zeitlichem Abstand müssten eigentlich rational übermitteln, dass das Wahrgenommene nicht für wahr zu nehmen sei – dennoch lasse sich der Mensch optisch täuschen. In einfacheren Worten rekurriert ein Werbeprospekt für das Indupor-Stereoskop auf diese Täuschung als Besonderheit des Stereobildes. Über die Wirkung der Bilder auf den Betrachter heißt es dort:

> Bei der Porträtdarstellung untersteht es keinem Zweifel, daß jeder Mensch, gleichviel welcher Bildungsstufe [...], seinem Bildnis in plastischer Form Interesse entgegenbringt, einerseits weil ihm in den meisten Fällen diese Bildart neu erscheint, und des Weiteren weil ihn die Tatsächlichkeit der Erscheinung fesselt.[20]

Die Stereoskopie kristallisiert intermediale und intervisuelle Referenzen sowohl auf der Darstellungs- wie Wahrnehmungsebene. Sie ist einerseits Produkt eines wissenschaftsgläubigen, positivistischen Zeitalters, in dem gleichzeitig der dazu zunächst konträr stehende Wunsch nach einer Perfektionierung illusionistischer Wirkung in Künsten und Medien laut wird. Einen Gegenstand möglichst genau im Bild wiederzugeben, damit der Betrachter so vollkommen wie möglich getäuscht werde – Dokumentation im Abbild und Phantasma der Täuschung –, motiviert bekanntlich Künstler wie Erfinder immer wieder zur Entwicklung neuer Gestaltungsformen und optischer Drehs. Pointiert bildet Timm Starl diese experimentierfreudige Janusköpfigkeit ab, wenn er schreibt:

> Die Tendenzen der ‚vorphotographischen' Bildproduktion wiesen bereits in diese Richtung; im Panorama wurde die Vorstellung des Räumlichen geweckt, im Diorama täuschten Beleuchtungseffekte die Folge von Tag und Nacht vor, die Laterna magica hatte die ‚künstlichen' Bilder in die Wohnungen gebracht. All diese – und eine Reihe weiterer – ‚Illusionstechniken' artikulierten neue Sehbedürfnisse und verwiesen auf die Photographie. Bereits in den ersten beiden Dekaden fanden sie – nun entledigt ihrer spezifischen medialen Begrenzungen – ihre photographische Spielart und in der Folge ihr Ende: in der Panoramaphotographie, ob nun aus mehreren Bildern zusammengesetzt oder als eine Aufnahme; in den Transparent-Stereobildern, bei denen – hielt man sie gegen das Licht – Mond und Sterne und die Fenster der Häuser beleuchtet erschienen; in den Glaspositiven, die für Projektionszwecke hergestellt wurden. Auch wenn einzelne dieser Techniken noch einige Jahrzehnte ihr Publikum fanden, hatten sie ihre vormalige Bedeutung als ‚Vermittler' eines Realen an ihr gemeinsames Kind verloren. Die Ablösung der beiden Erfindungen Daguerres ist symptomatisch: im Jahr der Bekanntgabe der Erfindung der Photographie brannte sein Diorama ab.[21]

Was im bisher Dargelegten deutlich wird: Mediengeschichtlich ist die zweite Jahrhunderthälfte eine ‚Wundertüte'. Werner Faulstich fasst in seiner *Kulturgeschichte des 20. Jahrhunderts* (2006) die medialen Dynamiken und den Wandel in und durch Medien als einen Wandel von einer „Dominanz der Druckmedien zur Dominanz der Medien Fotografie, Film, Schallplatte, Telegraph, Telefon und ihren Einflüssen auf andere Medien wie Zeitung, Zeitschrift oder Blatt sowie auf Kulturbereiche wie Kunst, Ästhetik, Literatur, Theater, Musik, Werbung, Mode und Design."[22] Zunächst erstaunlich ist, dass er in seiner beinahe vollständigen Auflistung der wichtigsten Bereiche aus Kultur und Medien die Stereoskopie nicht nennt. Aber doch ist die Aussparung dieses zeitgenössisch so populären Mediums aus den gängigen mediengeschichtlichen Darstellungen symptomatisch und wirft Fragen auf. Warum, so lässt sich nach einem eingehenden Blick auf die visuelle Kultur des späten 19. Jahrhunderts mit einigem Recht fragen, findet die Stereoskopie kaum Beachtung in der Sekundärliteratur, wohingegen die Fotografie und auch schon die frühe Kinematographie als die ausschlaggebenden und prägenden Medien des 19. Jahrhunderts etikettiert werden? Es ist regelrecht verwunderlich, dass in diesen Darstellungen die Geschichte der Stereoskopie als Massenmedium nahezu ausgeklammert ist. Ganz so, als sei sie nur ein Randphänomen gewesen. Man übersehe leicht, so formuliert es Jonathan Crary,

> wie verbreitet das Stereoskop einmal war und daß fotografisch hergestellte Bilder jahrzehntelang vor allem auf diese Weise betrachtet wurden. Das Stereoskop ist ein weiterer Beleg dafür, daß ein Medium mit einem anderen, in diesem Falle der Fotografie, verwechselt und vermengt wird.[23]

Die nur sporadische Nennung der Stereoskopie als „Massenmedium" trifft auf die offenkundige Irritation, welche wissenschaftliche Disziplin sich ihrer anzunehmen habe. Weder die Kunst- noch die Film- noch die Medienwissenschaft hat sich eingehender mit den stereoskopischen Bildern befasst.[24] Dreidimensionale Bilder, leitet Jens Schröter seinen Beitrag über dieselben in dem von ihm edierten *Handbuch Medienwissenschaft* ein, seien

> in der Mediengeschichte randständig und tauchen in Standardwerken wie z. B. der Geschichte der optischen Medien von Friedrich Kittler (2002) kaum auf. Dennoch sind sie keineswegs marginal oder unwichtig – sie spielen nur keine zentrale Rolle im – systemtheoretisch gesprochen [...] – System der Massenmedien oder im Kunstsystem, weswegen sie in der oft um diese Systeme zentrierten Medienwissenschaft nicht beachtet werden.[25]

Hat auch die Medienwissenschaft – von Jens Schröters einschlägigem und längst überfälligem Engagement in diesem Bereich abgesehen – die Stereoskopie noch nicht als Forschungsgegenstand entdeckt, so doch andere, meist „Misch-Disziplinen". Das Interesse an Raumbildern wandelte sich erst in jüngster Zeit vor folgenden Hintergründen: Zunächst hat sich Visual Culture-Forschung (vornehmlich aus dem anglo-amerikanischen Raum) der komplexen

Thematik angenommen und begreift die Stereoskopie als eine Art Bindeglied zwischen der starren Fotografie und den bewegten Bildern des frühen Films, aber auch als medienhistorisch bedeutsame Manifestation eines ‚subjektiven Sehens', mit der das Stereoskop unmittelbar verbunden ist. An erster Stelle zu nennen ist hier Jonathan Crarys Publikation *Techniques of the Observer. Vision and Modernity in the Nineteenth Century* (1990), die 1996 in deutscher Übersetzung erschien. Crary redet darin einer Neubewertung, Modernisierung und Autonomisierung des Sehens seit dem frühen 19. Jahrhundert das Wort und zeichnet nach, dass sich im Verlaufe der Industrialisierung jener Jahre Tast- und Sehsinn trennen. Das Stereoskop sieht er als einen wichtigen Kristallisationspunkt im Kontext dieser ‚sensuellen Isolation':

> Diese Autonomisierung des Sehens, die sich auf vielen verschiedenen Gebieten vollzog, war eine historische Bedingung für die Umstrukturierung des Betrachters, der für den Konsum von ‚Spektakeln' ausgerüstet sein sollte. Die empirische Isolierung des Sehens ermöglichte nicht nur dessen Quantifizierung und Homogenisierung, sondern brachte es auch mit sich, daß die neuen Objekte des Sehens (seien es nun Waren, Fotografien oder der Akt der Wahrnehmung selbst) eine mysteriöse und abstrakte Identität annahmen, die keine Beziehung zur Position des Betrachters auf einem einheitlichen Erkenntnisfeld mehr hatte. Das Stereoskop ist ein wichtiger kultureller Schauplatz, auf dem der Bruch zwischen Greifbarkeit und Sichtbarkeit einzigartig evident wird.[26]

Bisherige Studien zum Thema Geschichte der Stereoskopie im 19. und frühen 20. Jahrhundert lassen sich grob in zwei Schwerpunktsetzungen aufteilen: Zum einen sind sie durch eine sehr technikzentrierte Herangehensweise an Stereoskopie gekennzeichnet, die Fragen nach der Physiologie des menschlichen Sehens ebenso in Augenschein nimmt wie die Funktionsweise stereoskopischer Apparate, ihrer Geschichte und technischen Weiterentwicklung. Zum anderen existieren Alben, durch Illustrationen dominierte Überblicksdarstellungen über Stereoskopie, die meistens thematisch nach den Kategorien der Bildmotive geordnet sind, aber überwiegend ohne wissenschaftlichen Anspruch.

Sodann sind, angeregt durch den Spatial Turn, aber auch durch die Beschäftigung mit Virtual Realities, Virtueller Kunst und jüngster 3D-Technologie, in den vergangenen Jahren einige Studien aus unterschiedlichen Disziplinen erschienen, die sich mit der zunehmenden Sensibilisierung für medial erzeugte dreidimensionale Bildwelten, Techniken und Räume befassen.[27]

Der gegenwärtige Boom der 3D-Filme hat das Interesse an den historischen Dimensionen erhöht. Kommt die Sprache auf die Geschichte, ist zumeist nur bruchstückartig von der Mediengeschichte der Stereoskopie die Rede. Jüngere Studien zum 3D-Film, etwa Jesko Jockenhövels Dissertationsschrift *Der digitale 3D-Film* (2014), unternehmen zwar einen Exkurs in die frühen Experimente zum stereoskopischen Film; Stereoskopie als Massenmedium vor der Kinematographie wird jedoch allenfalls gestreift. Jens Schröter legt in seiner Habilitationsschrift *3D. Zur Theorie, Geschichte und Medienästhetik des technisch-transplanen Bildes* (2009) eine beeindruckende Gesamtdarstellung über das Phänomen 3D vor und geht auch auf ausgewählte Sujets der stereoskopischen Bilder der Jahrhundertwende ein. Die immer noch einzigen einschlägigen kulturhistorischen Studien zur Geschichte der Stereoskopie im 19. und frühen 20. Jahrhundert, auf die auch in dem vorliegenden Buch immer wieder Bezug genommen wird, stammen von Edward W. Earle, *Points of View: The Stereograph in America – A Cultural History* (1979), William C. Darrah, *The World of Stereographs* (1977), John Jones, *Wonders of the Stereoscope* (1976), sowie Denis Pellerin *La photographie stéréoscopique sous le second Empire* (1995).[28] Pellerin hat jüngst (2013) gemeinsam mit Paula Fleming und Brian May die wohl bislang umfassendste Monographie über Diablerien herausgebracht: *Diableries. Stereoscopic Adventures in Hell.*[29]

Zielsetzungen dieses Buches

„Die Geschichte der Bilder ist immer auch eine Geschichte der Bildmedien gewesen. Die Interaktion von Bild und Technologie läßt sich nur dann verstehen, wenn man sie im Licht von symbolischen Handlungen sieht"[30], so notiert es Hans Belting. Das vorliegende Buch versteht sich als eine Geschichte der dreidimensionalen Bilder im 19. und frühen 20. Jahrhundert. Geschichte, und daher auch Kultur- und Mediengeschichte, wird in diesem Buch nicht teleologisch behandelt. Es wird sich daher auch keine Formulierung finden wie diese, dass die Stereoskopie ein „Vorläufer" des 3D-Films oder des Sich-Bewegens in virtuellen Welten sei. Mediengeschichte war bei genauer Betrachtung immer schon eine pluralistische Geschichte von Medien, die parallel existieren und sich gegenseitig beeinflussen, aber nicht ‚die eine' Geschichte von Medien, die sich zeitlich hintereinander ‚ablösen' oder sich ‚verdrängen', wie es häufig Tenor medienhistorischer Überblicke ist. Stattdessen wird in diesem Buch die Herangehensweise an Mediengeschichte als eine geteilte verstanden, als eine Geschichte der

Relationen zwischen visuellen Medien, bildenden und darstellenden Künsten des 19. und 20. Jahrhunderts. Einerseits, um der „Vielfalt höchst unterschiedlicher kultureller Praktiken, ästhetischer Diskurse und theoretischer Entwürfe"[31] Rechnung zu tragen und die jeweiligen zeit- und kulturspezifischen historischen Kontexte zu berücksichtigen. Die bildanthropologische Trias Bild–Körper–Medium wurde weiter oben als essentiell für die Stereoskopie unterstrichen und wird in den nachfolgenden Ausführungen immer wieder einspielen. Der relationale Ansatz ist andererseits gewählt, um die enge Liaison von visuellen Medien und Künsten in Augenschein zu nehmen, die maßgeblich erhellend ist für das Verständnis und die zeitgenössische Rezeption wie eine Justierung der nachträglichen Rezeption der Stereoskopie jener Jahre. Raumbilder sind höchst intermedial, sie verschränken auf der Produktions- wie Rezeptionsebene Techniken und Konventionen anderer Medien und Künste, ihrer Strategien der Illusionserzeugung, Wahrnehmungsmodi und Anwendungsbereiche. Diese Relationen zeigen sich auch auf der Ebene der Akteure, der Produzenten der Bilder. Die in dieser Studie näher behandelten Protagonisten sind beinahe durchweg entweder zeitgleich übergreifend oder nacheinander in verwandten Gebieten tätig. Maler sind auch Fotografen, können auch als Regisseure tätig sein. Optiker sind auch Wissenschaftler, die auch als Daguerreotypisten arbeiten oder als Bühnenbildner. Die relationale Herangehensweise manifestiert sich nicht nur auf der Ebene des Untersuchungsgegenstandes, sondern auch in Bezug auf den interdisziplinären Zugang, den die Stereoskopie erfordert. Sich mit der Stereoskopie (oder auch anderen mediengeschichtlichen Phänomenen) zu befassen, bedeutet einen interdisziplinären Pfad einzuschlagen. Die Tatsache, dass die Stereoskopie ein sehr hybrides Medium ist, sozial und geographisch weit verbreitet war, erfordert die Betrachtung durch ein Disziplinen verbindendes Prisma. Die zeithistorische Wechselwirkung zwischen Wissenschaft, Kunst, Medien, Unterhaltung, Globalisierung und Nationenbildung, die die Stereoskopie kristallisiert, lässt sich nur in einer Berücksichtigung des Wechselverhältnisses der entsprechenden Theoriefelder – Ästhetik, Philosophie, Physik, Soziologie, Semiotik, Medientheorie – betrachten.[32]

Technische, historische und marktwirtschaftliche Grundlagen der Stereoskopie sind zum Verständnis ihrer Funktion als demokratisches Unterhaltungsmedium relevant. Das erste Kapitel dieses Buches, das mit „Binokulare Raumillusion: Bild – Körper – Medium" überschrieben ist, widmet sich daher den basalen Themenfeldern der Stereoskopie:

der Erörterung der physiologischen Voraussetzungen binokularen Raumsehens, der medien-anthropologischen Erläuterung ihrer medialen Spezifizität, wie sie weiter oben bereits angeklungen ist, sowie den Vertriebswegen. Auf der Ebene dieser Grundlagen bereitet dann das Hauptkapitel, „Reliefspektakel – stereoskopisches Repertoire und Bildprogramm (1850–1936)“ ein Panorama der gängigen Bildsujets und ihrer Anwendung und nimmt eine Klassifizierung vor. Es wird im Verlaufe des Hauptkapitels deutlich werden, dass die Stereoskopie nicht nur zur Unterhaltung und Ausbildung ihrer Betrachter diente, sondern mehr und mehr auch Objekt gezielter Instrumentalisierung und Propaganda wurde. Das abschließende Kapitel „‚Films Like Real Life‘– Stereoskopische Kinematographie und 3D Film bis 1929“ führt in die ersten dreidimensional projizierten Filme ein. Es versteht sich gleichzeitig als Brücke zum aktuellen Diskurs um 3D-Filme. Verzeichnisse der im Verlaufe dieser Studie genannten Personen, Titel und Sachbegriffe sollen den Lesern ein schnelleres Auffinden ermöglichen und bieten darüber hinaus einen raschen Einblick in die Themenfelder und weite Verzweigung des Untersuchungsgebiets Stereoskopie.

Ist das stereoskopische Sehen von einer Liaison aus subjektivem Sehen und demokratisch zugänglicher ‚In-Ansichtnahme‘ geprägt, so ergab sich doch noch bis vor zehn Jahren die größte Schwierigkeit, eine Kulturgeschichte der Stereoskopie anzugehen, dadurch, dass die Quellenmaterialien, die Stereobilder selbst, schwer, oder besser, nur sporadisch zugänglich waren. Umgreifende Digitalisierungsprojekte der vergangenen zehn Jahre haben die Zugänglichkeit und Verfügbarkeit an Stereobildern allerdings entscheidend verbessert. Zahlreiche Archive und Museen sind dazu übergegangen, ihre Bestände an stereoskopischen Bildern zu digitalisieren. Hinzu kommen Handelsportale, auf denen Stereoskope und Doppelbilder zum Verkauf angeboten werden, sowie Websites von Sammlern und stereographischen Gesellschaften. Erst durch die international stattfindende Digitalisierung eröffnet sich Forschern heutzutage die Bandbreite, Vielfalt und weitere Zerstreuung der stereoskopischen Aufnahmen, wie sie zwar in den historischen Quellen immer angedeutet wurde, aber aufgrund der schlechten Zugänglichkeit der Materialien selbst eher marginal überprüft werden konnte. Mittlerweile sieht man sich also einem *embarras de richesse* konfrontiert – beinahe so wie die zeithistorischen Betrachter der dreidimensionalen Bilder vor einem überwältigenden Angebot standen. Wo also anfangen? Was auswählen? Die Kriterien für die Auswahl der in diesem Buch abgedruckten und besprochenen Bilder richteten sich in erster Linie danach, inwieweit sie repräsentativ für die vorgenommene Klassifizierung sind. Sie stammen zu einem überwiegenden Teil aus deutschen Archiven und meinem privaten Bildarchiv, was jedoch ihre beinahe durchwegs internationale Herkunft keineswegs unterminiert. Denn die Bilder selbst wurden, soweit bekannt, von international tätigen Fotografen und stereoskopischen Firmen oder Gesellschaften gefertigt. Die Abbildungen in den folgenden Teilkapiteln werden nicht als Illustrationen verstanden, sondern als Ausgangspunkte für eine dichte Lektüre ihres Inhalts, ihrer Rezeption und ihres Kontextes.

Durch Blicke im Bild behandelt die medien- und kulturgeschichtlichen Facetten und Dimensionen der Stereoskopie, die, das zeigen die immer wieder neu aufgelegten und technisch jedes Mal verfeinerten ‚Wiedervorlagen' oder auch ‚Neuauflagen' von 3D in Kino und im Unterhaltungssektor, auch heute noch Faszination und Verblüffung bei einem internationalen Publikum auslösen. „Unsere Wahrnehmung unterliegt einem kulturellen Wandel, obwohl unsere Sinnesorgane sich seit urdenklichen Zeiten nicht geändert haben"[33], formuliert Belting. Unsere Augen scheinen zwar daran gewöhnt, dreidimensionale Gegenstände und räumliche Anordnungen im zweidimensionalen Bild zu erkennen. Aber nach wie vor ‚ergreift' der Blick durch ein Stereoskop, das zwei Bilder des gleichen Motivs zu einem einzigen plastischen verschmelzen hilft; der Anblick des stereoskopischen Bildes ist gleichermaßen Sog in die Unendlichkeit, von der Baudelaire sprach, Anziehung und Abscheu – wenn das Bild verblüfft und uns auf uns zurückwirft.

Binokulare Raumillusion
Bild – Körper – Medium

Prolog: *Across the Sea of Time* – Blickwechsel in Stereo

Was auf den ersten Blick wie eine transatlantische Zeitreise zwischen verschiedenen Einwanderergenerationen anmutet, entpuppt sich auf den zweiten Blick als eine cineastische Verknüpfung unterschiedlicher Zeit- und Inhaltsebenen der Mediengeschichte: *Across the Sea of Time. New York 3D* (deutsch: *New York 3D – Eine Zeitreise*) lautet der Titel eines Filmes, der 1995 in die IMAX-Kinos kam (USA, R: Stephen Low). Auf einer inhaltlich recht schlichten Ebene sollte der Clou des Filmes in der Verknüpfung von Techniken der 3D-Projektion der neunziger Jahre des 20. Jahrhunderts mit der Stereoskopie des späten 19. Jahrhunderts bestehen. Auf der Website von Big Movie Zone heißt es knapp:

> This film tells the compelling story of an 11-year-old Russian stowaway, Tomas, who arrives in New York hoping to meet up with a branch of his family who came to America decades earlier. Armed with a stereopticon (a primitive precursor to today's 3D) and a handful of photographs from the turn of the century that a relative sent back to Russia, he suddenly encounters the sights and sounds of New York as it is today.[1]

Die Technik überbrückt die Zeiten und führt virtuell – über Bildmotive und visuelles Erleben und Erfahren – die Mitglieder einer Familie und ihre Bildwelten zusammen. *New York 3D* ist die Geschichte eines kleinen russischen Jungen, der durch seinen Großvater – seinerzeit als Fotograf in New York tätig – in den Besitz von Stereokarten gelangt ist. Der Großvater ist mittlerweile verstorben, der kleine Tomas Minton macht sich aus seiner Heimat auf, die auf den Stereofotos abgebildeten Schauplätze der Metropole ausfindig zu machen. Ein Stereoskop nach Wheatstone und nur das Nötigste im Rucksack, reist er als blinder Passagier mit dem Schiff über den Atlantik. Die Zuschauer des Films verfolgen die Reise des Jungen mit einer Stereobrille, die den in 3D projizierten Film räumlich werden lässt. Untermauert werden die visuellen Eindrücke des Jungen durch die Stimme seines Großvaters Leopold, der seine Briefe an die Familie in der Heimat vorliest und die neuesten technischen Innovationen und die überwältigenden Impressionen der Stadt Ende des 19. Jahrhunderts beschreibt. Immer wieder wird der Aspekt der visuellen Wahrnehmung thematisiert. Potenziert werden die Seherfahrungen des Jungen durch die teils subjektive Perspektive (Tomas), die diegetische Perspektive durch das Voice Over von Leopold und insbesondere mittels extremer Perspektiven – Vogelperspektive von einem Dach aus, Froschperspektive an Skyscrapern hinauf, Tiefenbewegungen (Kanalarbeiter) –, ferner simulierte Bewegungen etwa von Pferdekutschen (aufgenommen aus der Perspektive des Pferdes) oder, dazu in Kontrast in höheren Geschwindigkeiten, von U-Bahn oder Achterbahn. In einer Informationsbroschüre des IMAX-Theaters Berlin aus dem Jahre 1999 heißt es:

> […] ‚New York 3D – Eine Zeitreise' zeigt Ihnen plastisch die Höhepunkte des Big Apple heute und anno dazumal. Zusammen mit einem blinden Passagier aus Rußland erleben Sie New York im Spiegel der Zeit. Sei begleiten den Strom der Auswanderer zu Beginn des 20. Jahrhunderts, werden vom hektischen Treiben an der Wall Street mitgerissen, wagen eine rasante Achterbahnfahrt auf Coney Island und fliegen mit dem Hubschrauber über Manhattan.

Sehen ist das zentrale Motiv des Films, gegeben schon durch den Plot: der Junge geht suchend und vergleichend durch die Straßen New Yorks: die Stadt und ihre (tausendfach reproduzierten) markanten Sehenswürdigkeiten vor Augen,[2] ihr stereoskopisches Äquivalent durch die Apparatur im Blick, bewegt er sich sehend und erkennend, entdeckend und wiedererkennend durch die festgehaltenen Augenblicke einer vergangenen Zeit und die Erfahrungswelt seiner Vorfahren. Zuschauer des Films erleben beim Betrachten durch die Stereobrillen, wie sie für 3D-Filme notwendig sind, die filmische Ebene ebenso wie die historische Bilderwelt in plastischer Darstellung und folgen in diesem *dédoublement* Tomas' Erkundungen auf den Spuren seiner Ahnen. Die Filmkritiker hielten sich 1995 bedeckt und attestierten dem Film Oberflächlichkeit und „a thin and barely convincing narrative to keep it moving", wie etwa die Kritikerin Janet Maslin in der *New York Times* vom 20. Oktober 1995 schrieb. Im Kontext dieses Kapitels interessieren jedoch die sich überlappenden medialen Ebenen; das Beispiel hilft eine Brücke vom bewegten 3D-Film zum historischen Pendant der stereoskopischen Bilder zu schlagen: Was Tomas das Stereoskop, ist den Betrachtern die Polarisationsbrille, was ihm die Stereofotografien auf einem Bildträger, sind den Zuschauern die projizierten Bilder: Die Bildmotive gleichen die Kinobesucher ebenso mit ihrem medial vermittelten Bildwissen über New York ab, wie Tomas es mit der durchquerten physischen Realität des Dargestellten tut. „Die Stereoskopie war die erste Technologie zur Verpackung visueller Information, die sich den binokularen Aspekt des visuellen ‚Auspackens' zunutze machte", schreibt Howard Rheingold in *Virtuelle Welten. Reisen im Cyberspace* 1995. „Der erste wichtige Schritt war das Stereoskop des englischen Erfinders Sir Charles Wheatstone aus dem Jahr 1833. Ihm folgt eine Kette von Erfindungen, die direkt zu den head-mounted-displays von heute führt."[3]

Die nachfolgenden Abschnitte dieses Kapitels pointieren wesentliche Kernpunkte und Voraussetzungen für das Verständnis der Funktionsweise der Stereoskopie und die Historizität gegenwärtiger 3D-Filme und ihre immer wieder aufkeimende (wie auch abebbende) Faszination und (auch ökonomisch attraktive) Indienstnahme durch Filmproduzenten. Produktion und Rezeption stereoskopischer Bilder referieren auf eine dichte Verschränkung von Physiologie, der Geschichte, Inhalte und Dispositive optischer, bildkünstlerischer Medien und Theater sowie Technologie. Ein erster Teil führt in die Grundlagen der Entwicklung der Stereoskopie in den 1830 bis 1850erJahren ein, gefolgt von einer Beschreibung der Apparaturen und einer Skizzierung des internationalen Vertriebs von stereoskopischen Aufnahmen.

Physiologie des Raumsehens

Zu Beginn des 19. Jahrhunderts elaboriert sich in den Naturwissenschaften die Beschäftigung mit den Techniken des Raumsehens (Binokularsehen) und der Diskussion darum, ob das Raumsehen erlernt werden müsse (empiristischer Ansatz) oder angeboren sei (nativistischer Ansatz).[4] Es ist sicherlich kein Zufall, dass sich zeitgleich mit der beginnenden Prosperität und Popularität von Fotografie und Stereoskopie Hermann von Helmholtz intensiv mit den Sinnesorganen Auge und Ohr zu befassen beginnt und seine empiristische Raumtheorie entwickelt, in der er, verkürzt wiedergegeben, formuliert, der Raum sei ein Sinnenphänomen wie Farbe und Ton, Raumsehen sei wie Sehen subjektiv und beruhe auf Erfahrung. Damit entwirft er ein gewichtiges Gegenargument zur nativistischen Raumtheorie, wie sie etwa der Physiologe Karl Ewald Konstantin Hering (1834–1918) vertritt, die davon ausgeht, dass das Raumsehen eine natürliche Anlage in jedem menschlichen Organismus sei.[5] Im Zentrum der physiologischen, physikalischen und optischen Untersuchungen des 19. Jahrhunderts steht die Frage: „Wenn der Betrachter mit jedem Auge ein anderes Bild sieht, wie kommt es dann, daß beide Bilder als ein Bild wahrgenommen werden?"[6] Diese theoretischen Überlegungen gehen der Entwicklung des Stereoskops als optisches Medium voraus, welches die räumliche Wirkung fotografischer Doppelbilder, der Stereofotografie, ermöglicht. Der Begriff „Stereoskopie" (stereo: räumlich/plastisch, skopie: Sehen) subsumiert sowohl die physiologischen Fähigkeiten des räumlichen Sehens als auch die technischen Verfahren dreidimensionaler Raumwiedergabe. Es gilt, zwischen dem Raumsehen und dem Raumwahrnehmen zu unterscheiden: die Raumwahrnehmung ist auch monokular möglich, weil der Betrachter aufgrund seiner Seherfahrungen befähigt ist, die Größenverhältnisse des Raumes zu apperzipieren, d. h. die fehlende Dimension mental zu berichtigen. Das Raumsehen hingegen basiert einzig auf der Binokularität, i. e. dem Sehen mit beiden Augen. Es ist die ‚double vision', der Doppelblick, um den sich in den Folgejahren die wissenschaftlichen Untersuchungen, Experimente und Entwicklung neuer Apparaturen und ein regelrechter Boom der Stereoskopien genannten Doppelbilder drehen. John Jones, Verfasser von *The Wonders of the Stereoscope*, eine der wenigen kompakteren kulturhistorischen Darstellungen zum Thema Stereoskopie im 19. und 20. Jahrhundert, erklärt diese double vision mit einfachen Worten:

> Because we have two eyes we see everything double, and almost everything out of focus. But because our eyes can scan and change focus at great speed, and our brain is able, no less rapidly, to assimilate and interpret what we see, we are hardly ever aware of these peculiarities of vision. We perceive the scene before us in clear focus and in three dimensions. […]
> In practice our eyes scan a scene very quickly, gathering focused clues […], which the brain instantly jigsaws together. The areas surrounding these small points of focus are blurred and, to put simply what is a very puzzling phenomenon, the mind blots them out. If this were not so, and the eye could simultaneously focus everything before it, as a camera does, vision would still be impossibly confused. This is because our eyes are about three inches apart and each sees a different image; the scene is the same, but we see it from two viewpoints.[7]

Es ist bekannt, dass das Netzhautbild eines Gegenstandes – aufgrund der unterschiedlichen Position der Augen – auf jeder Netzhaut ein anderes ist, in summa jedoch als ein einziges räumliches Bild wahrgenommen wird. Die Begründung für diese Disparität ist folgende: der Abstand zwischen den Pupillen beträgt durchschnittlich 6,35 Zentimeter; Objekte, die nicht weit vom Betrachter entfernt sind, werden daher aus unterschiedlichen Perspektiven gesehen.[8] Bereits 280 v. u. Z. notiert der griechische Mathematiker Euklid von Alexandria in einem seiner mathematischen Lehrbücher die Kenntnis von der Berechnung von Räumlichkeit. Auch die Schriften des römischen Arztes Galenus (129–200) beinhalten schon physiologische Erkenntnisse über räumliches Sehen. Um 1600 zeichnet Jacopo di Chimenti (1551–1640) ein Bildpaar, das bei intensiver Betrachtung dreidimensional wirkt. Eine Verflechtung von künstlerischer Tätigkeit und wissenschaftlichem Erkenntnisinteresse offenbart sich im Zeitalter der Renaissance, als Leonardo da Vinci erste theoretische Überlegungen zum stereoskopischen Sehen verfasst. Da Vinci macht in seiner Abhandlung über Malerei darauf aufmerksam, dass die Malerei Räumliches nicht so überzeugend wiedergeben könne, wie es das Auge erfahre. Wie John Jones zusammenfasst, weist da Vinci darauf hin, „that conventions of perspective and chiaroscuro, however deployed to create the illusion of depth, can never quite surmount the main obstacle, the flat surface of the painting."[9] Entscheidende Impulse für die weiterführende Erforschung des binokularen Raumsehens gehen im 17. Jahrhundert von dem französischen Geistlichen Chérubin d'Orléans (1613–1697) aus, der 1675 das erste Mikroskop mit zwei Okularen konstruiert, womit er das bereits bekannte binokulare Fernrohr verbessert.[10] In letzter Instanz entscheidend für die Erfindung des Stereoskops sind die Studien Charles Wheatstones (1802–1875), Physiker und Professor für experimentelle Naturwissenschaft am King's College in London, über das zweiäugige Sehen. Wheatstone trägt seine Beobachtungen, die zum ersten Mal die physiologischen Bedingungen des räumlichen Sehens analysieren und belegen, am 21. Juni 1838 auf einem Treffen der Royal Society vor. Im selben Jahr erscheint sein Traktat in den *Philosophical Transactions of the Royal Society*.[11] Er weist nach, dass beim Betrachten eines Gegenstandes, der vom Blickpunkt aus weit entfernt liegt, die beiden Sehachsen der Augen fast parallel stehen, wohingegen beim Sehen eines Objektes, das den Augen nahe steht, die Sehachsen unterschiedliche Winkel aufweisen:

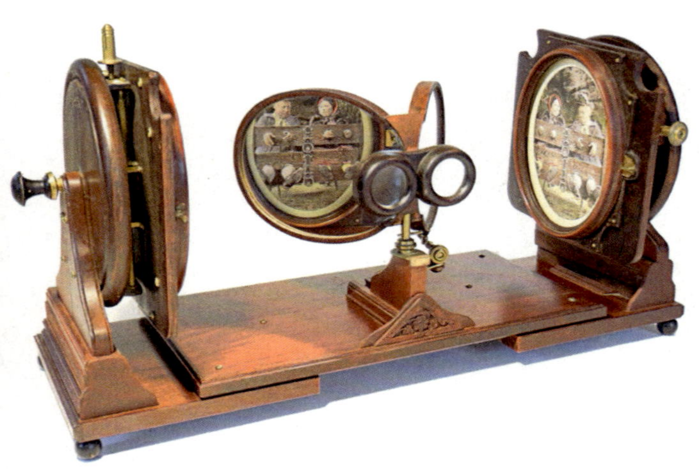

Abb. 1: Spiegelstereoskop Charles Wheatstones. Nachbau von Hans Joseph Rodermann (Fürth).

> Wenn der Gegenstand so nah ans Auge gestellt wird, daß die optischen Achsen sich annähern müssen, um ihn sehen zu können [...], sieht jedes Auge eine andere Projektion des Gegenstandes, und diese Perspektiven werden immer unähnlicher, je größer die Annäherung der optischen Achsen wird.[12]

Die Sehachsen neigen sich beim binokularen Sehen einander zu, sie konvergieren (Konvergenzachsen), die zwei heterogenen Bildhälften verschmelzen (im Gehirn) zu einem homogenen Gesamtbild und bewirken die Körperlichkeit in der Anschauung. Seine Erkenntnis belegt Wheatstone mit einer Zeichnung (die Erfindung der Fotografie sollte erst kurz danach bekannt gegeben werden) zweier beinahe identischer Bilder desselben Objektes, die mit Hilfe eines Spiegel-Stereoskops (Abb. 1) zu betrachten sind, wodurch sie sich zu einem dreidimensionalen Bild zusammenfügen.[13]

Allerdings geschieht die Vereinigung der beiden unterschiedlichen Teilbilder nicht unmittelbar, sondern erst nach einer kurzen Zeitspanne, wie der englische Physiker David Brewster (1781–1868) später bemerken wird:

> Obwohl die Bilder sich anscheinend verbinden, entsteht doch der Reliefeindruck erst aus den folgenden Bewegungen der optischen Achsen, die *nacheinander* auf ähnliche, aber unterschiedlich weit vom Betrachter entfernte Punkte in den beiden Bildern auftreffen und sie miteinander in Verbindung bringen.[14]

Mit dieser Aussage hebt Brewster gleichzeitig hervor, dass das stereoskopische Bild per se nicht existent ist, sondern vielmehr eine halluzinatorische Täuschung, die auf der Seherfahrung des betrachtenden Subjekts basiert, die unterschiedlichen Bilder stets zu einem homogenen, räumlichen Bild zu vereinen. Wie Theodor Schwartze es 1883 formuliert, benötigt der Mensch kein Gerät, um räumlich sehen zu können, aber die Apparatur kann hierbei unterstützend wirken. Das Stereoskop beschränke sich darauf,

> den Augen die zu nehmende Richtung anzuweisen und dem Blicke die seitwärtsliegenden Gegenstände zu verdecken; [...] Das Wunderbare, Überraschende liegt also hier gar nicht im Apparat, sondern hat seinen Grund vielmehr in uns selbst, in der staunenswerten Einrichtung unsrer Sinneswerkzeuge. Diese mit Scharfsinn geprüft und eine interessante Nutzanwendung daraus gezogen zu haben, ist das Verdienst Wheatstones, des Erfinders des Stereoskops.[15]

Die Frage danach, wer als der rechtmäßige Erfinder des Stereoskops zu nennen sei, Wheatstone oder Brewster, wird zeitgenössisch kontrovers diskutiert.[16] Brewster wettert in seiner Schrift *The Stereoscope* mehrfach gegen Wheatstone. Jones notiert in *Wonders of the Stereoscope* zu diesem kompetitiven Gestus folgendes:

> When, in the 1850s, the Scottish physicist Sir David Brewster contested Wheatstone's claim to have invented stereoscopy, evidence was produced which suggested that Wheatstone had had a stereoscope as early as 1832, and there are subsequent references to it in scientific papers of the 1830s. [...] The date of Wheatstone's paper preceded by several months the first public announcements of discoveries in the fiel of photography; hence the first versions of the stereoscope were demonstrated with the aid of drawings [...].[17]

Den Raum ins Bild aufnehmen: Stereoskopie und Fotografie

Charles Wheatstones Analysen verdeutlichen, dass die Stereoskopie auch ohne Erfindung der Fotografie möglich gewesen wäre. Allerdings kann die Fotografie den dreidimensionalen Effekt des Stereoskops multiplizieren, weil sie die Unterschiede der einzelnen Teilbilder deutlicher wiedergibt. Wheatstone erwähnt in seinen *Beiträgen zur Physiologie der Gesichtswahrnehmung* 1852 den Nutzen der Fotografie für seine Erfindung:

> Im Anfang des Jahres 1839, etwa 6 Monate, nachdem meine Abhandlung in den Philosophical Transactions erschienen war, wurde die Kunst der Photographie bekannt, und bald hernach stellten auf mein Ersuchen Herr Talbot, der Erfinder, und Herr Collen (einer der ersten Beflissenen dieser Kunst) liebenswürdiger Weise stereoskopische Talbottypien von lebensgrossen Bildwerken, von Gebäuden und sogar Aufnahmen lebender Personen für mich her. [...] Den Herren Fizeau und Claudet war ich für die ersten Daguerreotypien verpflichtet, die für das Stereoskop ausgeführt sind.[18]

Darrah betont, dass die Anwendung der Fotografie auf die Stereoskopie erstmals durch Antoine Francois Claudet (1797–1867) erfolgt sei, der bereits seit 1839 in London Daguerreotypien angefertigt habe: „As early as 1842 Claudet, Beard and others attempted to take stereophotographs for the reflecting stereoscope invented by Wheatstone.“[19] Und an anderer Stelle hebt er noch deutlicher Claudets visionäre Kraft hervor, das Potential des Stereoskops vorhergesehen zu haben und betont seinen Beitrag im Kontext der Weiterentwicklung der Apparatur:

> He experimented with portrait and group pictures. He patented several notable instruments, including a viewer with adjustable eye pieces, a pocket folding stereoscope and a revolving stereoscope (1855) holding one hundred slides mounted on an endless belt.[20]

Zu dieser Reihe neuer Erfindungen gilt es noch hinzuzufügen, dass Claudet, Mitglied der Royal Society, im Jahre 1858 ein Stereomonoskop entwickelt und 1875 in den *Proceedings of the Royal Society of London* einen kurzen Beitrag über seine Funktionsweise mit dem Titel „On the Stereomonoscope, a New Instrument by which an *apparently* single Picture Produces the Stereoscopic Illusion“ veröffentlicht.
Auch Brewster macht den Mehrwert der Fotografie für die Stereoskopie deutlich, wenn er formuliert:

> As an amusing and useful instrument the stereoscope derives much of its value from photography. The most skillful artist would have been incapable of delineating two equal representations of a figure or a landscape as seen by two eyes, or as viewed from two different points of sight; but the binocular camera, when rightly constructed, enables us to produce and to multiply photographically the pictures which we require with all the perfection of that interesting art.[21]

Erste Stereo-Daguerreotypien in Deutschland fertigt vermutlich der Physiker Ludwig Moser (1805–1880) aus Königsberg im Jahr 1841. Ein Jahr später sind die ersten handkolorierten Stereo-Bilder aus der Hand des Schweizer Künstlers und Daguerreotypisten Johann Baptist Isenring (1796–1860) belegt. Anfangs werden die Stereofotografien mit Hilfe einer einzigen Kamera angefertigt, die nach der Aufnahme des ersten Teilbildes um den Abstand der Pupillen zueinander leicht verschoben wird, um einige Sekunden später das zweite Teilbild festzuhalten. Für Portraitaufnahmen wird die Aufnahme mit zwei nebeneinander aufgestellten Kameras empfohlen.[22] Diese Aufnahmetechnik ist üblich für die ersten Jahre: Entweder platziert man zwei Kameras nebeneinander oder die Fotografen arbeiten mit nur einer Kamera, die nach der Aufnahme des ersten Bildes leicht seitwärts bewegt wird, so dass dann in

Abb. 2: Crystal Palace in London, 1851.

einem gewissen Abstand die zweite Aufnahme erfolgt. Dies erfordert natürlich, dass sich das aufzunehmende Objekt oder Subjekt während der Zeit der Aufnahme nicht bewegt. Diese komplizierte Aufnahme von Doppelbildern veranlasst Brewster 1849 zur Erfindung einer Doppelobjektiv-Kamera. Der Franzose Achille Léon Quinet (1831–1900)[23] entwirft um 1853 die erste binokulare Kamera. Ungefähr zur selben Zeit entwickelt auch der Optiker John Benjamin Dancer (1812–1887) aus Manchester einen Prototypen einer für die damaligen Verhältnisse hochentwickelten Stereo-Kamera, die 1856 in Herstellung geht.[24]
Die technischen Weiterentwicklungen der fotografischen Aufnahme kommen auch dem Stereofotografen zupass, der durch das Negativverfahren seine Aufnahmen massenhaft reproduzieren und schließlich preisgünstig vertreiben kann. „Der stereoskopische Kasten und die photographischen Bilder sind wie füreinander geschaffen und ergänzen sich in vorteilhaftester Weise", äußert sich Schwartze in dem 1883 erschienenen *Buch der Erfindungen im XIX. Jahrhundert*:

> Das Stereoskop an und für sich ist eine schöne, ihrem Urheber alle Ehre machende Erfindung; aber ohne die Kunst der Lichtbildnerei wäre es eben ein wissenschaftlicher Apparat geblieben, hätte nie ein Mittel werden können, vielen Tausenden Freude und Genuß zu bereiten.
>
> Der aus dem Griechischen gebildete Name des Instruments sagt uns, daß wir darin verkörperte Gegenstände sehen; und in der That haben wir auch ganz diesen Eindruck, während wir uns doch jeden Augenblick überzeugen können, daß wir nur flache Bilder betrachten. Auch die zeichnenden Künste bemühen sich, dem Beschauer die Fläche vergessen zu machen und [...] mit Hilfe der Perspektive und Schattengebung die Gegenstände plastisch, d. h. als wirkliche Körper darzustellen; allein niemand wird sich durch ein Gemälde so täuschen lassen, daß er einen freistehenden Gegenstand zu sehen glaubte. Das Stereoskop dagegen bewirkt diese Täuschung aufs vollkommenste.[25]

Im Gegensatz zur rein fotografischen Ablichtung unterliegt die Stereofotografie ihren eigenen Gesetzmäßigkeiten. So eignen sich insbesondere solche Motive, die eine Staffelung von Tiefenebenen und eine Objektfülle im Bildvorder- und -mittelgrund aufweisen, für die stereoskopische Betrachtung. „[U]m den stereoskopischen Effekt hervorzurufen, müssen dem binokularen Blick genügend Punkte zur Verfügung stehen, die entsprechende Variationen für die konvergierenden Winkel der Sehachsen erlauben."[26] Die stereoskopische Ansicht des Motivs multipliziert den räumlichen Effekt, verleiht zumal den Objekten im Vordergrund eine oft hyperrealistische Plastizität.
Abbildung 2 zeigt eine stereoskopische Aufnahme des Innenraums des Kristallpalastes aus dem Jahre 1851 mit

dem Titel „Crystal Palace in London"; trotz der vergleichsweise schlechten Qualität dieses immerhin über 160 Jahre alten Bildes lassen sich die Gartenflächen und Skulpturen gut erkennen. Das Original befindet sich in der Fotosammlung des Theatermuseums München, über die Provenienz dieses Exemplars ist nichts bekannt, auch fehlt (noch) der Hinweis auf einen Fotografen oder den Vertrieb, der Titel ist handschriftlich auf dem Verso vermerkt, „Crystall Palace" [sic].

Im Jahre 1854 wird der Crystal Palace leicht erweitert in Sydenham Hill südlich von London wieder aufgebaut. Henry Negretti (1818–1879) und Joseph Zambra (1822–1897) werden die offiziellen Fotografen der Crystal Palace Company[27]; die stereoskopischen Bilder nehmen sie mit zwei nebeneinander gestellten Kameras auf, dabei wirken die günstigen Lichtverhältnisse in der innovativen Glasarchitektur äußerst förderlich.

Stéréo Instantané

In der Frühzeit der Fotografie ist bekanntlich das Einfangen von bewegten Momenten, also Bewegung im Bild, wegen der langen Belichtungszeiten noch nicht möglich. Es gibt allerdings schon in den 1850er Jahren Versuche, auch im Bereich der Stereoskopie, Momentaufnahmen herzustellen. Die vermutlich ersten instantan produzierten Stereo-Bilder werden 1854 von André Adolphe-Eugène Disdéri (1819–1889) aufgenommen. Sie zeigen Pariser Straßen, aufgenommen aus einiger Entfernung, um kleine Bewegungen auszuschalten.[28] (Abb. 3)

Im Jahre 1859 hält der amerikanische Fotograf Edward Anthony (1819–1888) Momentaufnahmen vom Broadway in New York City fest. Seine Firma, E. & H.T. Anthony & Co. American and Foreign Stereoscopic Emporium, ediert in den sechziger Jahren eine nummerierte Serie mit dem Titel „Anthony's Instantaneous Views", unter der sich auch Abbildungen zentraler gesellschaftlicher Ereignisse und Termine befinden, wie etwa „The Funeral of President Lincoln, New-York, April 25th, 1865".[29]

> As image technology advanced in the nineteenth century, photographers were able to capture the vibrancy of city life – pedestrians and horse-drawn carriages filling the streets lined with shops and entertainments. The new practice of capturing a slice of time and interaction was called "instantaneous photography." Firms such as Anthony Brothers and C.W. Woodward capitalized on the shift from still lifes, lone buildings, and stolid portraits to bustling street scenes and life in action. Lower Broadway is the oldest north-south thoroughfare in New York and dates from the time of the Dutch settlement of New Amsterdam. It

Abb. 3: *Paris Instantané. La Rue du Faubourg, Montmartre.* L. L., o. D.

runs the full length of Manhattan from Bowling Green in the south all the way into the Bronx and parts of it were widened and paved in the late nineteenth century.[30]

Eine Paradoxie wird hier offenkundig: auf der einen Seite geht es darum, Momente und damit auch Bewegungen einzufrieren, zu arretieren, auf der anderen Seite soll das stereoskopische Bild gerade auch die Lebendigkeit, zu der Bewegung gehört, suggerieren. Dies wird insbesondere bei der seltenen Serie *Épreuves à Mouvement* aus dem Jahre 1862 oder 1863 deutlich, die sich zum Beispiel in der fotografischen Sammlung des Museum Ludwig befindet.[31] Betrachtet man die beiden Einzelbilder der Stereoskopie, so fällt auf, dass die Unterschiede zwischen Aufnahmen desselben Motivs nicht nur geringfügig, sondern sehr deutlich ausfallen. Motive sind etwa eine Frau beim Federballspiel (Abb. 4), zwei Frauen bei der Handarbeit, ein Junge, der einen Hund bürstet, sowie ein Gärtner mit einem Gartenrechen – Motive also, denen Bewegung inhärent ist. Die höhere Diskrepanz zwischen den Einzelbildern soll vermutlich beim Betrachten des Bildes diese Bewegung suggerieren. Verwandelt man die beiden Einzelbilder heutzutage in animierte Graphics Interchange Format-Dateien (GIF), wird der damals erwünschte Effekt in diesem rezenten Format augenscheinlich: in rascher Geschwindigkeit bewegt die sportliche Dame des 19. Jahrhunderts ihren Federballschläger auf und ab.

Die *Épreuves à Mouvement* sind vom Archiv folgerichtig als „Bewegliche Stereobilder. Vorläufer der Kinematographie" gekennzeichnet. Die Bewegung im Bild einzufangen, entfacht noch, wie Jones anmerkt, in den 1860er Jahren eine Debatte über den „Wahrheitsgehalt" der Bilder:

> Because they rendered visible moments of action which the naked eye could not normally grasp, they were thought by some to be "untruthful". Moreover, artists argued that figures caught in "accidental" poses often seemed ungainly and off-balance, and to represent them so was unconvincing. Nevertheless the influence of photography on the art of the time is now beyond question. Degas's innovatory figure compositions owe much to it, and the pictures of the Impressionists that render the fleeting effects of light, echo the instantaneous photographs of Paris streets.[32]

Diese Diskussion reiht sich in den Diskurs um die Daguerreotypie und Fotografie in den ersten Jahren ein, in dem die medialen Spezifika der Fotografie unterstrichen werden, die sich damals bekanntermaßen aus zwei Merkmalen konstituieren: der Fähigkeit, den Augenblick zu arretieren und dies auch noch vermittels einer „objektiven" Apparatur. In den ersten Jahren der Fotografie galt

Abb. 4: Frau beim Federballspiel. Épreuve à Mouvement, um 1862.

das Abbild als unverfälschte Kopie der Natur. Henry Fox Talbot (1800–1877) nennt das erste Buch über das neue Medium *The Pencil of Nature*, und wie Don Slater festhält, ließ sich „photography [as] the epitome of positivist representation" verstehen.[33] „Die Malerei ist tot von heute an", soll der Maler Paul Delaroche (1797–1865) nach der Veröffentlichung der Erfindung gesagt haben, und in der Tat übertrifft das neue Medium die in der Malerei angestrebte Perfektionierung der realistischen Erfassung von Wirklichkeit, indem sie das Verlangen stillt, sich die Wirklichkeit in „exakt reproduzierenden Ausschnitten zu vergegenwärtigen und zu vergewissern."[34] Trotz oder wegen ihres Anspruchs auf Objektivität ist die Fotografie als Bilder produzierendes Bild-Medium in die Reihe derjenigen visuellen Medien einzuordnen, deren Wirkungsabsicht in der Illusion von Wirklichkeit besteht, die mit Hilfe artifizieller Mittel erzeugt wird. Visualität, das Sehen, wird schon im 18. Jahrhundert zum essentiellen Medium einer auf Empirie setzenden Kultur, um Wahrheit und Wissen zu übermitteln. Daher beruhe, wie Don Slater notiert,

> the debate as to the aesthetic character of photography ('is it an art?') conventionally […] on the distinction between scientific and artistic vision, fact and fiction, objectivity and subjectivity.[35]

Bereits in ihrer frühen Phase spaltet die Kritiker die Frage, ob die Fotografie als Kunst angesehen werden könne, in zwei Lager. Gegner des neuen Mediums kritisieren die Dominanz der Technik, die dem Fotografen keinen Raum zu künstlerischer Entfaltung erlaube. Befürworter sehen den Kunstanteil des fotografischen Bildes in dessen Komposition, die sich an Historien- oder Genregemälden und besonders an Inszenierungsstrategien des Theaters orientiert. Theaterfotografie, Theater, Fotografie und bildende Kunst gehen in der zweiten Hälfte des 19. Jahrhunderts nachgerade eine symbiotische Beziehung ein. Das stereoskopische Bild ist in höchstem Maße intermedial und intervisuell, indem es gleichermaßen von den technischen Verfahren und Wahrnehmungsdispositionen des Panoramas, Dioramas und der (Theater-)Fotografie profitiert. In umfassenderem Maße verdient hinsichtlich der Stereofotografie die Interrelation von Bild, Körper und Medium, von Bildinhalt, Rezipientenstatus und technischem Verfahren Beachtung.

Raumblick-Generator: Kontaktzone Apparatur

> Bald darauf beugten sich Tausende gieriger Augen über die Öffnungen des Stereoskops wie über die Dachfenster der Unendlichkeit.
>
> *Charles Baudelaire*[36]

Wenn auch auf technischer Ebene die Stereoskopie die Fotografie nutzt, so bleibt doch zu berücksichtigen, dass sie diese bei entsprechender Betrachtung um das ihr eigene „mediale Spezifikum" der Dreidimensionalität erweitert. Stereofotografien sind per se zweidimensionale Bildflächen. Ihre dreidimensionale Wirkung ist an ihre Betrachtung durch einen optischen Apparat unabdingbar geknüpft. Anfangs findet Wheatstones Erfindung nur geringe Beachtung, was in dem noch komplizierten Aufnahmeverfahren sowie der umständlichen Nutzung seines Spiegel-Stereoskops begründet liegt. Dieses eignete sich zwar zur Demonstration seiner Entdeckungen für das Fachpublikum, nicht jedoch zur massenhaften Herstellung im Sinne einer preiswerten industriellen Produktion. David Brewster, auf Wheatstone aufbauend, verbessert dessen Betrachtungsgerät und bereitet mit seiner Erfindung den Weg zur Massenproduktion von Stereoskopen und zur Massenkonsumption der Stereofotografien, welche schon in den späten 1850er Jahren in Stereobild-Manufakturen zu Tausenden reproduziert und auf Bildträger aus Pappe montiert werden. Brewster, der bereits 1816 ein Kaleidoskop erfunden hatte, entwickelt ein Prismenstereoskop, dessen Prinzipien er 1849 in den *Transactions of the Royal Scottish Society of Arts* publiziert. (Abb. 6)

Brewsters Apparatur ist handlich und preiswert herzustellen und erfüllt damit zwei wesentliche Kriterien, das Medium zu kommerzialisieren und ein breites Publikum anzusprechen. In seinem Buch *The Stereoscope. Its History, Theory and Construction* formuliert Brewster die Eigenschaften und Vorteile der Apparatur wie folgt:

> The Stereoscope, a word derived from στέρεο, *solid*, and σκοπεῖν, to *see*, is an optical instrument, of modern invention, for representing, in apparent relief and solidity, all natural objects and all groups or combinations of objects, by uniting into one image to plane representations of these objects or groups as seen by each eye separately. In its most general form the Stereoscope is a binocular instrument, that is, is applied to both eyes; but in two of its forms it is monocular, or applied only to one eye, though the use of the other eye, without any instrumental aid, is necessary in the combination of the two plane pictures, or of one plane picture and its reflected image.[37]

Abb. 5: Junge mit einem Stereoskop nach Brewster, umgeben von Stereokarten. Serie *Petites Scènes*. Fotografie: V. E. Biegner, Berlin. Verlag von Sophus Williams.

Abb. 6: Prismenstereoskop David Brewsters.

Ich werde später im Verlauf dieser Studie immer wieder auf dieses Buch zurückkommen, denn Brewster formuliert darin schon die wesentlichen Anwendungsbereiche der Stereoskopie, die sich im Grunde bis heute durchsetzen. Bereits Mitte der fünfziger Jahre schätzt Brewster die Anzahl der bis dahin gehandelten Prismenstereoskope auf mehr als eine halbe Million.[38] Die Prosperität der Stereoskopie steht in Abhängigkeit von den Weiterentwicklungen der fotografischen Technik und der Verbesserung der Betrachtungsgeräte. Brewster hatte anfänglich Schwierigkeiten, in England einen Hersteller für seine Apparatur zu finden, der sie auch für den öffentlichen Markt herstellen würde. 1850 wendet er sich an den bekannten französischen Hersteller für optische Geräte, Jean-Baptiste Soleil (1778–1878), der dann mit seinem Partner und Schwiegersohn, dem Pariser Optiker Jules Duboscq (1817–1886), einwilligt, das Stereoskop kommerziell in Paris zu vertreiben. Vielfältig reproduzierbar sind die Abzüge nach der Einführung des nassen Kollodiumverfahrens 1851. Im gleichen Jahr präsentiert Duboscq Brewsters Stereoskop und die dafür angefertigten Bilder im Crystal Palace auf der ersten Weltausstellung in London.[39] Es wird immer wieder betont, dass Queen Victoria und Prince Albert zu den ersten Betrachtern gehörten und durch ihre Begeisterung über das neue Medium maßgebend zu seiner Verbreitung beigetragen haben. Darrah etwa notiert: „Queen Victoria and Prince Albert were so impressed and delighted that they stimulated a demand for them. Hundreds, probably thousands, of stereographs of the Crystal Palace, exhibits and groups of people were sold."[40] Howard Rheingold kommentiert diese folgenschwere ‚Initiation' mit den Worten, es habe „einer bestimmten Erfindung, eines (wenn man erst mal weiß, wie's geht) bemerkenswert einfachen Gerätes und der Aufmerksamkeit einer Königin [bedurft], um das allgemeine Interesse an der Stereoskopie zu wecken."[41] Und dieses Interesse sollte sich bis ins erste Jahrzehnt des 20. Jahrhunderts hinein stabilisieren.

„Kein Haus ohne Stereoskop" lautet in den fünfziger Jahren der Werbeslogan der 1854 gegründeten London Stereoscopic Company, eines der Unternehmen mit eigenen Fotografen, die schon früh das wirtschaftliche Potential der Stereofotografie erkennen und sich auf dieses Bild-Medium spezialisieren. Wie Jones informiert, verkauft die Company bereits in den ersten zwei Jahren ihres Bestehens „half a million stereoscopic viewers, and in 1858 its advertised stock numbered 100,000 different views."[42] E. Eckenrath soll 1860 das größte Stereoskop-Lager Deutschlands geführt haben, der Verleger S. P. Christmann bot ab 1864 in Katalogen stereoskopische Produkte aus eigener Herstellung sowie aus dem In- und Ausland an. Inseriert wurde in Zeitungen, Kataloge listeten schnell die Themenserien und Motive auf. Diese enorme Anzahl an produzierten Bildern lässt berechtigte Rückschlüsse auf eine kontinuierlich steigende Nachfrage in dieser Zeit zu. Die Produktion und der Vertrieb der Bilder gehen dabei eng einher mit einer Ausdifferenzierung und Optimierung der Betrachtungsgeräte, von denen im folgenden Abschnitt die Rede sein soll. Die Apparatur ist ein wichtiger Bestandteil der stereoskopischen Seherfahrung. Sei es ein Stereoskop, eine Polarisationsbrille, ein Head-Mounted Display oder ‚Oculus Rift': das dreidimensionale Bilderlebnis ist nur vermittels der Apparatur möglich. Die bildanthropologische Trias von Bild, Körper und Medium, wie sie Hans Belting formuliert hat, scheint hier plastisch zu werden. Raumbilder sind korporeal und damit medien- oder bildanthropologisch zugänglich. Belting hat in *Bild-Anthropologie* die Mehrfachbeziehung zwischen Bild, Körper und Medium formuliert; erst im Bezug von Körper und Bild gewinnt der Medienbegriff für ihn Bedeutung. Er spricht von einem doppelten Körperbezug: einerseits ist da der Bezug des Betrachters zum Trägermedium, andererseits die teils verändernde Wirkung von Medien auf die körperlich bedingte, also mehr physiophysische Wahrnehmung von Rezipienten. Und an anderer Stelle unterstreicht er einen „doppelten Körperbezug" im Medium der Bilder, der sich insbesondere im Falle der Stereoskopie – ihren physiologischen Grundlagen, Technologien und Rezeptionsmodi – zu manifestieren scheint: „Die Körperanalogie kommt in einem ersten Sinne dadurch zustande, daß wir die Trägermedien als symbolische oder virtuelle Körper der Bilder auffassen. Sie entsteht in einer zweiten Hinsicht dadurch, daß sich die Medien unserer körperlichen Wahrnehmung einschreiben und sie verändern."[43] Die Apparatur des Stereoskops imitiert das menschliche Binokularsehen, befähigt es und bildet das Scharnier oder die ‚Kontaktzone' zwischen Bildträger und menschlichem Körper, zwischen dem physischen Bild und dem mentalen.

Ab 1861 werden noch handlichere Betrachtungsgeräte wie etwa das Handstereoskop des Bostoner Schriftstellers und Arztes Oliver Wendell Holmes (1809–1849) eingeführt, das man, ähnlich wie einen Handspiegel, an einem längeren Griff vor sich hält. Holmes gibt sein Empfinden beim Betrachten einer Stereofotografie durch das Stereoskop wieder. Seine Ausführungen gelten als paradigmatisch für die überraschende dreidimensionale Wirkung:

> Die dürren Äste eines Baumes im Vordergrund kommen auf uns zu, als wollten sie uns die Augen auskratzen. Der Ellbogen einer Figur steht derart heraus, daß wir uns bedrängt fühlen. Und dann ist da eine so erschreckende Fülle von Details, daß wir den gleichen Eindruck einer unendlichen Vielfalt empfangen, wie ihn die Natur selbst hervorbringt. Ein Maler gibt uns Massen; das stereoskopische Bild unterschlägt nichts – alles ist da, [...]. Viele Leute glauben, daß sie auf Miniaturabbildungen der dargestellten Objekte schauen, wenn sie durchs Stereoskop sehen. Sie sind erstaunt, wenn sie erfahren, daß sie die meisten Objekte so groß sehen, wie sie ihnen in der Natur erscheinen würden.[44]

Neben Holmes Handstereoskop gibt es Varianten des Stereoskops in handlichem Format oder auch als öffentlich zugängliche, d.h. auf öffentlichen Plätzen aufgestellte Apparatur. Erich Stenger hat auf der Grundlage eines Katalogs nachgewiesen, dass die Firma S. P. Christmann in Berlin schon 1868 59 unterschiedliche Betrachtungsgeräte liefert. Abbildung 7 zeigt ein aufgeklapptes Taschen-Stereoskop[45], vermutlich aus der Zeit um 1870. Ist das Stereoskop, das die Größe einer Brieftasche hat, zugeklappt, so ist auf den Deckeln in goldener Schrift zu lesen:

> Patente angemeldet in allen Staaten. D.R. & Österr. Gesetz. Musterschutz. Taschen-Stereoskop. Würthle & Sohn. Kunstverlag u. Lichtdruckanstalt. Centrale: Wien VI. Mariahilferstrasse 3. Filialen: Salzburg, London, München. Grösste Auswahl in alpinen Ansichten. Grösste Auswahl in Städte-Ansichten.

Neben den für den Privatbereich dienlichen Hand- oder Tisch-Stereoskopen werden öffentliche Stereoskope auf den Marktplätzen aufgestellt. Zudem sind die Stereo-Ausstellungen (bereits 1855) sowie das Metier des ambulanten Stereo-Schaustellers zu nennen. Stenger gibt ein Beispiel:

> Im Sommer 1855 [...] befand sich eine solche Sammlung in Berlin, Unter den Linden Nr. 27, 1. Etage; sie war von 9–6 Uhr gegen ein Eintrittsgeld von 10 Sgr. geöffnet und zeigte u. a. eine Reihe von Rheinansichten. In Hamburg [...] und so auch in allen anderen Großstädten befanden sich dauernd um diese Zeit solche Schaustellungen, welche die allgemeine „Stereoskopomanie" einleiteten. Und als diese im Abflauen war, da halfen jene Schaustellungen das Interesse für das plastisch wirkende Photobild aufzufrischen. Ein Unternehmer *Oscar Jann*, der seine „pompöse Stereoskopen-Sammlung im Sommer 1868 fast ein Vierteljahr in Hamburg" gezeigt hatte, erzählte im Januar des folgenden Jahres gelegentlich seiner Schaustellung in Berlin, daß er jährlich 64 000 Besucher in seinen Räumen zähle.[46]

Wie C. W. Ceram in seiner *Archäologie des Kinos* wissen lässt, entwickelt Wheatstone bereits 1852 einen Kino-Guckkastenapparat, der mit stereoskopischen Fotostreifen arbeitet, „auf einer Trommel montiert war und keinen Verschluß besaß. Man blickte durch ein Linsenstereoskop. [...] Die Bilder wurden von [...] getrennten Negativen hergestellt. Die Bewegung war ruckartig und wenig glaubhaft."[47] Bereits in den zehner Jahren des 20. Jahrhunderts werden Filme, zumindest in Teilen, in Stereo produziert. In den vierziger Jahren des 20. Jahrhunderts werden die ersten Raumkinos entwickelt, die sich die Effekte des Anaglyphenverfahrens zunutze machen, also den Einsatz von Farbfiltern: zwei verschiedene (meist in Komplementärfarben (grün und rot)) eingefärbte Bilder werden nicht neben-, sondern übereinander geblendet. Erheblich verbessert begegnet diese Methode der Projektion in den zeitgenössischen 3D-Kinos.[48]

Abb. 7: Kostümierte beim Tanz.
Aufklappbares Taschen-Stereoskop, um 1870.

Diese knappe Einführung in Physiologie und Technik des binokularen Raumsehens sowie die Demonstration einer Auswahl von Stereoskopen gibt einen Einblick in den raschen Aufschwung der Stereoskopie zu einem der Massenmedien des 19. Jahrhunderts. Bald nach ihrer Erfindung wird sie beinahe weltweit allen Bevölkerungsschichten zugänglich, und resultiert in einer gesellschaftlichen Resonanz, welche die Zeitgenossen stichelnd als „Stereoskopomanie" bezeichneten. Die weite Verbreitung des neuen Bild-Mediums impliziert eine Modifikation der visuellen Wahrnehmung: die Popularisierung der Stereoskope und der Stereobilder trägt dazu bei, dass jeder Haushalt über eine Vielzahl von Bildern verfügen kann. Damit ist ein weiterer Schritt in Richtung Demokratisierung des Sehens unternommen. Das gleiche gilt in Bezug auf Panorama und Diorama zu Beginn des Jahrhunderts und hinsichtlich der Fotografie, die sich zeitgleich mit der Stereoskopie etabliert. Neben die Kommerzialisierung tritt eine zunehmende Subjektivierung des Sehens, denn die Geräte – ganz gleich ob private Handstereoskope oder öffentliche Apparaturen – bieten nur einem einzigen Betrachter die binokulare Raumillusion in Idealform. Wie Holmes wissen lässt, suggeriert die Stereofotografie eine eigentümliche Nähe des Bildes zum Betrachter und erlaubt einen differenzierten Blick auf das Bildgeschehen, in dessen Räumen sich der Betrachter imaginär bewegen kann. Das stereoskopische Bild stillt das Verlangen des Publikums, die Dynamisierung der Umwelt, des Stadt-Verkehrs, zu arretieren. Sie bietet sozusagen einen vertikalen Schnitt durch die horizontal verlaufende Linie der Zeit. Die scharfe Abbildung erlaubt der Bildbetrachterin ein eingehendes Studium des erfassten Augenblicks, während sie sich selbst abgesondert vom sie umgebenden Raum wähnt. Zugleich kompensiert das Stereoskop scheinbar die Starre der flächigen Fotografie. „Für solche Aufnahmen war die Stereoskopie mit ihren physikalischen Gegebenheiten und dem Eindruck erlebter Räumlichkeit, in der der Beschauer meint, sich aufzuhalten, wie geschaffen."[49]

Die geschilderten aufnahmetechnischen Bedingungen sowie die binokulare Raumillusion gilt es als Hintergrund für die nachfolgenden Kapitel zu berücksichtigen, die unterschiedliche, aus der Vielzahl der Motive marktgängigste Stereobild-Sujets in Augenschein nehmen. Denn auch den Fotografen war das Wissen um die Stereo-Wirkung, die ihnen eine kreativere Bildgestaltung ermöglichte, Movens zur gezielten Auswahl ihrer Bildthemen. Das „Was", das man in Bildern suche, so Belting, lasse sich nicht begreifen ohne das „Wie", in dem es „sich ins Bild setzt oder zum Bild wird". Das „Wie" sei die genuine Mitteilung des Bildes.[50] Um noch einmal Theodor Schwartze zu bemühen, der – mit einigem Überschwang in Stil und Wortwahl – einen recht guten Eindruck davon gibt, welche bildmotivische Varianz ab den 1860er Jahren im kontinuierlich expandierenden Zweig der Stereoskopie vorherrschten und welche Wirkung die Betrachtung der Doppelbilder auslösen sollte:

> So besitzen wir denn in der durch die Lichtbildnerei erst möglich gewordenen Stereoskopie eine Errungenschaft, welche Geist Gemüt und Phantasie in hohem Grade zu beschäftigen geeignet ist. Sie versetzt uns, wie ein Zaubermantel, im Augenblick an die entlegensten Örtlichkeiten, von den Wundern der Alpenwelt in die idyllischen Haine des Südens, in die berühmtesten Städte und Punkte der Welt, kurz zu allen Wundern der Natur und Kunst. Wie zauberhaft schön und naturwahr sind diese Felsen, diese Baumgruppen, das hochaufbrausende Meer, denn selbst diesen Anblick vermag man jetzt, wo eine fast augenblickliche Aufnahme ermöglicht worden ist, festzuhalten.[51]

Stereobilder erlauben eine intime Ansicht des Dargestellten und eignen sich für eine höchst subjektive Anschau. Dieser privaten Rezeption steht eine sich im Laufe der zweiten Hälfte des 19. Jahrhunderts rasch vollziehende Professionalisierung der Aufnahme und des Vertriebs gegenüber, auf die im letzten Abschnitt dieses Teilkapitels noch weiter eingegangen werden soll.

Tiefenschau über Grenzen: Vertrieb der stereoskopischen Bilder

Sucht man in den mittlerweile zahlreichen digitalen Bilddatenbanken nach stereoskopischen Aufnahmen, so überrascht nicht nur die Fülle an digitalisiertem Material. Es werden schnell auch drei Befunde offenkundig, die miteinander in Wechselwirkung stehen: erstens müssen die Bilder international gereist sein, zweitens von international tätigen Fotografen angefertigt, die drittens mit international organisierten Agenturen und Bild-Gesellschaften kooperiert haben. Die weltweite mediale Distribution von Bildern unserer Zeit und die Möglichkeit, beinahe jederzeit Bilder zu produzieren und über regionale Grenzen hinweg wahrzunehmen, entrückt von der Vorstellung, dass dies im 19. Jahrhundert Wochen, wenn nicht Monate dauern konnte. Globale Kommunikation, Globalisierung und Medientechnologie gehören eng zusammen. Im Diskurs über Globalisierung und Globalgeschichte, der seit einigen Jahren und mittlerweile verstärkt die Disziplinen beschäftigt, wird immer wieder auch die Bedeutung der Medien als Bedingungen für Schritte und Dynamiken von Globalisierung erwähnt. Dem 19. und frühen 20. Jahrhundert kommt dabei eine besondere Stellung zu. In den Worten Christopher A. Baylys führte die „Verfestigung von Grenzen zwischen Nationalstaaten und Reichen nach 1860 [...] dazu, dass die Menschen Wege fanden, über diese Grenzen hinweg Verbindungen aufzubauen, miteinander zu kommunizieren und sich gegenseitig zu beeinflussen."[52] Grundkonstituenten für die Verbindung zwischen Ländern und Kulturen sowie für den Austausch von Personen ebenso wie Waren, und das wurde bereits zeitgenössisch als essentiell erkannt, war die Ausdehnung und Optimierung von Transportschneisen und Kommunikationswegen. Die oft in erster Instanz durch Kolonialinteressen forcierten Weiterentwicklungen der entsprechenden Technologien und Infrastruktur beförderten nachhaltig auch die kulturellen und industriellen Austausche.[53]

Eng gekoppelt an die Herausbildung telegraphischer Netzwerke ist auch die Entstehung von Agenturen. *Associated Press* beispielsweise gründete sich aus erst 5, dann 7 Zeitungen, als Zusammenschluss zum Einsparen von Gebühren, die die Telegraphenorganisationen, die anfangs noch nicht staatlich waren, erhoben. Havas in Frankreich wurde bereits 1835 gegründet, anfänglich als Übersetzungsbüro, dann als Nachrichtenagentur; Wolffs Telegraphisches Bureau wurde 1849, beinahe auf den Tag genau zur Eröffnung der Telegraphen-Linie von Berlin nach Aachen in Berlin und New York eröffnet. Reuters folgte, 1849 Aachen; 1851 in London als „Mr. Reuter's Office". 1907 gründete sich United Press International (UPI) in Washington. Die Übermittlung von Bildern über Telegraphie war technisch nicht vor dem frühen 20. Jahrhundert möglich. Dennoch zirkulierten auch Bilder und wanderten durch unterschiedliche Medien, aber auch durch unterschiedliche Regionen. Möglich war dies unter anderem durch Bildagenturen und international tätige Fotografen. Die Prosperität der Stereoskopie im 19. Jahrhundert liegt nicht allein in der verblüffenden Bildwirkung begründet, sondern ist auch einer regen Produktions- und Distributionspraxis zu verdanken, die sich auf Pfaden infrastruktureller, verkehrs- und vertriebstechnischer Optimierungen im gesamten Untersuchungszeitraum bewegt. Es ist eine dringende künftige Aufgabe, diese Voraussetzungen für den internationalen Vertrieb noch weitaus gründlicher als bisher geschehen zu untersuchen.

Bild-Agenturen, die sich auf Fotografien und stereoskopische Bilder spezialisieren, sind bereits seit den 1850er Jahren zu vermerken. Einige arbeiteten mit einem thematischen oder regionalen Fokus. Die bekanntesten indes hatten, bedingt auch durch mehrere Geschäftsstandorte und die Kooperation mit Fotografen in unterschiedlichen Regionen, ein breiteres Spektrum an Bild-Angeboten. Es ist nahezu unmöglich, all die kleineren Firmen gleichzeitig mit zu erfassen. Hilfreiche Übersichten finden sich hauptsächlich auf Internetseiten, die in den vergangenen zehn Jahren eingestellt wurden und zwar wesentliche Lücken schließen, was die Benennung der wichtigsten Agenturen und Betriebe angeht; dennoch ist weiterhin zu wenig über die Organisation dieser Firmen und ihre Distributionswege bekannt.[54] Zu erschließen sind erste wesentliche Daten über die Companies durch das Studium der Bildträger, Sammel-Boxen oder in einem günstigen Fall durch überlieferte Kataloge sowie durch Nennungen und Annoncen in Fachmagazinen der Zeit. Auf einem Bildträger lässt sich beispielsweise der Name der Firma, die Angabe der Zweigstellen, der Name des Fotografen, der Titel des Bildes, aber auch der Titel einer übergeordneten Serie ablesen. Alles wichtige Angaben, die helfen, das Bild zu kontextualisieren, und einen Eindruck von der internationalen Distribution und den Themenschwerpunkten vermitteln. Nachstehend seien einige der bekanntesten Firmen genannt. Die London Stereoscopic Company etwa gibt es bereits seit 1854, zunächst noch unter dem Namen London Stereoscope Company, seit 1859 dann als London Stereoscopic Company.[55] Sie verkaufte Stereobilder aus unterschiedlichen Regionen in die Welt – im Jahre 1856 waren bereits 10.000 Bildmotive im Angebot: „The largest collection in Europe, upwards of 10,000", wie es im *Photographic Journal* dieses Jahres heißt.[56] Underwood & Underwood wurde 1881 von den Brüdern Elmer (1859–1947) und Bert Elias Underwood (1862–1943) in Ottawa, Kansas, gegründet und ist sicherlich der bekannteste, da auch größte Anbieter stereoskopischer Ansichten. Im Jahre 1887 ziehen sie ins Zentrum der Theater- und Medienkulturen, New York. Fotografierte Bert Elias Underwood ab 1890 selbst, so kooperierte die Firma schon bald mit zahlreichen fest angestellten und freien Fotografen, die in der ganzen Welt tätig waren. Ebenfalls 1897 kauften sie den Vertrieb von Stereofotografien dreier amerikanischer Verleger, J. F. Harvis, Littleton View Company und Charles Bierstadt (geboren in Solingen, Deutschland, 1819–1903), auf. Ebenfalls aus einem Familienbetrieb erwachsen ist die Kilburn Brothers and B.W. Kilburn Company aus Littleton, Massachusetts, der Brüder William Edward (1818–1891) und Benjamin West Kilburn (1827–1909). Wurden die ersten Stereo-Ansichten Mitte der sechziger Jahre noch in Edward

Kilburns Studio entwickelt, so erweiterte dieser bereits in den frühen siebziger Jahren zu einem größeren Betrieb in Boston. Die Stereoskopien wurden mit Hilfe von Zügen verteilt, das dichter werdende Eisenbahnnetz gereichte also auch auf dem Gebiet des Stereoskop-Handels zum Vorteil und Aufschwung. Obwohl Edward sich bereits 1877 zurückzog, blieb der Name Kilburn Brothers noch bis Ende der achtziger Jahre bewahrt, bevor das Unternehmen dann unter B.W. Kilburn Company firmierte. Die Firma wurde innerhalb und außerhalb des Landes berühmter, als sie exklusive Aufnahmerechte für die Weltausstellung in Chicago 1893 erwarb. Edward Anthony gründete in den USA die Firma E. & H.T. Anthony & Co., die sich unter anderem auf die Manufaktur und den Vertrieb von Foto-Bedarf spezialisierte. Weitere Bildagenturen sind die Brown Brothers, die seit 1904 global tätig sind, sowie die Atlantic Presse Photo GmbH (1926–1941). In Deutschland gründete sich 1927 die Deutsche Gesellschaft für Stereoskopie, die auch zahlreiche Fachzeitschriften hervorgebracht hat, darunter für den hier anvisierten Zeitraum *Das Plastische Bild* (1929) und die *Mitteilungen der Deutschen Gesellschaft für Stereoskopie* (1929). Weitere Firmen, auf die in den folgenden Abschnitten vereinzelt näher eingegangen wird, sind A. Sophus Wiliams (E. Linde & Co.) in Berlin, H.C. White (Bennington, Vermont), Sommer & Behlers (Neapel), H. Krone (Dresden); W. Griffith & Griffith, Publisher (Philadelphia), B.K. (Paris) und andere.

Bei Recherchen in einem anderen Kontext fiel mir in einem Archiv in Indien eine Stereoskopie in die Hände, die ich aus einem Kaiserpanorama in Deutschland kannte. Ein relativ sicheres Indiz dafür, dass die Stereo-Bilder nicht nur Motive aus aller Welt zeigten, sondern auch von internationalen Augenpaaren betrachtet wurden.

„Die Frage nach dem Bild ist anthropologischer Art", schreibt Hans Belting in *Bilderfragen*.

> Unser Verhältnis zu Bildern verhält sich auch darin, dass wir Bildern mehr Glauben schenken als Worten, und dass wir immer gleich dazu bereit sind, ihnen, wenn sie uns darin enttäuschen, vorzuwerfen, dass sie lügen. Wir protestieren dann mit einer Emphase, welche unsere emotionale Lage verrät.[57]

Dem stereoskopischen Bild, so mag ich behaupten, schenkten seine Betrachter mehr Glauben, der räumliche Effekt verursachte ein Staunen, das den Glauben (zunächst) intensivierte, was, wie noch zu zeigen sein wird, auch zum Missbrauch der Lust am Sehen eingesetzt wurde. Welche Themen aber zogen nun in den Bann, stimulierten die Taktilität des Augen-Blicks und trugen zur Intensivierung eines bildlichen Vokabulars bei, das sich hartnäckig ins Bildgedächtnis der Zeit brennen konnte und bis heute wirkt? Die nachfolgenden Teilabschnitte versuchen, diesen Fragen nachzugehen, indem sie in die gängigsten Bildmotive einführen, die für die Ansicht im Stereoskop prädestiniert schienen, den Bilderrahmen verließen und sich als Szenen im Relief vor die Augen der Betrachter stellten.

Reliefspektakel
Stereoskopisches Repertoire und Bildprogramm (1850–1936)

„The stereoscope is now seen in every drawing-room; philosophers talk learnedly upon it, ladies are delighted with its magic representations, and children play with it."[1] Dieser Kommentar aus dem *Art Journal* von 1856 akzentuiert das inhaltliche Spektrum und die soziale Heterogenität der zeitgenössischen Konsumenten stereoskopischer Bilder. Unter dem Begriff der „Stereoskopomanie" fassen Kritiker die Popularität des neuen Bild-Mediums und seine Rezeption zusammen, wie sie in den dreißiger Jahren die Verbreitung der Daguerreschen Erfindung als „Daguerreomanie" bezeichnet hatten, und wie man um die Wende zum 19. Jahrhundert einer „Theatromanie" das Wort redete. Diese ‚Besessenheit' von Daguerreotypie, Theater und Stereoskopie mag in den Eigenarten dieser Medien liegen; nicht nur steckt ihr hochfrequenzierter Gebrauch oder Besuch dahinter, sondern auch die Konfrontation und Nähe des Rezipienten zum Dargestellten durch intensive Anschau einer ausschnitthaften Wiedergabe eines in-Szene-gesetzten Bildes sowie die Verschränkung materieller und mentaler Bilder. Diese Verwandtschaft der genannten ‚Manien' ist, so mag ich behaupten, einer engen mediengeschichtlichen Relation dieser Medien und ihres kulturellen Gebrauchs zuzuschreiben. Diese Relation deutlicher werden zu lassen, wurde bereits eingangs als eines der Anliegen dieses Buches formuliert. In diesem Kapitel soll sie näher in Augenschein genommen werden.

Trotz ihrer immer noch bruchstückhaften Reflexion in der Kultur- und Mediengeschichtsschreibung des 19. und frühen 20. Jahrhunderts ist bei eingehender Betrachtung des zeithistorischen Kontextes die Verbreitung und kulturelle Bedeutung der Stereoskopie in weiten Teilen der Welt nicht zu leugnen. Die nachfolgenden Abschnitte werfen ein gezieltes Licht auf die wesentlichen Voraussetzungen, Themenkomplexe und Anwendungen der Stereoskopie.

„Distinctness and Relief": Binokulare Bild-Bedingungen

Hinsichtlich des Bild-Programms der Stereofotografien stellt Jonathan Crary heraus, der Inhalt spiele eine verglichen mit dem Reiz der stereoskopischen Betrachtung an sich geringe Rolle. Er begründet dies mit der „niemals ermüdende[n] Routine, wiederholt und mechanisch, Karte für Karte, denselben Effekt zu produzieren", und konkretisiert die Phantasmagorie des Wechsels vom zweidimensionalen Abbild in das dreidimensionale Duplikat des Originals: „Jedesmal verwandeln sich massenproduzierte und monotone Karten in spannende und glaubwürdige Ansichten des ‚Wirklichen'."[2] Crarys Argumentation unterläuft jedoch David Brewsters frühe Auflistung der vielfältigen Anwendungsmöglichkeiten der Stereofotografie, die er bereits 1856 in seiner umfangreichen Studie *The Stereoscope. Its History, Theory, and Construction* formuliert:

> Events and scenes in ancient and modern history might be similarly exhibited, and in our day, binocular pictures of trials, congresses, political, legislative, and religious assemblies, in which the leading actors were represented, might be provided for the stereoscope. For the purpose of amusement, the photographer might carry us even into the regions of the supernatural.[3]

Diese Anwendungsvarianten der Stereoskopie sollten im Folgenden wesentlich das bildliche Repertoire bestimmen: Die plastische Wirkung der stereoskopischen Daguerreotypie und Fotografie hebt der Wissenschaftler als besonderes Hilfsmittel in Kunst, Technik und Naturwissenschaft hervor.[4] Die Fotografie, so Brewster, sei sehr geeignet, die bekannten und weniger bekannten Werke der Kunst abzufotografieren und so einer breiteren Menge zugänglich zu machen. Ein nicht zu überschätzendes Surplus seien indes die stereoskopischen Abbildungen:

> But however much we may value such an auxiliary, representations or drawings, on a plane, of solids or combinations of solids at different distances from the eye, are in many cases unintelligible even to persons well informed; so that, on this ground alone, we cannot but appreciate the advantages to be derived from binocular pictures and their stereoscopic relievo, not only in the instruction of youth, but in the diffusion of knowledge among all ranks of society.[5]

Betrachtet man zeitgenössische Technologien des 21. Jahrhunderts und ihre möglichen Einsatzfelder, so nimmt kaum Wunder, dass sich auch gegenwärtig vergleichbare

Anwendungsgebiete in Wissenschaft, Industrie, Medizin, für Restauratoren oder Architekten finden lassen, nämlich 3-D-Programme (CAD) oder auch Verfahrensweisen des noch stetiger Optimierung unterliegenden 3D-Druckverfahrens. Ferner eignen sich, so Brewster, Stereoskopien für Bildberichterstattungen von politischen oder religiösen Versammlungen. Auch stereoskopische Gerichtsfotografien werden als Anwendungsmöglichkeit notiert; der Grund hierfür findet sich noch in einer Werbung für einen Stereo-Indupor-Apparat aus dem Jahre 1920: „Es untersteht keinem Zweifel, daß ein Raumbild für die Identifizierung einer Person größere Vorzüge bildet, als das Flächenbild."[6] Unterhaltende Aspekte werden der Stereofotografie unter der Prämisse zugebilligt, dass das Sujet belehrende oder moralisierende Züge aufweist. Zwei Kriterien hebt John Jones, sich auf zeitgenössische Dokumente des 19. Jahrhunderts berufend, als typisch viktorianische Voraussetzung einer Publikation von (Stereo-)Bildern hervor, die jedoch auch außerhalb Englands ihre Gültigkeit hatten: sie sollten sowohl „real" als auch „thought-provoking" sein.[7]

Von zentraler Bedeutung scheint die Verknüpfung von „spannenden und glaubwürdigen Ansichten", von denen Crary spricht, mit der in den Stereofotografien jeweils angelegten Vermittlungsabsicht. Wissend um die mediale Spezifizität der Stereofotografie bevorzugen die Fotografen die plastische Wirkung potenzierende Motive. Denn wie in Panorama und Diorama aufgrund der monumentalen Bildmaße insbesondere Schlachten und Landschaften dargestellt werden, multiplizieren vornehmlich detailreiche und mehrschichtige Motive die Relief-Wirkung der Stereofotografie. Darüber hinaus lehnen sie ihre Auswahl an konventionalisierte Bildthemen an, deren Kenntnis sie bei den Betrachtern voraussetzen können. Ein Betrachter ist, so formuliert es Jonathan Crary, „jemand, der in ein System von Konventionen und Beschränkungen eingebettet ist und innerhalb dieses Rahmens von vorgeschriebenen Möglichkeiten *sieht*."[8] Ähnlich formuliert es Roland Barthes, der im Umgang mit Fotografien anrät, „alle ‚historischen' Elemente der Fotografie [zu] erfassen und [zu] strukturieren, alle Teile der fotografischen Oberfläche, die ihre Diskontinuität aus einem bestimmten Wissen des Lesers beziehen oder [...] aus seiner kulturellen Situation."[9] Dieses „bestimmte Wissen" der zeitgenössischen Betrachter bildet die notwendige Basis für die Produktionsästhetik der Stereofotografien und ihrer Rezeptionsmodi. Die Untersuchung des stereoskopischen Bildes ist daher nie ohne seine Betrachtung im Stereoskop zu denken. Dass ihnen auf bilddramaturgischer Ebene das Theater als „the Locus of

Looking"[10] im Sinne eines Leitmediums des 19. Jahrhunderts als „Seh- und Kulturmodell" dient, in dem sich „die für die Epoche jeweils wichtigen Sehgewohnheiten, Körperpraktiken und diegetischen Bedürfnisse"[11] manifestieren, wird als leitender Gedanke die nachfolgende Besprechung der Bildbeispiele konturieren.

Aus der Varianz an Themen, die Brewster notiert, werden im Folgenden diejenigen herausgegriffen und näher veranschaulicht, die im 19. und frühen 20. Jahrhundert aus sehr diversen Gründen, wie zu zeigen sein wird, prosperierten. Stereobilder werden in dieser Zeit weltweit massenhaft produziert, das Angebot an Bildern scheint schier unüberschaubar, was eine Fokussierung notwendig macht. Das Kapitel „Bühnenschau – Aktualitäten des Theaters" nimmt Doppelbilder und -szenen ins Visier, die theatrale Szenen, Darstellerportraits und Ballettnummern zum Gegenstand haben; „Zwielichtige Teufelsszenen" beleuchtet die eigentümliche Form der *Diablerien*; der Abschnitt „Leser implizit" skizziert Adaptionen der Literatur, „Lebensecht" Genreszenen; das Teilkapitel „Intime Blickwinkel – erotische Stereoskopien" nimmt sich der so genannten Akademien an und ihrer Ambivalenz zwischen erotischen Bildern und bildender Kunst; „Welt-Ansichten" geht kurz auf eine recht gut dokumentierte Gruppierung der Stereobilder ein; schließlich führt das Teilkapitel „Politik zum Anfassen – Geschichtliche Ereignisse und Propaganda" vor Augen, wie Raumbilder für patriotische und mobilisierende Zwecke instrumentalisiert werden, und dies noch in den dreißiger Jahren des 20. Jahrhunderts.

Die ausgewählten Bildbeispiele entstammen unterschiedlichen staatlichen und privaten Sammlungen aus dem In- und Ausland. Sie schwanken zum Teil erheblich in Qualität, Preisklasse und konservatorischem Zustand. Bilder sind in diesem Hauptabschnitt der vorliegenden Studie keine Illustrationen, sondern Forschungsgegenstände, in denen sich Amalgamierungen von Theorien des Sehens, der Theater-, Medien- und Kulturgeschichte des 19. und 20. Jahrhunderts ausmachen lassen, die es hier analytisch aufzubrechen gilt. Die Beispiele dienen folglich als Ausgangspunkte der Argumentation und Einbettung der Stereoskopie in einen medien- und kulturhistorischen Kontext, der sich durch fluide Grenzziehungen zwischen optischen Medien, bildender Kunst, visueller Kultur und Theater auszeichnet.

Bühnenschau – Aktualitäten des Theaters

> [T]he most interesting scenes in our best comedies and tragedies might be represented with the same distinctness and relief as if the actors were on the stage.
>
> *Sir David Brewster*[12]

In seiner Auflistung der vielfältigen Anwendungsgebiete der Stereofotografie lässt Brewster in seinem Buch *The Stereoscope* in Kapitel XIV, „Application of the Stereoscope to purposes of amusement", auch das Theater nicht unerwähnt. Der Wissenschaftler regt eine gezielte Selektion, hier die der interessantesten Szenen der besten Komödien und Tragödien, an. Er hebt das Zusammenspiel von Stereoskop und Bildmotiv hervor: die ausgewählten Szenen erscheinen im Stereoskop ebenso räumlich wie ihre Realisation auf der Bühne. Brewsters Verknüpfung von theatralen Sujets mit der Stereoskopie liegt aus mehreren Gründen nahe: bis in die sechziger Jahre des 19. Jahrhunderts haben sich insbesondere diejenigen Theaterformen schichtübergreifend etabliert, in denen die Spektakularität theatraler Elemente dominiert. „Le Temps des Spectacles Oculaires est venu", verkündet Théophile Gautier (1811–1872) Mitte des Jahrhunderts die Heraufkunft einer „Visualisierung" des Theaters. Tautologien wie „Théâtre optique" oder „Spectacles Oculaires" kommentieren die Reduktion des Textes – in Anlehnung an ein breites Publikum – zugunsten einer auf visuelle Effekte gestützten Dramaturgie.[13]

Ein weiterer Grund der Adaption theatraler Stoffe mag darin liegen, dass das Theater unter den Künsten diejenige ist, die mit dem dreidimensionalen Raum und der räumlichen Illusion operiert. Im Stereobild wird die Wirkung des imaginären Bildbesitzes und die Nähe zur Szene potenziert. Betrachter und Zuschauer erfahren die Szene nach Max Hermann als Erlebnisraum, das mediale Dispositiv von Theater und Stereobild erzeugt ein polysensuelles Raumerlebnis.[14] In den Worten Matthias Warstats lässt sich Theater als ein mediales Dispositiv begreifen, „eine Wahrnehmungsanordnung, in der bestimmte Relationen des Zeigens und Zuschauens vorstrukturiert sind."[15] Im Laufe des Jahrhunderts werden szenographische Strategien entwickelt, die den gesamten Bühnenraum für das Spiel zu nutzen und – unter Zuhilfenahme der neuen Illusionstechniken – komplett zu gestalten wissen. Eine zweidimensionale, fotografische oder gezeichnete Abbildung einer Theaterbühne unterwandert die einzelnen Ebenen des Raumes, indem sie Hinter- und Vordergrund auf derselben Ebene des Bildträgers positioniert. Der Betrachter deutet einzig aufgrund seiner Raumerfahrung die Ebenen des Bildes perspektivisch. Die Stereofotografie hingegen vermittelt – ihre Ansicht im Stereoskop vorausgesetzt – den dreidimensionalen szenischen Raum unmittelbar. Sie rückt damit mehr in die Nähe des Wahrnehmungselebnisses von Theater als Ort des Sehens (wenn auch mit dem Unterschied, dass die Seherfahrung keine geteilte, sondern eine explizit individuelle ist) als irgendein anderes visuelles Medium. Und nicht nur die Seherfahrung, sondern auch die Herstellung der visuellen Anordnung um Unmittelbarkeit rückt sie in die Nähe des Theaters. Was Maaike Bleeker in *Visuality in the Theatre. The Locus of Looking* für Theater (der Gegenwart) formuliert, lässt sich in gleicher Weise auf Stereoskopie übertragen:

> The institution of perspective theatricalizes the field of vision. It creates a scenographic space in which all that is seen is staged for a viewer. Paradoxically, despite the high dregree of scenic manipulation required to successfully integrate the rules of perspective into a painted or otherwise constructed scene, the promise of perspective is that of immediacy.[16]

Auch auf marktwirtschaftlicher Ebene sind die Theaterszenen, von denen Brewster spricht, für das Unterhaltungsmedium Stereoskop von Interesse. Die „best scenes" haben zuvor heterogene Schichten begeistert und sind somit einem breiten Publikum bekannt.

Von zentraler Bedeutung für die nachfolgenden Untersuchungen sind Stereofotografien, die sich direkt oder indirekt auf Inszenierungen des 19. Jahrhunderts beziehen oder eine auf theatrale Muster zugreifende Bildkomposition erkennen lassen. Für Theaterhistoriker erweisen sie sich zum Teil als zwar indirekte, aber wertvolle theaterikonographische Dokumente. In fotografischen Archiven und historischen Sammlungen finden sich, verglichen etwa mit geographischen Aufnahmen, nur wenige theaterspezifische Stereofotografien.[17] Dies mag an der Beschaffenheit dieser Art von Bildern liegen, denn die überwiegende Anzahl der Stereofotografien theatralen Sujets sind Durchscheinbilder, „Mini-Dioramen", wie die Diablerien.[18] Deren dünne Papierschicht ist besonders anfällig bei häufigem Gebrauch. Viele der Stereo-Tissues weisen Risse auf, die folglich die binokulare Raumillusion des Bildes erheblich beeinträchtigen oder gar verhindern. Schutz gewähren allein die Etuis, in denen die Stereofotografien verkauft und aufbewahrt wurden. Diese sind darüber hinaus hilfreiche Informationsträger, weil sie auf der Außenseite den Titel der Bildserie nennen, teils inklusive der Angabe, auf welcher Bühne die reproduzierte Aufführung inszeniert

Abb. 8: *Teatro della Scala (Milano).* Fotograf: Giorgio Sommer (1834–1914), 1868.

wurde. Auf der Innenseite des Etuis wirbt der Verleger für weitere Stereobilder, womit das Spektrum des Angebotes leichter, aber nicht uneingeschränkt, zu ermitteln ist.
Als Pionier der stereofotografischen Reproduktion von Theaterszenen kann vermutlich der französische Fotograf Léon Constant Lamiche (genannt Lamiche fils, 1803–?) angesehen werden. Nach seiner fotografischen Inszenierung der Serie *Les Etrangleurs de l'Inde* in den sechziger Jahren, in der er eine Collage aus Gipsfiguren vor kolorierten Kulissen aus Karton ablichtet, erkundet er das Sujet der „most interesting scenes in our best comedies and tragedies".[20] Neben Lamiche gelten die Fotografen Adolphe Block (1829–1915),[21] Françcois Lamiche (1808? bis nach 1871) und Jules Marinier (1823–1896), die im Folgenden noch weiter beschäftigen werden, als Hauptvertreter dieser Bildgruppe. Mehrere Jahrzehnte, hauptsächlich in den siebziger und achtziger Jahren des 19. Jahrhunderts, ‚reproduzieren' sie Serien bekannter Opern, Märchenstücke oder, seltener, von Komödien, Punch and Judy-Shows, internationalen Tänzen oder dem Kabuki-Theater.[22] Die ersten theatralen Szenen, die die London Stereoscopic Company publiziert, entstammen William Shakespeares *The Winter's Tale.* Wahrscheinlich stehen Schauspieler des Princess Theatre, unter der Leitung des britischen Schauspielers und Theatermanagers Charles Kean (1811–1868), für die Aufnahmen Modell.[23] Kean, der seit 1850 das Princess Theatre gemeinsam mit seiner Frau Ellen Tree (1805–1880) leitete, verfolgte eine historistische Inszenierungsstrategie. „With a judicious mixture of Shakespeare, Byron and Boucicault, Kean made the Princess's a centre of fashion."[24] Als beispielhaft für seine „Revivals" genannten historisch genauen Klassiker-Bearbeitungen gelten seine Shakespeare-Inszenierungen, in denen er seine fundierte Kenntnis in Kunsttheorie und Sozialgeschichte verwirklichte. Keans Erfolg belegt zudem den Historismus und Renaissanceismus der zweiten Hälfte des 19. Jahrhunderts. Aufwändige Inszenierungen wie diejenigen Keans im Atelier zu reproduzieren, ist nur vor dem Hintergrund einer wohl organisierten künstlerischen Aufnahmepraxis denkbar. Nur wenig ist über die Produktionsverfahren der Stereofotografen bekannt, wie Laurence Senelick 1999 feststellt:

> When one scrutinizes these simulacra, certain questions arise, particularly as to scale. How tall where the figurines? How compressed were the stereoscopic images in relation to the actual stage space? What cooperation existed between the actual scene designers and the makers of the models? So far, no documents or surviving figures have turned up to elucidate these matters.[25]

Vermutlich gleichen die Methoden der Stereofotografen im Wesentlichen denjenigen der Theaterfotografen dieser Jahre. Hier wie dort ist anzunehmen, dass mehrere Künstler an einer Produktion mitgewirkt haben. Aufnahmen von Aufführungen vor Ort im Theater sind technisch erst in den achtziger Jahren möglich.[26] Hierfür maßgeblich ist die Erfindung von Elektrizität, die ja erst eine künstliche Beleuchtung, wie sie die Fotografie in Innenräumen benötigte, bereitstellen konnte. Für München hält Claudia Balk fest: „1879 war die Kohlenfadenglühlampe erfunden worden, und 1882 präsentierte die Deutsche Edison-Gesellschaft in München auf der 3. Elektrizitätsausstellung eine Theaterbeleuchtungsanlage. 1885 verfügte das Münchener Residenztheater über die erste elektrische Bühnenbeleuchtung Deutschlands."[27] Damit war eine wesentliche Voraussetzung für Foto-Aufnahmen *im* Theater geschaffen. Dies veranlasst die Fotografen, komplette Bühnenbilder und die Ausstattung der Aufführung ins Atelier zu holen, um gemeinsam mit den Schauspielern die wichtigsten Szenen nachzustellen, zuweilen auch als Bilderserien, die, aus mehreren Bildern bestehend, nur entscheidende Augenblicke eines bekannten Theater- oder Opernstückes darstellen. Jedes Bild ist einzeln nummeriert, trägt den Titel des Stücks und eine Kernaussage oder den Dialog der jeweiligen Szene. Hier ist jedoch zu betonen, dass von der im Atelier nachgestellten Szene nicht automatisch auf die referierte Inszenierung geschlossen werden kann. Denn die Anordnung insbesondere von Gruppen im Atelier orientierte sich auch an den gängigen Konventionen der Gruppenportraits. Auch wenn die fotografischen Aufnahmen von nachgestellten Theaterszenen einen für Theaterhistoriker wichtigen Eindruck der damaligen Bühnenpraxis vermitteln, ebenso wie es Skizzen und Gemälde zu Theater tun,[28] hegen sie dennoch nicht den Anspruch eines ‚dokumentarischen Abbilds'.

Zum Teil fertigen Bühnenbildner während der Aufführung Skizzen von Kulissen der Hauptszenen an und vermerken gleichzeitig den Standpunkt der Figuren. Auf der Grundlage dieser Zeichnungen werden Prospekte und Kulissen entworfen und im Atelier aufgebaut, dessen Raummaße monumental gewesen sein müssen. Stehen ausreichend finanzielle Mittel zur Verfügung, so bestellt der Fotograf die Schauspieler der Aufführung ins Atelier, wo diese die Schlüsselszenen der erfolgreichen Stücke nachstellen. „There are many stereographs of plays (Hamlet, MacBeth) operettas (Pinafore) and grand opera (Faust, L'Africaine) some of which were posed by the acting companies currently performing in the city."[29] Im ungünstigeren Fall werden weder das Bühnenbild noch das Ensemble in vergleichbarem Ausmaß übernommen, sondern durch Bühnenbildmodelle und Tonfiguren ersetzt.[30] Leichter anzufertigende Portraitfotografien der Darsteller werden in die Bildcollage eingefügt und verleihen so einem modellierten oder gemalten Kostüm ein ‚echtes' Gesicht. Um einer eingehenden Betrachtung theaterspezifischer Stereofotografien gerecht zu werden, sind die medialen Eigenschaften des stereoskopischen Bildes in Abgrenzung zur zweidimensionalen Fotografie zu berücksichtigen. Es kann nicht einziges Anliegen der Fotografen gewesen sein, die Kernszenen einer berühmten Aufführung lediglich um der Reproduktion willen mit dem komplizierten Verfahren der Doppelobjektivkamera aufzunehmen. Vielmehr ist es das Raumerlebnis, das hier medial zu „reproduzieren" ist. „Once a photographer had begun to organize his sitters and settings into story-telling groups, he would become aware of his affinity to the theatre-producer".[31] Mit diesen Worten leitet John Jones in seiner Studie *Wonders of the Stereoscope* die enge Verbindung der Stereofotografie zum Theater her. Jones' Feststellung ist durchaus gerechtfertigt, jedoch übergeht er einen entscheidenden Schritt: der Stereofotograf entdeckt die Affinität seiner Bildkomposition zu derjenigen des szenischen Raumes nicht erst nach deren Fertigstellung. Vielmehr orientiert er sich bewusst an dramaturgischen Prinzipien und diegetischen Strukturen des Theaters sowie den Kompositionstechniken der Malerei. Die überlieferte Praxis des Bilderstellens, die ‚Realisation' von Gemälden und literarischen Texten – Worte werden zu Bildern, Bilder mutieren zu ‚dramatic tableaus' – dienen dem Fotografen als künstlerisches Modell für seine Inszenierungen im Atelier. Gemäß Brewsters Anraten werden die besten Szenen des zeitgenössischen Theaterlebens und signifikante Momente der Historie, aber auch Situationen des Alltags im Atelier reproduziert. Diesen fotografischen Inszenierungen ist die Theatralität, verstanden als ein Gefüge aus Szenographie, Komposition, mimisch-gestischen und auch wahrnehmungsästhetischen Mustern und Konventionen, gemeinsame Referenz.

Direkt auf das Theater bezogene Stereofotografien können in vier Hauptgruppen unterteilt werden. Eine Gruppe stellt Aufnahmen von Theatergebäuden in Außen- und Innenansicht dar, wie zum Beispiel die Mailänder Scala (vgl. Abb. 8), die Pariser Grand Opéra oder das Ford's Theater in Washington, in dem President Abraham Lincoln ermordet wurde.[32] Weitere, eher seltene fotografische Dokumente sind Abbildungen von Theaterzetteln oder Plakaten. Häufiger hingegen finden sich Abbildungen von Schauspielern,

Dramatikern, Komponisten oder anderen Künstlern. Die mit Abstand größte Gruppe bilden jedoch Opern-, Theater- und Ballettszenen, die in diesem Teilkapitel daher auch den größten Raum einnehmen.

Die nachstehende Übersicht listet die gängigsten bekannten Stereo-Fotografen auf, die theatrale Bildthemen in ihrem Repertoire führten. Die Liste kann nur unvollständig sein, was zum einen auf die oft mangelnde Annotation der Bilder zurückzuführen ist, zum anderen auf die mangelhafte Archivierung und systematische Erfassung der Stereobilder in den Archiven.[33]

Fotograf / Vertrieb	Thema / Serientitel	Datierung
Edward Anthony (1819–1888)	*Prominent Portraits* (Schauspieler, Tänzer, Sänger)	1862
Augé Louis (Louis Honoré Jules) Béziers (1827–?	*Don Quichotte*	vor 1874
Adolphe Block (1829–1915)	*Les Théâtres de Paris* Serie mit je 6 Karten: *Le Pré aux clercs*, *Le Domino noir*, *La Favorite*, *Le Freyschutz*, *La Dame Blanche*, *Lucie de Lammermoor* Serie mit je 12 Karten: *Les Huguenots*, *La Muette de Portici*, *Cendrillon*, *Guillaume Tell*, *Peau-d'Âne*, *Nos Mondaines*, *Le Moulin Rouge*, *Diableries* *Types Modernes*	vor 1873
Furne, Charles Paul (1842–1880)	*Les Bals de Paris* *Alphabet des Costume*, *Les Mille et Une Nuits* *Arléquinades*	vor 1860 vor 1859 vor 1858
Hanau (Eugène)	*Scènes de bals et vues de l'Opéra* (ohne Relief)	
Lamiche (François Benjamin) (um 1808 – nach 1871)	*Les Théâtres de Paris* Serie zu je 12 Bildern: *L'Africaine*, *La Biche au Bois*, *Robert le Diable*, *Diableries*	vor 1866 vor 1860
Vertrieb E. Linde / Sophus Williams, Berlin	*Belles Actrices*	1868–1875

Fotograf / Vertrieb	Thema / Serientitel	Datierung
Vaury Louis	*Le Pétit Chapéron Rouge; La Belle au Bois Dormant, Célébrités Artistiques, Actrices*	vor 1869
Jules Marinier (Jules Aléxandre Édouard) (1823– nach 1896)	*Actualités Théâtrales* *Portraits d'actrices, La Biche au Bois, Barbe Bleue, La Juive, Le Prophète, L'Étoile du Nord, La Grande Duchesse de Gerolstein, Roméo et Juliette, Hamlet, Le Trouvère, Don Juan, Le Puits qui chante, Le Roi Carotte, Les Pilules du Diable, Faust, Le Corsaire, Don Carlos, La Fille de Mme Angot, Paul et Virginie, Les Bals de Paris* literarische Themen: *La Belle au Bois Dormant, Le Petit Poucet, Le Chat Botté* andere fiktionale: *Bouffonneries théâtrales, Voyage dans la Lune, Le Tour du Monde*	vor 1869
Numa fils (i. e. Émile Haering)	*Pierrot dans diverses attitudes* (Charles Debureau)	
Pougnet, Anatole Cyrus	*Portraits d'Actrices*	
Nicolas Joseph Viget	*Actrices*	
Napoleon Sarony (1821–1896)	Portraits	

Darsteller zum Anfassen – Stereo-Portraits

Künstler-Fotografen der fünfziger Jahre – die oft sowohl als Künstler und Journalisten wie Fotografen arbeiten –, wie Félix Tournachon Nadar (1820–1910), Étienne Carjat (1828–1906), die Brüder C. und G. Zangaki oder Napoleon Sarony (1821–1896) stellen die anfangs übliche Form der Theaterfotografie, die Darstellerportraits, her.[34] Schauspieler gehören zu einem der frühesten Kundenkreise der Fotografen, was sich nicht allein mit ihrer besseren Körperbeherrschung im Falle der langen Belichtungszeiten erklären lässt. Sie sind auch deswegen die ersten Kunden für Portraitaufnahmen, weil sie die – zumeist im Format der Carte de Visite[35] oder des Cabinet-Bildes – hergestellten Bilder für mögliche Besetzungen und Vermittlungsbüros verwenden können. Die Carte de Visite kann auch im eigentlichen Wortsinne als eine ‚Visitenkarte' betrachtet werden: mit einem Format von ca. 6x10 cm handlich genug zum Weiterreichen oder zum Einstecken in die

Hand- oder Hemdtasche. Fotografien dieses Formats etwa von Familienmitgliedern, der/dem Geliebten oder favorisierten Sängern oder Darstellern konnten so regelreicht ‚am Leib' getragen werden. André Adolphe-Eugène Disdéri (1819–1889), der das Patent auf die Carte de Visite hat, sichert sich ebenfalls ein Patent auf so genannte Mosaikbilder: eine Collage von kleineren Fotografien der gleichen oder unterschiedlichen Motive auf einem größeren Gesamtbild. Abbildung 9 zeigt ein illustres Beispiel für dieses Mosaïque von Disdéri. Es ist mit „Les Jambes de l'Opéra" betitelt und entstammt einem kompletten Album mit dem englischsprachigen Titel *Album of French Actors, Actresses, and Dancers*, das um 1862 erschien.

Studiert man in der damaligen Fachpresse geschaltete Anzeigen von Theateragenten, so ist häufig der Vermerk „Zuschriften mit Bild" zu sehen. Ein deutlicher Hinweis auf einen wichtigen Verwendungszweck der Fotografien. Dies untermauert Claudia Balk in ihrem noch immer einschlägigen Überblick zu Theaterfotografie:

> Ein Bühnenkünstler verfügte über eine reiche Palette an Variationsmöglichkeiten des Gesichts- wie des Körperausdrucks, vor allem im Rollenspiel. Für die Theaterhistoriker sind die Serienaufnahmen von Bühnenkünstlern in Rolle zur Herstellung von Cartes-de-Visite eine wertvolle Bildquelle, da sie mehr als nur

Abb. 9: André Adolphe-Eugène Disdéri: *Les Jambes de l'Opéra.*

> einen einzigen Moment, einen einzigen Ausdruck eines Rollenspiels erfassen. Es ist etwas über die Spielweise eines Darstellers, einer Darstellerin, zu erfahren. Dennoch darf nicht übersehen werden, daß die meisten Posen von Theaterkünstlern vor der Kamera normiert waren. Auf der einen Seite gab es den im Vergleich zu heute starren Bewegungskodex auf der Bühne, auf der anderen Seite flossen auch Atelierposen in die Rollenporträts ein.[36]

Die Fotografen selbst wiederum warben nicht selten mit Aufnahmen lokaler oder überregional bekannter Schauspieler, etwa in ihren Schaufenstern.[37] Durch die mögliche Reproduktion der Fotografien lässt sich auch die – zumindest ‚visuelle Bekanntheit' weiter steigern. Nadar berichtet über den Erfolg derartiger Aufnahmen auf der ersten Photographischen Ausstellung im Pariser Palais de l'Industrie 1855:

> Das Publikum drängte sich vor den zahlreichen Porträtaufnahmen bekannter Persönlichkeiten, die es noch nicht kannte, vor berühmten Theaterschönheiten, die es bisher nur von weitem bewundert hatte und nun in Bildern, wie lebend vor sich sah.[38]

Nadar eröffnet schon 1854 sein Atelier in Paris, er nimmt nicht nur die Katakomben von Paris auf und macht erste Luftaufnahmen, sondern porträtiert auch Literaten, Künstler und Schauspieler wie Charles Baudelaire, Honoré Daumier (1808–1879), Théophile Gautier, Honoré de Balzac (1799–1850) und Sarah Bernhardt (1844–1923). Schauspielerportraits geben bekannte und später, als die Fotografien preisgünstiger werden, auch weniger bekannte Darsteller in ihren erfolgreichsten Rollen wieder. Zum Zweck der Aufnahme bringen sie Kostüm und signifikante Requisiten aus dem Theater selber mit. Sollen ausgewählte Szenen rekonstruiert werden, kommen Bühnenbildner und Maskenbildner mit ins Atelier. Die Bühnenprospekte werden ebenfalls vom Theater ins Atelier transportiert oder neu angefertigt. In der Experimentierphase der künstlerischen Fotografie sind die Schauspieler geduldige und erprobte Modelle, den Darstellern selbst dienen die Bilder als objektiver Spiegel der eigenen Körperpraxis zu Werbezwecken (die Fotografien werden in Schaukästen der Fotografen und in Zeitungen veröffentlicht) und als „Bewerbungsfoto". Es besteht also ein symbiotisches Verhältnis zwischen Fotograf und Darsteller sowie zwischen künstlerischen und wirtschaftlichen Vorzügen. Die Erfindung des Verfahrens zur Herstellung von Carte-de-Visite-Aufnahmen sowie das Aufkommen des Sammelalbums und später der Postkarte tragen entscheidend zur Kommerzialisierung der Fotografie und zur Etablierung des Starkultes bei. „Für den Theaterliebhaber bestand [der Reiz] darin, daß er sich nicht mehr nur mit dem Theaterzettel begnügen mußte, sondern mit der Photographie eines Darstellers einen Teil der Theaterwelt mit nach Hause nehmen konnte."[39] Gleichzeitig wirkt sich die Massen-Distribution des Fotos als für jeden bezahlbare Ware auf die Wahrnehmung des Käufers und Theaterbesuchers aus. Fotografien von berühmten Bühnenkünstlern im Album oder im eigenen Heim anschauen zu können, erscheint als symbolische Verringerung der Distanz zwischen Schauspieler und Publikum, der Käufer besitzt mit der Fotografie zudem imaginär Macht über den im Theater transitorischen und im Bild für die Ewigkeit fixierten Augenblick. Für den Betrachter ist es zunächst einmal irrelevant, dass seine Fotografie keine Momentaufnahme im eigentlichen Sinn, also keine Aufnahme ist, die unmittelbar während des Geschehens entsteht. Ihm genügt die Wiedergabe der repräsentativsten Posen seines Bühnenfavoriten. Das Spezifikum derartiger Portraitfotografien besteht in der scheinbaren Unmittelbarkeit der Physiognomie, der fast intimen Nähe zu sonst räumlich weit entfernten Berühmtheiten. Das Bedürfnis,

Abb. 10: Carl Mittell als Petri in *Der Zigeuner*. Wien 1858, unbekannter Fotograf. Stereokarte in einem aufgeklappten tragbaren Stereoskop.

weit Entferntes heran zu ‚zoomen', korrespondiert mit der Herausbildung eines voyeuristischen Blicks. Nicht zu missachten ist das wachsende Interesse an der Privatsphäre der Berühmtheiten, ein Phänomen, das Julius Bab neben der allgemeinen Theaterbegeisterung im 19. Jahrhundert mit dem Begriff der „Theatromanie" bezeichnet.[40]
In Amerika ediert Edward Anthony eine Serie mit *Prominent Portraits* (1862), Aufnahmen von nahezu 75 Schauspielern, Tänzern und Sängern.[41] Auch der Künstler-Fotograf und Lithograph Napoleon Sarony (1821–1896) produziert Stereo-Serien berühmter Akteure.[42] Eines der frühesten Darstellerportraits überhaupt, das noch dazu als Stereobild vorliegt, ist eine Stereodaguerreotypie des Wiener Schauspielers Carl Mittell (1824–1889).[43] (Abb. 10) Es stammt vermutlich aus dem Jahre 1858 und befindet sich heute in der Fotosammlung des Theatermuseums München.[44] Der Fotograf ist unbekannt. Mittell ist in der Rolle des Petri in Friedrich Kaisers (1814–1874) Stück *Der Zigeuner in der Steinmetzwerkstätte* (1842) dargestellt. Die Fotografie in Abbildung 10 zeigt das Bild eingefügt in ein Taschen-Etui mit Stereoguckern.
Der Vertrieb Linde-Sophus Williams[45] in Berlin veröffentlicht eine Reihe von Schauspielerinnen-Portraits, die *Belles Actrices* (1868–1875). (Abb. 11) Auf dem hellgelben Rahmen ist unter dem Titel der Serie der Name des Verlegers aufgeführt, nicht jedoch der Name der Künstlerin.
Ob eine Schauspielerin in einer Rolle dargestellt ist oder das Bild als erotische Pose gedacht ist – oder beides – ist nicht deutlich erkennbar in Abbildung 12, die den Titel *Types modernes* trägt und aus der Produktion von B. K. stammt. Auf einem apricotfarbenen Bildträger ist die kolorierte Aufnahme einer Dame zu sehen, in einem rosa-weiß gestreiften Kleid mit Carmenausschnitt und blauen Blüten im hochgesteckten Haar; sie hat den Oberkörper leicht nach vorne gebeugt, ihr linker Ellbogen stützt den angewinkelten Arm auf ihrem Schoß ab; sie schaut beinahe lasziv von schräg unten den Betrachter direkt an, ihren linken kleinen Finger hält sie – wie zum „Psssst!" geformt – an die geschlossenen Lippen – als wollte sie den Betrachter/die Betrachterin auf ein intimes Komplott einschwören. Die Titelgebung *Types modernes* könnte auch auf die Darstellung eines neuen Frauentyps im 19. Jahrhundert hinweisen. Zur Einordnung wäre es hilfreich, andere zu dieser Serie gehörende Bildmotive zu vergleichen.
Eine weitere Portraitserie von Darstellern stammt aus den Jahren zwischen 1867 und 1873 und ist mit *Celebrités Théâtrales* bezeichnet.[46] Jules Marinier ediert in der Kategorie „Actualités Théâtrales" eine Serie mit „portraits

Abb. 11: *Belles Actrices.* Linde-Sophus Williams, Berlin, um 1870.

d'actrices".[47] Numa fils (i.e. Émile Haering) fertigt Stereobilder von Jean-Charles Debureau (1829–1873), jenem Pantomimen, den insbesondere zwischen 1854 und 1855 der Künstlerfotograf Félix Tournachon Nadar porträtierte, und kennzeichnet sie mit *Pierrot dans diverses attitudes.*[48]

„...the most interesting scenes in our comedies and tragedies": Theater-, Opern- und Ballett-Szenen

„Miss Pixley in Pinafore" steht auf der gelb umrandeten Stereofotografie in Abbildung 13, die eine weibliche Figur in langem Kleid an Deck eines Schiffes zeigt. Ihren Körper nach links gedreht, blickt sie konzentriert durch ein Teleskop aus dem Bild heraus.

Dargestellt ist die amerikanische Schauspielerin Annie Pixley (1858–1893)[49] in der Rolle der Josephine in der New Yorker Produktion der Operette *H.M.S. Pinafore* des Librettisten Wilhelm Schwenck Gilbert (1836–1911) und des Komponisten Arthur Sullivan (1842–1900), um 1879. *H.M.S. Pinafore*, eine „entirely original nautical comic opera" ist die Geschichte einer jungen Frau, Tochter eines Kapitäns, die sich – gar nicht standesgemäß – in einen Matrosen (Ralph) verliebt, obwohl sie eigentlich Joseph Porter, K.C.B., First Lord of the Admirality, verprochen ist. Die Reise auf dem britischen Kriegsschiff (das den Namen H.M.S. Pinafore trägt, daher der Stücktitel) bringt Josephine und Ralph einander näher, ihre Begegnung verläuft nicht ohne Konflikte, die aber am Ende durch eine Enthüllung aufgelöst werden, so dass die Beziehung zwischen Ralph und Josephine eine standesgemäße werden kann. Die Erstaufführung der Operette fand am 25. Mai 1878 in der Opéra Comique in London statt und sie wurde schnell international, vor allem aber in Nordamerika und Großbritannien, zu einem großen Erfolg.[50]

An der Stelle des Bildträgers, an dem für gewöhnlich die Namen des Fotografen oder des Vertriebs stehen, ist bei dieser Karte „John Harrington und W.M.H. Brine, Perfumes, Soups, Brushes, Threads" angegeben (rechte Seite). Auf der linken Seite ist der Name John Harrington & Co. wiederholt, diesmal mit Hinweis auf „One Price Store, Hosiery, Gloves, Underwear, &c. in 17 & 18 Tremont Row, Boston". Da auf dem Verso des Bildes keine weiteren Angaben verzeichnet sind, kommen zwei Möglichkeiten der Zuordnung dieser Informationen in Frage: Harrington & Co. könnten, wie im 19. Jahrhundert häufiger üblich, als Kontaktstelle für den Vertrieb gelten, sozusagen als Großhandelsabnehmer, der auch mit Stereobildern

Abb. 12: *Types modernes.* Collection B. K., o. J.

handelt. Es ist aber auch möglich, dass Harrington & Co. nicht in den Vertrieb involviert sind, sondern den Bildträger als Werbefläche für ihr Unternehmen nutzen, das den Angaben zufolge durchaus Waren feilbietet, die für die Klientel von Stereobild und Theater attraktiv sein könnten – Textilien, Nähgarne, Handschuhe. Die im 19. Jahrhundert gängige Strategie der gezielten Synergiebildung von Unternehmen, wie sie etwa zwischen Theaterhäusern und Kaufhäusern oder Modegeschäften oder zwischen Theatern und Kostümbildnern praktiziert wurde, hätte hier ein logisches Äquivalent in der Erweiterung der Kooperation auf dem massenmedialen Gebiet der Stereokarte.

Beim Betrachten des Pinafore-Bildes und seiner raumplastischen Ansicht im Stereoskop ergibt sich ein blickdramaturgischer Dreh: Wie Josephine durch das Teleskop schaut, so blickt der Stereobildbetrachter durch ein optisches Gerät, trifft aber nicht den Blick der Figur, sondern wird auf deren Blick durch ihre Apparatur gelenkt, womit auf der einen Seite die Betrachterin sich des visuellen Akts bewusst wird, auf der anderen Seite die mehrfache Mediatisierung des Bildes gerinnt, nämlich als a) Zitat aus einer aktuellen Theaterproduktion, b) Portrait einer bekannten Schauspielerin, c) zweidimensionales Doppelbild, d) dreidimensional wirkendes Stereobild, das ‚in die Szene greift' und e) die Markierung des Sehaktes durch die beiden optischen Geräte. Erstaunlicherweise bringt Schwartze in dem weiter oben zitierten *Buch der Erfindungen im XIX. Jahrhundert* diese ‚Sehachsen' zusammen, wenn er schreibt, das Stereoskop bilde

> in Verbindung mit der Lichtbildnerei gleichsam ein verstärktes Teleskop, welches aus noch viel weiteren Fernen her die Gegenstände in den von Natur aus so engen Gesichtskreis des Menschen zu ziehen vermag, und darum ist das Instrument auch so populär überall geworden, daß Millionen dadurch Belehrung und Genuß suchen und finden.[51]

Das Opernglas der zeitgenössischen Theaterbesucherin ist dann nur noch eine logische Ergänzung im Kontext der Anschauung der theatralen Szenen durch ein Guckrohr. Neben dieser inhaltlichen, auf die theatrale Vorlage bezogenen Analyse darf nicht vergessen werden, dass dieses Bild auch eine PR-Fotografie für Annie Pixley gewesen sein mag, die beim amerikanischen Publikum überaus beliebt gewesen sein muss, glaubt man der zeitgenössischen Presse. Besonders bekannt wurde sie 1880 mit dem Stück *M'liss* (in einer ersten Version veröffentlicht 1860) von Francis Bret Harte (1836–1902). Wie Roger A. Hall in *Performing the American Frontier, 1870–1906* notiert, zählten Pixley und

Abb. 13: *Miss Pixley in „H. M. S. Pinafore"*, um 1879.

M'liss zu anhaltenden Bühnenattraktionen während der achtziger Jahre[52]:

> The *Mirror* featured Pixley on its cover after her *M'liss* first opened in New York and again just fourteen months later – an unusual tribute to her popularity. The following year, August 19, 1882, Pixley graced the cover of the *Dramatic World*. Although she occasionally undertook other parts, including the title roles in Fred Marsden's *Zara* and A. C. Gunter's *The Deacon's Daugther*, it was her portrayal of M'liss for which she was famous, and by the time of her death in 1893 she had enacted it over two thousand times.[53]

Das Stereobild zu *H. M. S. Pinafore* lieferte einen guten ersten Blickfang, die Komplexität des stereoskopischen Theater-Bildes zu veranschaulichen. Welche anderen Stücke, Opern, Tänze, Darsteller aber zählten zum Repertoire der theaterbezogenen Doppelbilder?

Vornehmlich zwei französische Unternehmen spezialisieren sich in den siebziger Jahren auf den Vertrieb von Stereofotografien theatraler Sujets: die bereits genannten Adolphe Block (Insignien: BK) mit seiner Serie *Les Théâtres de Paris* und Jules Marinier (Insignien: M, JM, JM & ED), der seine Serie mit *Les Actualités Théâtrales* betitelte, die vornehmlich in den siebziger und achtziger Jahren des 19. Jahrhunderts weltweit vertrieben wurden. Die Bezeichnung „Aktualitäten des Theaters" oder auch „theatrales Zeitgeschehen" legt zeitgenössisch, aber auch ex post einen ‚dokumentarischen' Charakter der Bilder nahe; allerdings ist dies weniger im Sinne einer genauen Replik tatsächlicher Aufführungen zu verstehen, sondern im Sinne eines Zugriffs auf diejenigen Inszenierungen und theatralen Formen, die zeitgenössisch die Bühnen und (visuelle) Kultur beschäftigten.

Marinier und Block produzieren die handkolorierten Durchscheinbilder, deren kostbare Gestaltung aus dem Konkurrenzverhältnis der ähnlich arbeitenden Unternehmen resultiert. Die nachfolgend aufgeführten Tabellen sind den Innenseiten der Etuis von B. K. und J. M. entlehnt und mögen einen Eindruck von deren breit gefächertem Angebot vermitteln.

Les Théâtres de Paris (B. K.)

12 scènes

L'Africaine
Robert le diable
La Muette de Portici
Guillaume Tell
Les Huguenots
Faust
Les Etrangleurs de l'Inde
La biche au bois
Cendrillon
Peau d'Ane
12 Ballets assortis

6 scènes

Le Freyschutz
Lucie de Lammermoor
Tribut de Zamora
Aida
Yedda
Mignon
Le Domino noir
Lakmé
La Dame blanche
Pré-aux-Clercs
La Favorite
Barbier de Seville
6 Ballets assortis

Le Théâtre instantané[54]

12 scènes

Roger-la-Honte
Porteuse de pain
La Fermière
Le petit Duc
Giroflé – Girofla

Le Théatre Nadar[55]

Mme Sans Gène
Gismonda
Rip Panurge

Les Actualités Théâtrales (J. M.)

12 scènes

La Chatte blanche
Le Prophète
La Juive
Le Trouvère
Faust et Marguerite
Roi Carotte
Les pilules du diable
Le tour de Monde
Les enfants du Capitaine Grant
Le voyage dans la lune
Michel Strogoff
Le grand Mogol
Don Quichotte
Mille et une Nuits
La Biche au bois
La Belle au bois dormant
Les Bouffoneries théatrales

6 scènes

Romeo et Juliette
Don Juan
Fille de Mme Angot
Paul et Virginie
L'Etoile du Nord
Puits qui chante
La coupe du roi de Thulé
Prin^{sse} Trébironde
Turcs, Brigands
Le Corsaire
Don Carlos et Néméa
La Source
Hamlet et Jonas
La belle Hélène
Voyage dans l'impossible
Orphée aux enfers
Cloches de Comville
Barbe bleue
Hamlet
G^{de} duch^{e} de Gérolstein

Die Angebote enthalten wertvolle Informationen über die Thematik der Bilder und ihre Ausführung. Beide Unternehmen veröffentlichen ihre Stereofotografien in Serien mit je sechs bzw. zwölf repräsentativen Szenen des theatralen Zeitgeschehens. Die Titel entstammen im Wesentlichen den Theatergattungen Grand Opéra, Opéra Comique, Féerie sowie Balletten. Gemeinsamer Nenner dieser Ausstattungsstücke ist die Dominanz der visuellen Zeichen gegenüber dem Text, und der Intention einer im Sinne des Wortes spektakulären Wirkung.[56]

Grand Opéra

„Der legendäre Aufzug des Kaisers Sigismond besetzte derart die Augen, daß die Ohren sich sträubten, noch etwas wahrzunehmen", lautet eine zeitgenössische Stimme zur Uraufführung von Jacques Fromentals (1799–1862) Grand Opéra *La Juive* im Jahre 1835.[57] Sieben Jahre zuvor war Daniel-François-Esprit Aubers (1782–1871) Oper *La Muette de Portici* (1825), Libretto von Eugène Scribe (1791–1861) und Germain Delavigne (1790–1868), uraufgeführt worden. Die Tatsache, dass die Protagonistin einer Oper eine Stumme darzustellen hatte, belegt auf ihre Weise den Oculozentrismus des Musiktheaters dieser Zeit als innovatives opernästhetisches Konzept. Mit *Robert le diable* (*Robert der Teufel*), einer Oper von Giacomo Meyerbeer (1791–1864) nach dem Text von Eugène Scribe, uraufgeführt in Paris 1831, wird die Grand Opéra als ein neuer Operntypus eingeführt. Die Grand Opéra ist gleichermaßen als Gattung wie als Institution zentraler Begriff der Theatergeschichte des 19. Jahrhunderts und wird insbesondere im 19. Jahrhundert innerhalb, aber auch jenseits von Europa (aus politischen, ökonomischen und Gründen der Modernisierung) adaptiert.[58] Als einzige Pariser Spielstätte herrscht dort das Privileg, durchweg Stücke in französischer Sprache aufzuführen, die noch dazu musikalisch und mit Balletteinlagen ausgestattet sind.[59] Napoleon III. beauftragt anlässlich seiner Neukonzeption der französischen Hauptstadt den Architekten Jean-Louis Charles Garnier (1825–1898) mit dem Neubau der Grand Opéra 1861–1874. Am 5. Januar 1875 wird der Bau eingeweiht. Programmpunkte sind die ersten zwei Akte von *La Juive* von Jacques Fromental d'Halévy (1799–1862), Arien aus der Oper *Les Huguenots* von Giacomo Meyerbeer sowie *La Source*, ein Ballett von Léo Delibes (1836–1891).[60] Die Aufnahme dieser Stücke in das Eröffnungsprogramm zeugt von ihrer künstlerischen Qualität und ihrem Bekanntheitsgrad. Sie sind ebenfalls in den Angeboten der

Stereofotografie-Unternehmer B.K. (*Les Huguenots*) und J.M. (*La Juive*, *La Source*) aufgeführt und werden in zum Teil aufwändig verzierten Schachteln verkauft. (Abb. 14) Unter jedem nummerierten Stereobild vermittelt ein Schlüsselzitat oder ein knapper Titel den Gehalt der dargestellten Szene und hilft, sie im inhaltlichen Kontext zu verankern. (Abb. 15)

Scribe, der in den dreißiger Jahren eng mit Meyerbeer zusammenarbeitete, verfasst nach dem historischen Roman *Chronique du règne de Charles IX* von Prosper Mérimée (1803–1870) das Libretto (1829). Die wahre Geschichte um die Bartholomäusnacht vom 23. zum 24 August 1572 ist in dieser Oper mit einer fiktiven Liebesromanze vermischt. Bereits in den dreißiger Jahren wird der Oper eine „unerhörte Fülle kontrastreicher Szenen und Situationen“[61] attestiert, schon im Jahre 1872 wird sie zum fünfhundertsten Male aufgeführt.[62] Die Abbildungen dokumentieren die gerühmte kontrastive Komposition der Szenen sowie die historistische Monumentalität der Bühnenausstattung. Sichtbare Charakteristika sind die wechselnden Kulissen sowie die Massenszenen, die als Merkmale der Grand Opéra gelten. Die Kostüme spiegeln die Zeit der dramatischen Realität, das Spätmittelalter, an den Fotografien ist zugleich jene Forderung nach historischer Genauigkeit in der theatralen

Abb. 14: *Les Huguenots*. Deckel einer Schachtel zur Aufbewahrung der Bilderserie.

Darstellung abzulesen, die im 19. Jahrhundert die Qualität des theatralen Geschehens sicherte. Als ‚fotogene‘ Szenen werden diejenigen ausgewählt, die für das Theaterpublikum besonders anschaulich wirken oder aber wegen ihres hohen gefühlsbetonten Gehalts im Gedächtnis bleiben. Es sind solche Szenen, die Scribe in seinen Libretti als Bestandteile seiner „Numérotage“, dem Entwurf von emotiven Situationen, versteht:

Abb. 15: *Les Huguenots. Le Refus.*

In den Libretti für die großen historischen Opern Aubers, Halévys und Meyerbeers hat Scribe die aus seinen ‚Pièces bien faites' für die ‚Opéra comique' genutzte Spannungsdramaturgie umgemodelt in eine Bilderfolge mit aufflammenden Gefühlen der leidenschaftlichsten Art, tragischen Konflikten zwischen Rassen, Religionen und gesellschaftlichen Klassen, wobei persönliche Beziehungen in ihrer Ausweglosigkeit oft gegen Massenszenen gesetzt sind.[63]

Die Stereobilder der *Huguenots* veranschaulichen die Dramaturgie des Einzelbildes wie der Bilderfolge. Ungeachtet der Musik sollte die Handlung rein optisch verstanden werden, eine Forderung, die Louis Véron (1798–1867), seit Anfang der dreißiger Jahre Intendant der Pariser Oper in der Rue le Peletier, proklamierte. Von Bedeutung hinsichtlich der Popularität der Stereofotografie erweist sich der Hinweis auf die Zusammenarbeit der Oper mit Spielstätten wie etwa dem Cirque Olympique, in dem vorzugsweise solche Stücke aufgeführt wurden, deren Inhalt schon über die Tableaus optisch eingängig war:

Dieser von manchen Zeitgenossen als Volksoper titulierte Zirkus hatte sich beim Wiederaufbau nach einem Brand 1826 unter der Direktion von Alphonse Franconi der besten Bühnentechnik versichert und sich auf Mimodramen spezialisiert. Verbunden waren diese optisch verständlichen Dramen mit dem Aufmarsch einer riesigen Statisterie – allein dreißig Pferde wurden dort gehalten, und die Opér lieh sich zwanzig davon für die Uraufführung der JÜDIN aus.[64]

Dieser Hinweis verdeutlicht, dass eine strikte Trennung der Theatergattungen in schichtenspezifische Absoluta der häufig engen Verflechtung von großen Opern und den Populärtheatern im 19. Jahrhundert nicht gerecht würde. In den Boulevardtheatern etablieren sich bühnentechnische Neuerungen, zugleich wird hier der Regisseur zum verantwortlichen Gestalter der Inszenierung. „Der Erfolg der ‚mise en scène' an den Privatbühnen zwang alsbald auch die Staatstheater zur Übernahme dieser Praxis"[65], wie am Beispiel des Cirque Olympique gezeigt. Als ein weiteres Beispiel für die „Grenzüberschreitung" der Gattungen mag die Aufnahme der Ballet-Pantomime *Cendrillon* in das Repertoire des Grand Cirque Ciotti auf dem Théâtre de la Foire betrachtet werden.

A ce théâtre, *Cendrillon* était monté d'une facon toute remarquable. La promenade de la pantoufle, portée par six hommes, éclairés dans leur marche par la lumière électrique, provoquait d'unanimes applaudissements. La voiture de Cendrillon était menée par deux tout petits chevaux, si mignons, qu'un clown les portait sous son bras, aussi facilement qu'il l'eût fait de deux chevaux de bois. Rappelons le grand Théâtre National, des fêtes de Paris, [...] Spectacle varié.[66]

Abb. 16: *Cendrillon. Apothéose.* (Bild Nr. 12 der Stereobildserie von B. K.)

Bereits 1810 galt *Cendrillon* als Ausstattungsstück sui generis, dessen Erfolg nachweislich an die aufwändige Szenographie gekoppelt war. B.K. ediert *Cendrillon* in einer zwölfteiligen Stereobildserie. (Abb. 16) Um 1900 wird der Theaterbesitzer und Filmregisseur Georges Méliès (1861–1938) die Ballett-Pantomime, die er zuvor inszeniert hatte, zum Gegenstand eines seiner frühen fantastischen Filme nehmen[67]. Ebenfalls von B.K. stammen Bilder zur Féerie *La Biche au bois ou le royaume des fées* von Charles-Théodore Cogniard (1806–1872) und Jean-Hippolyte Cogniard (1807–1882). (Abb. 17 & 18) Die fotografischen Aufnahmen sind mit den Akten und den jeweiligen Szenen unterschrieben.

Im Deckel des Etuis, in dem die filigranen Dioramen gehandelt wurden (Abb. 17), werden die Betrachter über den Inhalt sowie den Aufführungsort der Féerie, das Théatre de la Porte St. Martin, informiert, das zu den bekanntesten Pariser Boulevardtheatern zählt, die sich in den zehner Jahren des neuen Jahrhunderts etablierten.[68] Gezeigt werden hier Tänze, Ballet-Pantomimen oder historische Tableaus, aber auch Stücke von Victor Hugo (1802–1885) und Alexandre Dumas (1802–1870). Über ihre szenographischen Strategien gibt die Serie von *La biche au bois* Auskunft. Für jeden Akt ist ein eigenes Bühnenbild vorgesehen, was den

Abb. 17: *Les Théâtres de Paris. La Biche au Bios. Féerie du Théâtre de la Porte St. Martin. 12 Scènes vues au Stéréoscope.* Deckel des Etuis zur Aufbewahrung der Bilderserie.

enormen Ausstattungsaufwand der Féerien darlegt. Insbesondere das zwölfte Bild der Serie, das den See der Sirenen darstellt, verdeutlicht das Zusammenwirken von gemalten und plastischen Bühnenelementen, die ein illusionistisches Gesamtbild bewirken sollen. (Abb. 18) Ein Blick durch das Stereoskop offenbart die Möglichkeiten der Stereofotografie, die Dimensionen des Raumes wirken zu lassen. Links und rechts rahmen weibliche Karyatiden, die eine Säule aus

Abb. 18: *La Biche au Bois. 5me Acte Scène VII.* (Bild Nr. 12 der Serie von B. K.)

Stoffen tragen, das Bild ein. In der Bildmitte formen vier weibliche Figuren mit ihren nach hinten geneigten Körpern einen Stern, auf dessen Mittelpunkt die weibliche Hauptfigur steht. Gemalte weibliche Figuren auf dem Hintergrund täuschen – vergleichbar einem Trompe l'oeil – vor, die Hauptfigur zu umkreisen. Diese Fotografie dokumentiert die Produktionsästhetik der Féerien, lässt darüber hinaus aber auch die Arbeitsweise des Stereofotografen erkennen, der die Prinzipien der Ausstattung bewusst aufgreift, um den zeitgenössischen Zuschauer das optische Spektakel der Aufführung en miniature nachempfinden zu lassen.

Die theaterspezifischen Stereobilder sind weder eindeutig als Fotografie noch als Miniaturmalerei zu bestimmen, sondern bilden eine Collage aus diversen künstlerischen Gestaltungsmitteln. In den Worten Laurence Senelicks: „[T]he stereoscopic image is more in the tradition of the diorama and the peepshow than in that of the daguerreotype and his successors."[69] Erst beim Blick durch das Stereoskop wird die Mesalliance der Gestaltungselemente sichtbar. Mehrfach wurde schon betont, dass Daguerres Dioramen die Szenographie der Ausstattungsstücke und Opern zu Beginn des 19. Jahrhunderts bereicherten. In den zwanziger Jahren des 19. Jahrhunderts wird die Gasbeleuchtung entwickelt, die auch die Gestaltung des Bühnenbildes fulminant revolutioniert und bis dahin verwendete Wachskerzen und Öllampen ersetzt. 1822 wird in der Aufführung von *Aladin ou la lampe merveilleuse* (Komponist: Nicolò Isouard, (1775–1818)) in der Pariser Opéra zum ersten Mal Gaslicht für die Ausleuchtung der Bühne benutzt, Daguerre zeichnet für das Bühnenbild verantwortlich. Der szenische Raum wird von oben beleuchtet, die Lichtintensität erhöht, so dass der Bühnenraum vollständig nutzbar wird. Daraus ergeben sich Konsequenzen für die Schauspielpraxis, die Proxemik und das Bühnenbild. Die Landschaften der Prospekte sind nicht länger perspektivisch verjüngt, sondern sollen einen unendlich weiten Raum suggerieren. In der o. A. Auflistung stehen der 1821 in Berlin uraufgeführte *Freyschutz* (Freischütz) von Carl Maria von Weber (1786–1826) sowie *Guillaume Tell* (Wilhelm Tell) von Giacomo Rossini (1792–1868), uraufgeführt in Paris 1829, exemplarisch für die Gattung der Opéra romantique. (Vgl. Abb. 19)

In diesem Operntypus dominieren Atmosphäre und Monumentalität, welche erst durch entsprechende Formation der Bühnenelemente vollends wirken können. Mystische Orte wie Keller, Ruinen oder Gruften sind häufig Schauplätze der zentralen Szenen, bevorzugte Tageszeit ist die Nacht oder jeder Zustand des Dämmerns. Das Diorama erfüllt

Abb. 19: *Le Freyschütz. Les Valseurs.*

diese Anforderungen idealiter: die monumentalen Bilddimensionen vermögen, unendliche Weite darzustellen, die Lichtnuancen erzeugen die entsprechende Atmosphäre. Zusammen mit dem Bühnenbildner Pierre-Luc-Charles Cicéri (1782–1868) arbeitet Daguerre neben seiner Tätigkeit für das Théâtre Ambigu-Comique an der Entwicklung von üppigen Kulissen, die sich ineinander verschieben lassen und sich bspw. bei einer Tanz-Einlage ‚mitbewegen' können.[70] Wie Erich Stenger berichtet, wird bereits 1892 die Projektion von Hintergrundprospekten als Ersatz gemalter Kulissen vorgeschlagen, was „angeblich mit gutem Erfolg durchgeführt" wurde. „Jahrelang vorher hatte man bereits ziehende Wolken, den Mond, Schneefall und Regen, später auch Wandelbilder mit Hilfe einer Laterna magica dargestellt."[71] Zunehmend helfen plastische Bühnenrequisiten die Illusionswirkung der panoramatischen Kulissen zu erweitern. Sie werden nicht länger als passive Elemente der Inszenierung begriffen. „Le décor est integré intimement à l'action, comme l'atteste l'emploi de practicables. Portes, escaliers, rues, chambres ou balcons ne sont pas là du trompe-l'oeil. Comme dans la réalité, c'est le milieu matériel inséparable de la vie."[72] *Imitation matérielle* und *imitation pictoriale* galten als notwendige Größen zur Perfektionierung einer *illusion complète* in Panorama und Diorama. In der Oper bewirken sie den gleichen Effekt und bereiten darüber hinaus der naturalistischen Szenographie des späten 19. Jahrhunderts den Weg, wie der Theaterhistoriker Martin Meisel formuliert:

> Together and only together actors and decors constitute the dramatic action, and organize the spectator's interest and response. The ‚pictorialism' of such a theater, growing up even as the illusionistic theater moved toward a final integration, was not that of the painting, but rather that of the stereoscopic photograph.[73]

Diese szenographische Methode der Illusionssteigerung kann nur im dreidimensionalen Bühnenraum ihre volle Wirkung entfalten – oder beim Betrachten des szenischen Bildes durch das Stereoskop! Die Stereofotografie greift diese Strategien auf, um ihrerseits dem Betrachter die gleiche Illusion wie im Theater bieten zu können. Allerdings wird die Mesalliance von plastischen und gemalten Bühnenelementen erst im Stereoskop sichtbar. Somit vermag die Stereofotografie über literarische Quellen hinaus dem Theaterhistoriker die Produktionstechnik der Ausstattungsstücke nahezulegen.

Insbesondere in den fantastischen Stoffen einiger Opern scheint das Bestreben, durch eine komplette Illusion alles so „echt" wie möglich wirken zu lassen, paradox und endet nicht selten in einer ,hyper'-realistischen Bühnenästhetik. In Daniel-François-Esprit Aubers *La Muette de Portici* (1828) bricht der Vesuv aus, in Meyerbeers Grand Opéra *Le Prophète* (1849) stürzt ein Palast ein, zudem sorgt ein Schlittschuhläufer-Ballett für kurzweilige Ablenkung des Zuschauers. Dass dieser nicht immer um der Fabel oder der Musik Willen die Aufführung besuchte, ist offenkundig. Die ,Echtheit' des auf der Bühne Präsentierten paart sich mit einer fantastischen Färbung und mündet in einem Detailreichtum, wie ihn Théophile Gautier anlässlich der Inszenierung des *Prophète* beschreibt: „L'oeuvre nouvelle de Meyerbeer est tout un monde, et il faut plus de trois auditions pour en discerner chaque détail."[74] Mehrfach wurde im Vorfeld auf die rein technisch bevorzugte stereoskopische Aufnahme detailreicher Räume hingewiesen. Dem Zuschauer, so führt Gautier am Beispiel des *Prophète* aus, bleibt selbst nach dem dritten Opernbesuch das umfassende Studium des Bühnenbildes verwehrt. Betrachtet er hingegen die Stereofotografie als ,Miniaturausgabe' der Pariser Opernbühne, so kann er nach Belieben jedes Detail bewundern. „He had the power to retain the image so long as it held him, turning to the next at his leisure [...] and adjusting focus to his own requirements."[75] Im Hinblick auf die Opéra sei zunächst festgehalten, dass die pompös dekorierten Kulissen sowie die historischen oder pittoresken Kostüme die Schaulust des Betrachters, dessen Neigung für das „théâtre optique" befriedigen. Insbesondere in der französischen Oper ist eine zunehmende Visualisierung der Szenenfolgen zu beobachten. Eine Sukzession von Tableaus, jenen bildhaften Szenen, deren Inhalt rein optisch eingängig ist, legt schon Scribe in seinen Libretti fest, bevor sie szenisch realisiert werden. Diese spektakulären Elemente greift die Stereofotografie auf, um ihrerseits den Belangen eines großen Kundenstamms, der sich aus allen sozialen Schichten zusammensetzt, nachzukommen. Ex negativo ist damit auch die Begründung für die weitgehende Unterwanderung der Reproduktion von Szenen des Sprechtheaters gegeben: diese werden nur ins Repertoire der Stereofotografie aufgenommen, wenn sie – wie in der Opéra lyrique – musikalisiert und in einem szenisch pompösen Rahmen aufgeführt wurden (z. B. *Faust / Marguerite*) oder wenn sie über effektvolle, ,spektakuläre' Szenen verfügen. Eine neue Dramaturgie der Bilder manifestiert sich hier, die prägend auch für andere visuelle Medien des 19. und 20. Jahrhunderts wird.[76]

Abbildung 20 zeigt eine qualitativ eher minderwertige Stereofotografie, die sichtbar unsauber mit kräftigen Farben koloriert wurde. Am oberen Rand des Bildes ist ein roter

Vorhang angebracht, möglicherweise ein Zeichen für eine Theaterbühne. Schauplatz ist ein viktorianisches Schlafzimmer, Stores aus schwerem, dunkelrotem Samt, links im Bild ein Bett mit Baldachin aus violetter Spitze. Auf dem Bett hockt eine Frau mittleren Alters, bekleidet mit einem schweren Tüllkleid, erstaunt betrachtet sie einen Herrn im schwarzen Domino. Dieser hält der Dame demonstrativ und mit grollender Miene einen Stiefel hin. Der Betrachterblick schweift nach rechts: die Tür eines Kleiderschrankes steht offen und einzig dem Zuschauer ist die Sicht auf einen jungen Mann gestattet, der – nur mit einem Oberhemd bekleidet und ängstlich erschrocken auf den Herrn in der Bildmitte schauend – ebenfalls einen Stiefel und schwarze Hosen festhält.

Dieser fotografisch fixierte Augenblick ist leicht in einen narrativen Kontext zu bringen: eine verheiratete Frau hat sich während der Abwesenheit ihres Mannes mit ihrem jungen Liebhaber vergnügt und wird unerwartet von ihrem Gatten überrascht. Der Liebhaber versteckt sich, vergisst einen Stiefel, den der Ehemann sogleich erspäht. Indem der Betrachter als einziger freien Blick auf den Schrank hat, der ihm beim Blick durch das Stereoskop rein perspektivisch am nächsten liegt, wird er zum Mitwisser der Intrige. Der Grad der Zuschauerinformiertheit, um mit Manfred Pfister zu sprechen, überragt hier den der Figureninformiertheit.[77] Die Spannung der Szene ist in ihrer Klimax erfasst. Obwohl der Bildträger weder datiert noch signiert ist, noch sich eine Bildunterschrift der dargestellten Szene finden lässt, vermag auch der heutige Betrachter der Fotografie eine diegetische Ebene zuzuweisen, ihre Theatralität zu dechiffrieren. Nach Elizabeth Burns kann Theatralität in der Malerei als ein Wahrnehmungsmodus begriffen, ein Verhalten oder eine Darstellung vom Betrachter als ‚theatral' attestiert werden: „[T]he observer recognises certain patterns and sequences which are analogous to those with which he is familiar in the theatre."[78] Die theatralen Muster, von denen Burns hier spricht, konstituieren sich aus den Zeichen des szenischen Raumes sowie aus der Konfiguration der Darsteller. Auf der Ebene der Figur erweist sich dieser Moment als ein der französischen Farce verwandtes Szenarium. Ein Charakteristikum der Farce besteht in ihrer Vorliebe für typische, in der Gesellschaft verankerte Verhaltensweisen, und gerade darin liegt ihre eindimensionale Wirkung auf Zuschauer unterschiedlicher gesellschaftlicher Schichten begründet. Die Farce kennt keine Charaktere, hingegen verwendet sie Typen, scharfumrissene Figuren mit einer stark ausgeprägten Mimik. (Vgl. Abb. 20) Hier entlarvt die Blickführung der Figuren und ihre Konstellation die Situation als den brenzligen Siedepunkt einer Dreiecksgeschichte. In der Stereofotografie wird eine dramatische Struktur sichtbar, die mit Eugène Labiches (1815–1888) *Vaudeville-Cauchmare*, der Alptraum-Farce, verglichen werden kann. Deren wesentliches Merkmal besteht in einem „Verwechslungskarussell, das durch Seitensprungversuche von Bürgern [entsteht] und ihren verzweifelten Anstrengungen, dabei von eifersüchtigen Gattinnen und Gatten nicht ertappt zu werden."[79]

Eduard Fuchs (1870–1940) ist der (resümierenden) Auffassung, dass im Theater des 19. und frühen 20. Jahrhunderts „nur die wenigsten Menschen […] aufgeklärt, belehrt und angespornt werden wollen", es seien nur wenige, die „auf höhere geistige Weise künstlerisch unterhalten sein" wollen, dagegen stünden „um so mehr Besucher [, die] pikant amüsiert zu werden wünschen." Dabei habe man Geschäfte machen können, weshalb Autoren, „unter dem Deckmantel der ernsten Komödie und des Sittenstücks gleichzeitig eifrig auf die Geschlechtsnerven der Zuschauer" spekuliert hätten.[80] Theater bezeichnet Fuchs gar als „Propagandist und ertragreichster Ausbeuter pornographischer Spekulation", und dieses „Programm" sieht er vor allem unter den französischen Dramatikern und Pariser Bühnen verwirklicht, in Stücken nämlich, die Entkleidungsszenen von (heimlichen) Liebespaaren beinhalteten, bei denen nicht nur das Publikum Zeuge war, sondern auch Figuren im Stück selbst.[81]

Weit mehr aber interessiert hier die Inszenierung, das Nachstellen dieses Moments von ‚suspense' im Atelier des Stereofotografen und die gezielte Anwendung von dramaturgischen Prinzipien, einschließlich der Konzeption und Konstellation der Figuren.

> [T]he play is rather made for the scenes than the scenes for the play; that is to say, certain picturesque incidents and effects are decided upon as likely to please an audience, and a plot is formed to introduce them.[82]

Die „picturesque incidents" und „effects" werden in diesem Ausschnitt einer Rezension über das Melodrama *Youth* aus dem Jahre 1881 als Kardinalpunkte des Melodramatischen hervorgehoben, die gleichzeitig integrale Elemente der Wirkungsdramaturgie darstellen. In Anlehnung an Douglas W. Jerrold (1803–1857), einen der bekanntesten englischen Melodramatiker des 19. Jahrhunderts, der die Struktur des Melodrama als „a great many telling situations"[83] begreift, definiert Johann Schmidt die Situation folgendermaßen:

> [Charakteristikum der Situation ist] ihre ‚vertikale' Position als jeweils momentaner Zustand, in dem heftig kontrastierende

Abb. 20: Szene ‚à la Labiche'. S. Grünwald Opticus. Frankfurt.

oder miteinander versöhnte Konflikteinheiten zusammenlaufen. Sie ist Momentaufnahme von gesteigerter wirkungsästhetischer Kraft – gleichsam Klimax ohne beginnende oder mit extrem kurzer Spannungskurve.[84]

Abbildung 20 scheint regelrecht als Illustration der „vertikalen Position“ einer melodramatischen Situation. Die Situation meint hier weniger ein zeitliches Moment als das Zusammenspiel von für die Aussage des Bildes signifikanten visuellen Zeichen. Sie ist damit den von Denis Diderot (1713–1784) für Theater und Malerei geforderten „günstigen Momenten“ vergleichbar, die ihre Wirkung aus Zusammenwirken von Details schöpfen, welche dem Sujet des jeweiligen Tableaus gehorchen. Die Bühne hält für den Zuschauer so viele „wirkliche Bilder [bereit,] wie es in der Handlung für den Maler günstige Momente gibt“[85], und es ist anzunehmen, dass David Brewster solche piktoralen Momente vor Augen hatte, als er empfahl, die „most interesting scenes in our best comedies and tragedies“ als Motive für die Stereofotografie zu wählen.
Die kontinuierlich aufwändiger werdende Ausstattung und die opulenten Massenszenen im Theater der zweiten Hälfte des 19. Jahrhunderts kontrastieren mit der Dimension des stereoskopischen Bildes. Dies erfasst sozusagen als Miniatur die wesentlichen Charakteristika der „spectacles oculaires“, privatisiert sie aber auf seine eigene Weise, indem es sie dem subjektiven Blick des Stereobild-Betrachters offeriert, der dem volkstümlichen Theaterkonsum entgegensteht. Allerdings speist sich dieser subjektive Blick auch aus einer zunehmenden Demokratisierung des ‚visuellen Angebots‘.
Um die Effekte der Opern und Féerien reproduzieren zu können, sind die theaterbezogenen Stereo-Transparente analog ihrer Vorlagen ‚intermedial‘, indem sie die Techniken der Bild-Medien Diorama, Panorama sowie deren Wahrnehmungsmodus übernehmen.[86] Gleichzeitig sind sie intervisuell. Damit meine ich nicht allein die ‚Wanderungen‘ der Bildsujets und ihrer Figurationen (die ich an anderer Stelle „interpiktoral“ nenne). Vielmehr umfasst der Begriff in Anlehnung an Nicholas Mirzoeff auch die Ebene des betrachtenden Subjekts, seine visuelle Kompetenz, die sich – wie weiter oben schon skizziert –, aus den stereotypen Mustern der Bildkomposition einerseits und den erlernten Wahrnehmungsstrukturen andererseits konstituiert. Zudem vermag der Begriff des Intervisuellen diejenigen Medien auszugrenzen, die nicht primär mit dem Sehsinn operieren. Panorama wie Diorama sind in ihrer Funktion als Hintergrundprospekte Elemente der Szenographie von Opern und Ausstattungsstücken, hinzu

kommen vermehrt echte Requisiten, wie anhand der Beispiele ausführlich dargelegt wurde. Um den Zuschauer das Bühnenerlebnis in der Stereoskopie nachempfinden zu lassen, adaptieren die Fotografen den dioramatischen Bühnenprospekt, gemalte Kulissen, plastische Requisiten und – in den meisten Fällen – fotografierte Schauspielerportraits. Wie Jens Schröter notiert, bieten „[t]ransplane images[…] more information on spatial relationships."[87] Die Anordnung der Elemente im ‚Bühnenraum' wird also erst durch die stereoskopische Betrachtung sichtbar. Eine Bildunterschrift enthält Angaben zum Stück, kennzeichnet den Akt und unterstreicht die bildliche Information mit einem Schlüsselzitat oder einer den Inhalt charakterisierenden Zeile. Diese Ergänzungen dienen dem Betrachter als Stütze seiner Bildlektüre oder lenken ihn emotiv oder in seinen Assoziationen.

Ein weiteres dramaturgisches Prinzip des stereoskopischen Bildes verdient hervorgehoben zu werden. So lehnt sich die Stereofotografie nicht nur an tradierte Strukturen der Nachbarmedien und Bildsujets an, sondern gebiert eine Novität innerhalb der Fotografie: die serielle Bildstruktur als unvermittelte Aneinanderreihung repräsentativer Szenen zu einer Bildgeschichte. Zu nennen sind hier die Reihen der Ausgaben *Les Théâtres de Paris*, *Actualités Théâtrales*, *Nos Mondaines* oder auch die Diablerien, welche in Sätzen zu sechs oder zwölf Aufnahmen gehandelt werden. Fotografien theatraler und literarischer Sujets nutzen diese serielle Bildstruktur, wie sie zeitgleich auch in der Dramaturgie der Oper oder des Melodramas vorzufinden sind. Die ‚erzählenden Situationen' des Melodramas, die „Vorfälle" (*incidents*) sind als Bilderfolge angeordnet. Jedes Einzelbild ist aufgrund bekannter szenischer Muster und Figurationen (wie oben beschrieben) verständlich. Die Abfolge der ‚Erzähl'-Einheiten beruht auf einer systematischen Alternanz von spektakulären und retardierenden Momenten, wie anhand der *Huguenots*-Serie beschrieben, oder auf einer kausal logischen Verknüpfung der Bildinhalte.

Das Prinzip der *serialization*, verstanden als Reihung kurzer szenischer Einheiten, das für die Dickensschen Erzählungen kennzeichnend ist, schien seinerzeit prädestiniert für eine szenische Realisation, und Dickens offenbarte – als Literat! – seine Nähe zum Melodrama in einer Zwischenbetrachtung in Oliver Twist: „It is the custom on the stage, in all good murderous melodramas, to present the tragic and the comic scenes, in as regular alternation, as the layers of red and white in a side of streaky bacon."[88] Eugène Scribes dramaturgisches Verfahren der Numérotage, worunter er die Aneinanderreihung emotiver Situationen versteht, ist beispielgebend für eine vergleichbare Methodik im Musiktheater. Die nummerierten Einzelbilder der stereofotografischen Serien verlangen vom Betrachter eine imaginäre Montage der Situationen, ohne dass sie sprachlich verknüpft würden. Sie rücken damit in die Nähe einer filmischen Technik.[89] Hier wird dem Betrachter ein aktiver Part zuteil: seine Aufgabe besteht nicht mehr bloß im Wiedererkennen des Dargestellten: vielmehr verlebendigt er mental den dargestellten, fixierten Moment, löst die Spannung des Bildinhaltes und suggeriert somit eine Präsenz des Dargestellten sowie eine Sukzession der Handlung: er ergänzt den ‚fruchtbaren Augenblick' kognitiv und stellt ihn in einen übergeordneten (inhaltlichen) Zusammenhang. Die Fähigkeit des Betrachters, das Bild mental zu ‚bewegen' und dem Ausschnitt einen narrativen Rahmen zu verleihen, ist gleichzeitig sein Privileg gegenüber der medialen Technik. Denn der Versuch, die arretierte Bewegung wieder zum Laufen zu bringen, gelingt den Stereofotografen noch nicht ganz. Die apparative Dynamisierung des Bildes würde ihm diese Freiheit in der Rezeption rauben. Ansätze, das Bild in Co-Produktion mit dem Betrachter zu mobilisieren, existieren bereits in der ersten Prosperitätsphase in Form der „Epreuves à mouvement"-Bilder Anfang der sechziger Jahre des 19. Jahrhunderts, die Anfangs- und Endphase einer Bewegung zeigen.[90] Hierbei sind die Bilder nicht gleichzeitig, sondern kurz hintereinander aufgenommen worden, während das Objekt zwischenzeitlich seine Stellung derart verändert hat, als habe es eine angefangene Bewegung beendet.

Die dargelegten Prinzipien der Bildgestaltung, ihre medialen Verzahnungen sowie die dargestellten Bildinhalte obliegen einer visuellen Kompetenz des Betrachters, die Rodrigue Villeneuve auch in Bezug auf die Theaterfotografie bemerkt: „The more knowledge the receiver has with respect to the image (the more the receiver is able to shed light on it), the richer the photograph will be."[91] Eingebettet in die Bildkultur des 19. Jahrhunderts hat der Rezipient bekannte Darstellungsmuster, Ikonographien und Bildzitate verinnerlicht, die ihm sogar einst sprachlich Vermitteltes transportieren können. Über die Identifikation eines konkreten Bildinhaltes hinaus vermag er kraft seiner Imagination die stereoskopische Szene zu verlebendigen. Erzählerische Haltung und Naturtreue in der Darstellung sowie der räumliche – und aufgrund der suggerierten Nähe zum Bildgeschehen auch zeitliche – Eindruck machen die Stereofotografie zu einem „mindestens gleichwichtigen [Vorläufer] des Kinos wie etwa die Bewegungsfotografie eines Edward Muybridge."[92]

Zwielichtige Teufelsszenen: *Diableries*

Neben dem Nachstellen bekannter Theaterszenen wird die Stereoskopie früh auch für Darstellungen von Geistern oder ‚Übernatürlichem' verwendet, womit sie in die Nähe der Phantasmagorien (etwa von Paul Philidor, i. e. Paul Philipsthal (17??–1829)) rückt.[93] Zu Unterhaltungszwecken könne der Fotograf die Betrachter gar in den Bereich des „Übernatürlichen" (*supernatural*) entführen, so formuliert es Brewster: „His art [...] enables him to give a spiritual appearance to one or more of his figures, and to exhibit them as 'thin air' amid the solid realities of the stereoscopic picture." Brewster hat ein konkretes Bild vor Augen, das er als Beispiel heranzieht, um zu veranschaulichen, welchen Effekt eine solche übernatürliche Erscheinung haben könnte – und wie sie sich herstellen lässt. Er beschreibt eine Gruppe von Menschen ins Gespräch oder eine andere gemeinsame Tätigkeit vertieft; in diese intime Versammlung schleiche sich nun eine weibliche (!) Gestalt ein, deren Form „transparent" sei, so dass „every object or person beyond her being seen in shadowy but distinct outline [...]". „She may occupy more than one place in the scene, and different portions of the group might be made to gaze upon one or other of the visions before them." Hier ergibt sich eine interessante Parallele zu Henry Mayhews (1812–1887) Äußerung zu den Geisterszenen im *Hamlet*:

> Of *Hamlet* we can make neither end nor side; and nine out of ten of us [...] would like it to be confined to the ghost scenes, and the funeral, and the killing off at the last. *Macbeth* would be better liked, if it was only the witches and the fighting. The high words in a tragedy we call jaw-breakers, and say we can't tumble to that barrikin.[94]

Mayhew nennt also als affektiven Moment in *Hamlet* die Geisterszenen. Vergleichbare „ghost" oder auch „vision scenes" sind in den Theaterproduktionen der fünfziger und sechziger Jahre des 19. Jahrhunderts als populäres bühnenästhetisches Verfahren bekannt.[95] Lichtquellen werden hier für Auf- und Abblendungen eingesetzt, die den Zuschauer bspw. einen Helden, ein bedeutendes Ereignis oder gar die Gedanken des Protagonisten sehen lassen. Hier schließt auch Brewster an und führt weiter aus, dass innerhalb einer „realistischen" Szenerie ätherische Wesen eingeführt werden könnten, Geister oder Engel also, die im Umfeld der Protagonisten stehen.[96] Solche „Überblendungen" sind prädestiniert zur Thematisierung traurig sentimentaler Sujets, die auf das Mitgefühl des Betrachters zielen, wie zum Beispiel „the wounded soldier's vision of his dear ones at home, the bereaved recalling their departed."[97]

Wie lässt sich nun aber eine solche Szene mit einem stereoskopischen Verfahren herstellen? Brewster erteilt folgende Instruktionen:

> In order to produce such a scene, the parties which are to compose the group must have their portraits nearly finished in the binocular camera, in the attitude which they may be supposed to assume, if the vision were real. When the party have nearly sat the proper length of time, the female figure, suitably attired, walks quickly into the place assigned her, and after standing a few seconds in the proper attitude, retires quickly, or takes as quickly, a second or even a third place in the picture if it is required, in each of which she remains a few seconds, so that her picture in these different positions may be taken with sufficient distinctness in the negative photograph. If this operation has been well performed, all the objects immediately behind the female figure, having been, previous to her introduction, impressed upon the negative surface, will be seen through her, and she will have the appearance of an aerial personage, unlike the other figures in the picture.[98]

In dem folgenden Teilabschnitt geht es um einen Sonderfall unter den stereoskopischen Bildern, den Diablerien. Unter der Bezeichnung „Diablerien" firmieren Darstellungen des dämonischen Lebens in der Unterwelt, Taten des Teufels, menschliche Laster und deren diabolische Vergeltung im Schattenreich. Es ist recht wahrscheinlich, dass diese Bilder als satirische Kommentare zum Sécond Empire, des Regimes Napoleons III. (1808–1873) und zum bourgeoisen Lebensstil und Habitus in Paris gedacht waren. Als Stereoskopien kursieren diese Bilder überwiegend in der Form des Durchscheinbildes, das hauptsächlich in Frankreich und England hergestellt wurde.[99] Anders als die auf einen Bildträger montierten Fotografien bestehen die „tissues" genannten Transparentbilder aus vier Elementen: zwei rechteckige Papprahmen halten ein sehr dünnes Papierpositiv fest, dessen ‚Rückwand' ein weißes Papier bildet. Wird dieses transparente ‚Sandwich' von vorn beleuchtet, so erscheint das Bild graubraun, wird es gegen eine Lichtquelle gehalten, so leuchtet es farbig und in ausgeprägtem Chiaroscuro. Diese Effekte rücken das Durchscheinbild in die Nähe der Laterna Magica und des Dioramas. Aus der Tradition der Laterna Magica stammt auch die Methode der sogenannten Sticheleingrabungen der Stereofotografien: Gegenstände wie Kronleuchter, Schmuck, Rüstungen oder Augen (wie etwa auf den Bildern *Bal chez Satan* und *Les Cocottes chez Satan*, Abb. 21 & 22) werden auf jedem der Teilbilder durchstochen und ‚funkeln', wenn sich die beiden ungleichen Bilder beim Blick ins Stereoskop überlappen oder von hinten beleuchtet werden.[100]

Als die wohl bedeutendste Serie der Diablerien gilt die zwischen 1868 und 1874 in Frankreich hergestellte, zunächst von Francois Benjamin Lamiche begonnene, dann in der Folge von Adolphe Block (B. K.) herausgegebene *Reise zur Hölle* (*Diableries ou Voyage dans l'Autre Monde*), die aus insgesamt 72 nummerierten Bildpaaren besteht, wie die unten stehende Übersicht informiert.

Kopien der kostbaren Tissue-Serie, die in der preisgünstigeren Form des auf Karton montierten Stereobildes produziert wurden, sind heute nur noch in wenigen fotografischen Archiven vorhanden.

In der Absicht, Diablerien „for the first time in their full glory into the 21st century"[101] zusammenzubringen, veröffentlichten im Jahr 2013 Brian May, Dénis Pellerin und Paula Fleming ihren Band *Diableries. Stereoscopic Adventures in Hell* bei der London Stereoscopic Company. Zwar hatte Dénis Pellerin bereits 1995 *La photographie stéréoscopique sous le Second Empire* und im Jahre 1999 seinen Band *De quelques usages du stéréoscope sous le Second Empire* mit konzisen Erläuterungen und historischen Einordnungen veröffentlicht, in dem er auch die Diableries nicht unberücksichtigt lässt,[102] doch ist die von den drei Autoren aus drei Ländern (USA, Frankreich, England) verfasste Darstellung bislang einzigartig umfassend. Bei den im Buch wiedergegebenen farbigen Abbildungen handelt es sich um Digitalisate von Restaurationen der empfindlichen Stereokarten, die zumeist aus einer Art leicht durchsichtigem Pergamentpapier gefertigt sind.

Im Vorwort schildert Brian May seinen Blick auf die und seine Wahrnehmung der Teufelsszenen. Seine Schilderung sei hier wiedergegeben, weil sie regelrecht paradigmatisch für die Ansicht der Diableries gelten kann:

> When the cards were held up to a bright light source, so that they became more illuminated from the back than the front, an amazing transformation happened. The picture sprang into full colour, and the scene morphed from day into night: chandeliers, lanterns, and strings of incandescent torches burst into light against dark skies and murky waters, and hellish fires appeared from below. And to top it all, the eyes of the Devil and his skeleton and ghouls gleamed with an eerie red glow. No-one viewing an original Diablerie tissue in a stereoscope for he first time can fail to be stunned by the ingenuity, the beauty, and the sheer madness of these small works of art.[103]

Abbildungen 21 und 22, beide bei B. K. erschienen, zeigen die Komposition und Machart dieser Diablerien. In einem Bühnenmodell, das je nach Schauplatz ein Schloss, einen

Abb. 21: *Bal chez Satan.* (Diablerie-Serie von B. K., Bild Nr. 18.)

Abb. 22: *Les Cocottes chez Satan.* (Diablerie-Serie von B. K., Bild Nr. 72.)

Soixante-douze sujets pour le stéréoscope

1 Les Sept Péchés capitaux
2 Le Jugement dernier
3 Le Paradis
4 Le Purgatoire
5 Satan chassé du Paradis
6 Le Château du Diable
7 Les Cuisines de Satan
8 Le Mariage de Satan
9 Femmes de Satan au bain
10 Les Odalisques de Satan
11 Revue de la Garde infernale
12 La Fonderier de Satan
13 Cabinet d'étude de Satan
14 Le Pouvoir de Satan
15 Le Sabbat
16 Les Farfadets
17 Une Fête chez Satan
18 Un Bal chez Satan
19 La Fête des Lanternes
20 Un concert infernal
21 La Loterie infernale
22 La Bourse aux Enfers
23 La Photographie de Satan
24 Une Exposition infernale
25 La Moisson aux Enfers
26 La Récolte du Diable
27 Les Vendanges aux Enfers
28 Un Café chez Satan
29 Un Eldorado aux Enfers
30 Le Théâtre de Satan
31 Le Carnaval au Enfers
32 Satan malade
33 Couronnement d'une rosière
34 Un Réveillon chez Satan
35 Une Course a Satanville
36 Rendez-vous de chasse
37 Le Chemin de fer infernal
38 Un Souper chez Satan
39 Entrée d'orphée aux Enfers
40 Orphée a la cour de Pluton
41 Orphée chassé des Enfers
42 Tentation de saint Antoine
43 Misères de saint Antoine
44 La Résurrection
45 Le Tribunal de Satan
46 La Chaudière du diable
47 Course de vélocipèdes
48 Visite du Soleil à Satan
49 Les Clodoches de l'Enfer
50 Salle des jeux chez Satan
51 Le Laboratoire de Satan
52 Un Square en Enfer
53 Les Patineurs aux Enfers
54 Les Pompiers de l'Enfer
55 Conférence par Mlle Satan
56 Satan journaliste
57 La Torture en Enfer
58 Les Régates à Satanville
59 La Cavalerie infernale
60 Retour des Courses
61 La Guerre, départ de l'Enfer
62 La Guerre, rétour en Enfer
63 Le Boudoir de Mme Satan
64 Entrée de l'enfer
65 Une Nuit en Enfer
66 Un Banquet infernal
67 Le Jour de l'an en Enfer
68 Mme Angot aux Enfers
69 La Vallée des Lutins
70 La Bibliothèque infernale
71 Une Tentation
72 Les Cocottes chez Satan

Auflistung der 72 Stereobilder aus der Serie *Diableries ou Voyage dans l'Autre Monde*. Innenseite der Box zu einer Serie mit 12 Stereo-Tissues.

Kerker oder eine Ruine zeigt, sind Skelette oder Fantasiegestalten angeordnet. Diese sind entweder von kostümierten Personen im Atelier dargestellt oder von Bildhauern[104] angefertigte Gipsmodelle, deren Köpfe zum Teil aus Portraitaufnahmen bestehen. Unter jedem der durchnummerierten Bilder steht der Titel der jeweiligen Szene, wie beispielsweise *L'Entrée de l'enfer*, *La torture en Enfer*, *Satan Journaliste*, *Les Régates à Satanville*, *Les Cocottes chez Satan* oder *Bal chez Satan*. Die Vorlage für diese Fotografien fertigte der Bildhauer Pierre Adolphe Hennetier (1828–1888), dessen Signatur an der Basis der linken Säule des Bühnenbildes zu lesen ist. Es handelt sich um die komplette Darstellung eines Bühnenbildmodells, das etwa die Größe eines aufgeklappten Schuhkartons gehabt haben muss.[105] Die Figuren sind überwiegend aus Ton geformt, womit sich auch die einheitliche Physiognomie begründen ließe. Zur Ballszene äußern sich May, Pellerin und Fleming mit Bezug auf ihren kritischen Gestus, ihre kulturhistorische Verankerung und ironischen Zeitbezug:

> None of this prevented balls being very popular everywhere in 19th-century France, even at Court, and one may be sure that Lamiche, who bore several grudges against Napoléon III and his regime, had those balls at the Tuileries in mind when he plotted with Hennetier to create this Diablerie. The title indicates that we are at Satan's place, in the lower regions. A 16th-century German text describes how Satan asked a former Mason who was spending eternity in Hell to build a ballroom there. This may be the very room we are looking at here. As would also happen at the Imperial Residence of the Tuileries, the orchestra is playing from the minstrel's gallery, a very apt name since it was believed in the Middle Ages that minstrels were the Devil's minions. The ladies are wearing crinoline skirts, another invention of the Devil according to many chroniclers … and husbands.[106]

Die *Cocottes chez Satan*[107] bieten einen Einblick in die Ikonographie der Diablerien: In einer sakral wirkenden Architektur besuchen die Halbweltdamen von Paris den Teufel und seine Schergen, die sie freudig empfangen und ausgiebig inspizieren. Die Halbwelt-Damen, die Demi-Mondes, flirten mit den Herren der Unterwelt und genießen gefallsüchtig ihren Auftritt. „Zwischen der kleinen Prostituierten und der großen Hetäre gibt es zahlreiche Zwischenstufen"[108], formuliert Simone de Beauvoir, und eben diesen Zwischenstufen ist die Demi-Monde zugehörig, ein Frauenstatus, der zuerst bei Alexandre Dumas fils (um 1840) erwähnt ist.[109] Die Kokotte des 19. Jahrhunderts hat sich aufgrund ihres Einflusses auf ihren gut situierten ‚Beschützer' „auf den Rang einer Halbweltdame" erheben können.[110] In der Halbwelt kann sie Schmuck und kostbare Kleidung zur Schau tragen wie hier in Satans Reich. Die Diablerie vermischt demnach ein fiktionales Sujet mit aktuellem Zeitbezug und christlicher Moral. Damit wird einerseits die enge Verflechtung beider ‚unmoralischer' Welten aufgezeigt, andererseits die Gefallsucht der Damen komisch satirisch gefärbt. Es wurde bereits in Bezug auf die anderen Sujets der Stereofotografie gezeigt, dass jede Aufnahme intertextuelle Verweise auf christliche, zeitgenössische, literarische und theatrale Stoffe enthält. Schon im 18. Jahrhundert bildet die Unterwelt und das diabolische Treiben Stoff für Dramen wie etwa *Le Château du diable* von Joseph-Marie Loaisel-Tréogate (1752–1812) (Théâtre Molière, 1791). Szenographie und Kostümierung sowie die Musik verfolgen die Idee einer horriblen Atmosphäre und lassen das Stück gerade in diesem wirkungsästhetischen Punkt zu einem unmittelbaren Vorläufer des ‚gothic' Melodramas werden. Théophile Gautier konstatiert im Hinblick auf die Féerie *Les Sept Châteaux du diable* von Adolphe-Philippe Dennery (d'Ennery (1811–1899); Théâtre de la Gaîté, 1844)[111]:

> C'est là un spectacle *fait à souhait pour le plaisir des yeux*, une féerie complète où les métamorphoses et les changements à vue se succèdent sans interruption; où l'on marche de surprises en surprises, de prodiges en prodiges; où l'on voit des palais, des montagnes, des forêts jaillir subitement du sol, et des villes entières s'y engloutir avec leurs habitants; où tous les personnages sortent de terre, à moins qu'ils n'arrivent à travers les murs ou qu'ils ne tombent du ciel.[112]

Gautiers Hinweis, dass es sich bei den Sieben Schlössern des Teufels um ein Spektakel handelt, das vornehmlich „pour le plaisir des yeux" gestaltet ist, trifft den Kern der Wirkungsästhetik der Stereofotografie. Von diabolischer Thematik sind Gounods Opéra lyrique *Faust / Margarethe*, die erfolgreiche Oper *Orpheus in der Unterwelt* von Jacques Offenbach (1819–1880) im ersten Drittel des 19. Jahrhunderts sowie Meyerbeers erster fulminanter Opernerfolg *Robert le Diable* (1831) mit seinem spektakulären Ballett, in dem Geister auferstehender Nonnen tanzen. Nicht zu unterschätzen ist Jacques Louis Mandé Daguerres indirekter Einfluss auf die Gestaltung der Bühnenbilder. In seinen Dioramen führte er die ‚magischen Effecte' der Refraktion und Reflektion zur Darstellung mystischer Schauplätze zumal in Féerien oder romantischen Opern ein. Demzufolge ist die Diablerie auf formaler Ebene eine Montage oder Collage aus den Gestaltungsmöglichkeiten des Dioramas, der Fotografie, Bildhauerei, Malerei und Szenographie, was jedoch erst der Blick durch das Stereoskop offenbart.

Wie Brian May ausführt, waren die Diablerien keine reine Unterhaltungsware, sondern verbargen durchaus auch politische Botschaften, Gesellschafts- oder Regimekritik:

> At first sight, the images of the Diableries are simply great fun, a parlour entertainment to share indoors on a rainy day or a frosty night. But these exquisitely crafted scenes were created for reasons far beyond mere amusement. Beneath the innocent façade of child-like stories lies an undercurrent of social comment, topical allusion, humour, and, in many cases, seditious satire – which was so dangerous in the repressive régime in which they were made, that it rendered their creators liable to be arrested and incarcerated.[113]

Thematisch bewegen sich somit die Diablerien zwischen Mythologie, Theater, Literatur und aktuellem Zeitgeschehen.

Leser implizit – Adaptionen der Literatur

Transformationen literarischer Stoffe in die Stereofotografie sind der Übernahme bildkünstlerischer Themen und Kompositionen verwandt. Wie diese können sie mit dem Begriff der „Realisation" oder des „Medienwechsels" gefasst werden, der bereits an anderer Stelle als Umschreibung für die im 19. Jahrhundert gängige Praxis des „Bilderstellens" erläutert wurde. Geben die berühmten Gemälde die Komposition des Bildes sowie die Konfiguration der Darsteller bereits vor, so muss der ‚Realisierung' einer literarischen Szene noch deren Dramatisierung vorausgehen. Um den Geschmack eines breiten Publikums zu treffen, ist die Bekanntheit des literarischen Sujets verbindliche Regel für den Produzenten. Zugleich verlangt die Adaption des Textes eine gezielte Selektion repräsentativer, spannender Momente und Schlüsselszenen der Handlung. Insbesondere Novellen oder Kurzgeschichten sind für die Adaption durch die Stereofotografie mit ihrer (zuweilen humoristisch) anekdotischen Erzählhaltung geeignet. Die in der Überschrift dieses Teilkapitels benutzte Formulierung „Leser implizit" verweist bewusst auf den rezeptionsästhetischen Ansatz Wolfgang Isers, der ihn in den 1970er Jahren in die literaturwissenschaftliche Diskussion einbrachte, um auf die enge Interaktion zwischen Texten und ihren Lesern aufmerksam zu machen und zu bedeuten, dass die Rezeption des Textes in seiner Gestaltung schon mit eingedacht sei.[114] In den stereoskopischen Bildern mit literarischen Sujets wird dieses Implizit-Sein doppelt offenkundig, wie die nachfolgenden Beispiele erhellen mögen.

Unter der Kategorie „Miscellaneous Subjects" im Katalog der London Stereoscopic Company ist eine Bildserie mit dem Titel *The Curiosity Shop* aufgelistet, die, wie Darrah festgestellt hat, von J. Reynolds aufgenommen wurde.[115] Es handelt sich hierbei um eine Adaption der Novelle *The Old Curiosity Shop* (1840–41) von Charles Dickens (1812–1870). Zusätzlich muss eine weitere Serie von *The Old Curiosity Shop* existiert haben, die James Robertson (1813–1888) fotografiert hat. Die stereofotografische Aufnahme des Dickens-Werkes und deren Vertrieb durch die London Stereoscopic Company bekräftigt die überregionale Beliebtheit des englischen Schriftstellers im 19. Jahrhundert. Dickens verstand seine Szenen als piktorale Einheiten, deren Bildlichkeit in der Sprache er durch Illustrationen bekräftigen ließ. Es ist bekannt, dass er mit insgesamt sechzehn unterschiedlichen Künstlern zusammenarbeitete, die Illustrationen für die Ausgaben seiner Romane und Novellen bzw. für die Veröffentlichung der Texte in Monats- oder Wochenblättern anfertigten. Unter den Illustratoren ist als bekanntester Phiz (i. e. Hablot Knight Browne, 1815–1882) hervorzuheben.[116] Phiz stattete die erste Erfolgsreihe der *Pickwick Papers*[117] aus, die zwischen 1836 und 1837 in zwanzig monatlichen Fortsetzungen publiziert wurden. Ihr enormer Erfolg hängt unmittelbar mit seinen Zeichnungen zusammen, und es ist anzunehmen, dass die Verbindung zwischen Dickens' *Pickwick Papers* und Phiz fest im Bewusstsein der Leser verankert war.

> Ein Leser, der mit den *Pickwick Papers*, *Nicholas Nickleby*, *Martin Chuzzlewit* oder *David Copperfield* die erste Bekanntschaft an Hand von Ausgaben mit den Illustrationen von Phiz macht, muß geradezu, wenn er beim zweiten Lesen die gleichen Geschichten von anderen Künstlern illustriert findet, spüren, daß irgendetwas fehlt.[118]

Nach dem Durchbruch der *Pickwick Papers* konsumieren weite Kreise der Gesellschaft die Dickens-Literatur. Vorzugsweise die von Phiz gezeichneten Charaktere werden zu berühmten Figuren, die dann auch Einzug in die Werbung und Konsumkultur fanden, in Form von Zigarettenbildern, aber auch Pickwick-Zigarren oder Pickwick-Hüten. Dickens' ‚piktorale Einheiten' werden auch in Form eines Melodramas realisiert. Dessen Struktur besteht vornehmlich in der Aneinanderreihung spektakulärer Situationen und ist daher für Dickens Texte empfänglich. Die Bilder wandern a) vom Text zur Illustration und b) von der Illustration zur szenischen Realisation. Besonders häufig ist der Augenblick im Bild festgehalten, in dem Mrs. Bardell in Mr. Pickwick's Armen ohnmächtig wird – die Anfangsszene der fünften Serieneinheit der Novelle (1836).

> The fifth number opens with the scene between Pickwick and Mrs. Bardell that begins the central action of the novel, the Bardell versus Pickwick trial. It clearly draws the differences

> between master and man. Pickwick is incapable of realizing how his evasive language misleads Mrs. Bardell. Although he is soliciting her opinion on the wisdom of keeping a servant, he puts the question abstractly: „Do you think it a much greater expense to keep two people, than to keep one?“ Mrs. Bardell misconstrues his meaning and faints into his arms.[119]

Die Figuren der unterschiedlichen Bilder stimmen in ihrer Konzeption, ihrem mimisch-gestischen Ausdruck sowie in der Konfiguration überein. Offenbar dient die frühe Fassung von Phiz den anderen als Schablone, allerdings nicht im Sinne eines Plagiats. Vielmehr erhält die Genealogie dieser piktoralen Einheit die Sehgewohnheit des Publikums und damit auch die stereotypen Muster aufrecht. Ihre Dramatisierung und ihre Adaption durch die Stereo-Fotografie erteilt den visuellen Einheiten den Vorzug vor dem Text. Der Betrachter verknüpft das visuell Wahrgenommene mit dem dazugehörigen Untertext und dem situativen Kontext unmittelbar. Von Bedeutung sind die Kontinuität der Bildkomposition und Figurenkonzeption, die seit den dreißiger Jahren des 19. Jahrhunderts bis in die zwanziger Jahre des 20. Jahrhunderts unverändert bleiben. Diese Wanderung desselben Bildmotivs durch unterschiedliche Bild-Medien, die Realisation einer tradierten Bildlichkeit, nähert die Stereofotografie auch dem Theater an. „To move from mind's eye to body's eye was realization, and *to add a third dimension to two was realization*, as when words become picture, or when picture became dramatic tableau“[120], so beschreibt es Martin Meisel. Die Erweiterung der zweidimensionalen Form der Repräsentation um die dritte Dimension sieht Meisel im „dramatic tableau“ verwirklicht. Im vorliegenden Kontext trifft sie ebenso auf die Stereofotografie zu, welche nicht zuletzt auf das „dramatic tableau“ rekurriert. Die Aufnahme der Dickens-Motive in das Repertoire der stereofotografischen Sujets kommentiert die zunehmende Verbildlichung des Textuellen, wie sie auch am gesamteuropäischen Boom der „Illustrierten Pressen“ im 19. Jahrhundert zu beobachten ist. Die „Kategorie des illustrativen Sehens“[121], die Walter Benjamin als grundlegende Wahrnehmungsgröße für den Flaneur bestimmte, begründet auch die Adaption literarischer Stoffe ins Bild-Medium Stereofotografie.

Als weitere Beispiele von Stereofotografien literarischer Sujets sind *Robinson Crusoe and Friday* 1857 oder *Don Quichotte* zu nennen. Auch biblische Stoffe wie die Serien *La Vie de Jésus* und *L'èvangile illustré*, herausgegeben von Adolphe Block gegen Ende des Jahrhunderts, eignen sich für serielle Aufnahmen. Hauptsächlich für Kinder konzipiert sind Märchen- oder Fabelstoffe wie *Le petit chaperon rouge* (Rotkäppchen) von Jules Marinier oder die *Fables de la Fontaine* von Charles Furne. Anstelle von Schauspielern oder anderen Darstellern übernehmen hier häufig Puppen und Stofftiere die Hauptrollen.[122] Die Transformation dieser pädagogischen Sujets in das fotografische Medium setzt eine bewusste Auswahl besonders belehrender Momente voraus. Zuweilen wird eine dem Bildinhalt entsprechende Unterschrift (der Textquelle entnommen) hinzugefügt, welche die Botschaft der Motivik vermittelt und der Fotografie emblematische Züge verleiht.[123]

‚Lebensecht' – Genre-Szenen

Die nachfolgenden Abschnitte beleuchten plastische Bilder von Alltags- und Genreszenen. Sie sind aufgrund ihrer Inszenierung im Atelier keineswegs dokumentarisch zu nennen, demonstrieren aber nonfiktionale Begebenheiten und dienten den zeitgenössischen Betrachtern – der Genremalerei vergleichbar – als Spiegel ihres Lebens. Die „Szenen aus dem Leben" gereichen dem betrachtenden Subjekt zur Identifikation mit dem dargestellten Moment, zur Erinnerung an „die gute alte Zeit" oder zur kritischen Distanzierung. Fotografen der Frühzeit erledigen zumeist Auftragsarbeiten wohlhabender Bürger. Der Stereofotograf ist nicht an Aufträge gebunden, sondern hat von Anfang an das Privileg eigenständiger kreativer Bildgestaltung. James Elliott (Lebensdaten nicht bekannt), Alfred Silvester (1831–1886) und William England (1830–1896), alle drei angestellte Fotografen der London Stereoscopic Company, und Phiz gehören zu den ersten künstlerisch arbeitenden Stereo-Fotografen Ende der fünfziger Jahre des 19. Jahrhunderts.[124] Um sich vor den Schmähreden der Kritiker – „The camera does not lie but liars photograph"[125] – als „Kunst"-Produzenten zu rechtfertigen, greifen die Stereofotografen auf tradierte künstlerische Techniken zurück und „versuchen [...] all das zu können, was die Kunst auch kann," wie Wolfgang Kemp, hier in Bezug auf Claudet, anmerkt.[126] In aufwändig ausgestatteten Ateliers komponieren sie Tableaus komischer, sentimentaler oder historistischer Thematik.[127]

Die Komposition des Bildes konterkariert jegliche Objektivität des fotografischen Bildes, was sich offenkundig an der Artifizialität des Ateliers exemplifizieren lässt, in denen sozusagen eine szenische Situation simuliert wird. Strategien, ein (fotografisches) Bild zu komponieren, entlehnen die Fotografen den bildenden Künsten und dem Theater. Ab den 1860er Jahren[128] lassen sich vermehrt auf Atelierbildern kleine Säulen, Tischchen, Gardinen oder Pflanzen bemerken – ein Mittel, um das Bild zu komponieren bzw. die zu porträtierende Person zu ‚inszenieren', indem sie mit für sie oder ihren sozialen Status typischen Utensilien ausgestattet wurde. Kulissen und Requisiten stammten häufig aus einem Theaterfundus oder waren in Anlehnung an die Kulissen gebaut, zur Standardausstattung jedes Ateliers gehörten von Beginn an die Säule und der Vorhang sowie die gemalte Hintergrundleinwand.[129] Schlecht beschnittene Abzüge lassen den Übergang vom Atelierraum zum in Szene gesetzten Raum erkennen. Requisiten und Kulissen bzw. gemalte Hintergründe sollen die höchst artifizielle Szenerie authentifizieren, um ein fotografisches „Genrebild nach dem Leben" zu zeichnen. In den Worten Pellerins:

> [L]es photographes […] transforment leurs ateliers en grand magasin, en café-concert, en refuge de montagne, en mer déchaînée, en buffet de gare, en champ de course ou en salon de réception et y font évoluer des modèles payés, des amis, des membres de leur famille.[130]

Einmal entworfene Kulissen eignen sich für Aufnahmen unterschiedlicher Szenen, wie Denis Pellerin nachgewiesen hat: ein sehr kostbares ‚Bühnenbild' aus den 60er Jahren wird dreifach eingesetzt: zur Reproduktion einer Szene aus Charles Gounods (1818–1893) Oper *Marguerite*, zur Aufnahme einer mittelalterlichen Exekution sowie für die Darstellung einer Episode aus der Revolutionszeit.[131] Die Darsteller der Fotografien sind möglicherweise erfahrene Schauspieler, eine Vermutung, die nur schwerlich nachzuweisen ist. „Wann und unter welchen Bedingungen sie sich [im Atelier] auch für Genrebild-Kompositionen oder Trachtenserien aufstellten, ist bisher wenig untersucht worden."[132] Sicher ist, dass die Fotografen zum Teil unterschiedliche Modelle engagierten, die für diverse Genreszenen posierten, wie Pellerin eruiert hat: „L'editeur Alexis Gaudin s'est ainsi mis en scène dans plusieurs tableaux: il regarde des vues stéréoscopiques, dîne avec des amis, joue au billard ou, grimé, tient le rôle d'un usurier."[133]

Sentimentalitäten

Unter der Bezeichnung „Sentimentals"[134] werden zwischen 1850 und den späten siebziger Jahren im englischsprachigen Raum vorzugsweise solche Gruppen- oder Einzelbilder bezeichnet, die zeitgenössische Situationen, Satiren oder auch pädagogische Szenen darstellen. Diese Rubrik entspricht der Serie *Genre-Bilder nach dem Leben*, die der Verlag von Sophus Williams aus Berlin in den achtziger Jahren des 19. Jahrhunderts herausgibt. Aus dem gleichen

Haus stammt auch die in Abbildung 23 wiedergegebene Stereokarte aus der Serie *Petites Scénes*. Die Fotografie von E. Biegner, Berlin (ein Hof-Photograph), zeigt ein junges Mädchen auf einem Holzstamm sitzend. Die vermutlich in einem Atelier hergestellte Szene soll eine Gartenecke darstellen. Das Mädchen trägt ein rot-weißes Kittelkleid und hält in ihrer linken Hand einen Rechen. Aufmachung und Anordnung erinnern an das in Abbildung 5 gezeigte Bild des Jungen, der, auf einer umgekippten ionischen Säule hockend, Stereobilder in einem Stereoskop anschaut.

Die friedliche Idylle dieser Bilder bricht die kleine Szene in Abbildung 24: Das Bild ist in leichter Untersicht aufgenommen, eine Küchenszene, die Bildmitte nimmt ein Tisch ein, an dem links und rechts zwei Knaben sitzen, beide mit einer Brotzeit beschäftigt. Der Junge links im Bild scheint einen Krug auszuschütten, während der Junge rechts im Bild im Begriff ist, ein Stück Fleisch zu schneiden. Die Küche ist spärlich eingerichtet, das Tischtuch schief, die Kleidung der Jungen, besonders des Jungen links im Bild, relativ ärmlich. Die Karte trägt eine Seriennummer (Nr. 6313), daneben ist der Titel zu lesen, der mehr einer Ermahnung gleicht, die ein Junge zum anderen zu sagen scheint: „I'll warn you for drinking all the liquor". Die Botschaft dieses Bildes aus der Serie *Photographic Sketches of English Life* ist eine moralische und lässt sich in einem viktorianischen Bildprogramm kontextualisieren, das soziale Probleme, den Missbrauch von Alkohol und Zigaretten thematisiert. Dieses Bild kann in die Kategorie des Genrebildes eingeordnet werden, belustigt jedoch nicht, sondern impliziert einen explizit moralischen Imperativ, der das Bild zu einem sozialkritischen und pädagogischen Instrument werden lässt.[135]

Insbesondere in den Niederlanden rückt im 17. Jahrhundert neben religiösen und historischen Sujets zunehmend die Darstellung typischer Alltagsszenen in den Vordergrund. Der Typus wird im 18. Jahrhundert allerorts künstlerisch nachgeahmt und lässt sich in Abhängigkeit von der Motivik in Subgattungen differenzieren, wie das höfisch-galante Bild, für das Jean Antoine Watteau (1684–1721) stellvertretend zu nennen ist, das bürgerliche (z. B. bei Daniel Chodowiecki, 1726–1801) oder das moralisierende bzw. ironisierende Genrebild eines William Hogarth (1697–1764). Im 19. Jahrhundert wird das Genre massenwirksam und vermag gemeinsam mit der Kunst des Biedermeier den Aufschwung und die Ideale des Bürgertums zu repräsentieren. Eklatante Merkmale sind die Verlagerung des idyllischen Lebens in die üppig möblierten Innenräume, die Darstellung friedlicher Geselligkeit von Familie und Freundeskreis. Gesellschaftsspiele wie z. B. das Kartenspiel oder

Abb. 23: *Petites Scènes.* Fotografie von E. Biegner, Berlin. Verlag von Sophus Williams.

Abb. 24: *Photographic Sketches of English Life*, Nr. 6313: „I'll war[n] you for drinking all the liquor".

das Lesen als Zeichen ruhiger Freizeitgestaltung finden sich auf vielen genrehaften Bildern dieser Zeit.[136] Neben der Schilderung des Freizeitlebens gehört auch die Darstellung der arbeitenden Bevölkerung zur Motivik der Genremalerei, allerdings noch nicht in der sozialkritischen Ausprägung des zeitlich späteren Naturalismus.

> Der Genremaler bildet scheinbar, was er mit leiblichem Auge erblickt hat. Streng genommen, hat er es nicht erblickt, wenigstens nicht im Zusammenhang. Entscheidend ist der Eindruck: er – und wir an seinem Ort und in seiner Zeit – könnten es im alltäglichen Ablaufe des menschlichen Daseins erblickt haben. Insofern ist der Genremaler ein Realist. Immer aber ist es ein typischer Zustand, ein typisches Geschehen, für die Zeit, für den Ort, die Gesellschaftsklasse, das Lebensalter, den Beruf charakteristisch, das uns vertraut ist, uns belustigt oder rührt oder unterhält, auch wohl belehrt und warnt.[137]

Der Kunsthistoriker Max Friedländer betont hier in seiner Charakterisierung der Genremalerei genau diejenigen Produktionsverfahren des Malers, derer sich auch der Stereofotograf bedient. „Entscheidend ist der Eindruck“ und „immer ist es ein typischer Zustand“, der die Welt des zeitgenössischen Betrachters repräsentiert und den der Fotograf wie der Maler als Motiv für seine Arbeit wählt, um die ‚Realität‘ zu inszenieren. Ebenso teilen beide Medien die Wirkungsabsicht, namentlich Unterhaltung, Rührung und Belehrung des Betrachters.

Noch in den vierziger Jahren des 20. Jahrhunderts wird empfohlen, Portraitaufnahmen „genreartig“ zu gestalten. Aufgrund des tiefenräumlichen Effekts des Stereobildes wirken Portraits oft wie modellierte oder ‚hyperrealistische‘ Körper, was durch ein geschicktes szenisches Arrangement zu umgehen sei, wie es in diesem Ausschnitt aus dem Ratgeber *Raumbild-Fotografie* heißt:

> Gute Stereoporträts müssen genreartig sein, die porträtierte Person in einer charakteristischen Umgebung zeigen, mit irgend etwas beschäftigt. Sie müssen mitten aus dem Leben gegriffen sein. Die Umgebung darf nicht für die Aufnahme hergerichtet oder aufgeräumt sein, je mehr rings um die Person zu sehen ist, um so anziehender das Porträt.[138]

Für die Stereofotografie bietet sich die Genremalerei aus weiteren Gründen als Modell an: Auf der formalen Ebene erhöht der Detailreichtum der biedermeierlichen Innenräume den plastischen Effekt des Stereoskops. Ferner teilen Genremalerei und Stereofotografie die Nähe zum breiten Publikum, dessen Geschmack und Sehgewohnheiten obligatorische Richtlinie für die Produktion darstellten und in entscheidendem Maße den Inhalt der künstlerischen

Stereofotografie mitbestimmten. Typische Alltagssituationen werden im Atelier nachgestellt, um dann fotografisch festgehalten und als Schilderungen des realen Lebens präsentiert zu werden. Ein schon in der niederländischen Genremalerei des 17. Jahrhunderts gängiges Verfahren, wie u.a. Svetlana Alpers am Beispiel Rembrandt van Rijns (1606–1669) dargelegt hat.[139]
Häufig enthalten die selektierten Alltagssituationen einen anekdotischen Charakter. „Die Künstler bauten ihre Gemälde wie Geschichten auf, Geschichten, die von den täglichen Vorfällen und vom Inventar des bürgerlichen Lebens erzählten"[140], so formuliert es Bernd Busch. Gerade dieses narrative Moment, vermittelt einzig durch die Bild-Komposition, die Anordnung der Bildelemente und der Konfiguration, lässt den Betrachter das Bild ‚lesen', es aus seinem zeitlichen Moment lösen und ihm eine diegetische Ebene zuweisen. Hier ist hervorzuheben, dass David Wilkie, einer der bekanntesten schottischen Genremaler des 19. Jahrhunderts, bekannt für sein piktorales Erzählen, mustergültige Anweisungen für die Verbindung von Bild und Narration erteilte: „Wilkie also offers the best illustration of a painter struggling to tell a story associated with ordinary life in the absence of a standard iconography or a recognizable tale."[141] David Brewster präsentiert im Anhang seiner Publikation *The Stereoscope* einen Katalog mit über 150 Stereo-Bildern, die die London Stereoscopic Company publizierte. Der Katalog ist in diverse Rubriken unterteilt. Als dritte, umfangreichste und preisgünstigste Kategorie ist die Serie der *Miscellaneous Subjects of the ‚Wilkie' character, very popular* aufgeführt: *Family Group in Garden, Militia Men under Drill (several plates), Labourers Taking Their Meals, Mamma and Child in Garden, Large Party of Ladies in Garden, Man Tying Vine, School Boys in Playground* etc.[142] Die Bilder zeichnet gemäß der Ankündigung ein „Wilkie Character" aus, der sie als stereofotografische Genrebilder mit zunächst bildkünstlerischem Vorbild identifizieren lässt. Brewster notiert:

> In a list of about 150 binocular pictures issued by the London Stereoscopic Company, under the title of "Miscellaneous Subjects of the 'Wilkie' character", there are many of an amusing kind, in which scenes in common life are admirably represented. Following out the same idea, the most interesting scenes in our best comedies and tragedies might be represented with the same distinctness and relief as if the actors were on the stage.[143]

David Wilkie (1785–1841) verankerte in seinen Arbeiten vornehmlich die häusliche und ländliche Idylle sowie das provinzielle Leben seiner Zeit. Seine Bilder *The Rent Day* (1807) und *Distraining for Rent* (1815) inszenierte der

Abb. 25: Frauen bei der Handarbeit.

Melodramatiker Douglas Jerrold in seinem Stück *The Rent Day*. Das gleichnamige Bild erscheint zu Beginn des Stücks, *Distraining for Rent* am Ende des ersten Akts.[144] Die theatrale Realisierung eines Gemäldes gehört vornehmlich im zweiten Drittel des 19. Jahrhunderts zur Bühnenpraxis. Theater und Malerei amalgamieren hier bewusst, wie Martin Meisel in seiner umfassenden Studie *Realizations* wissen lässt:

> ‚Realization', which had a precise technical sense when applied to certain theatrical tableaux based on well-known pictures, was in itself the most fascinating of ‚effects' on the nineteenth-century stage, where it meant both literal re-creation and translation into a more real, that is more vivid, visual, physically present medium.[145]

Meisel führt weiter aus: „But unlike the simple tableau, it also occasions the pleasures of recognition and 'truth'. The audience marvels at how 'real' a painting can be made to seem in another actually living medium."[146] Die Stereofotografie adaptiert diesen Modus der Mobilisierung des zweidimensionalen Bildes durch seine szenische Realisierung und erweitert das Genrebild um die dritte Dimension. So wie die Realisierung der bildkünstlerischen Vorlage im Theater das Publikum in Staunen versetzt, attestieren die Betrachter dem Reliefbild eine verblüffend realistische Wirkung. Sujets des „Wilkie Characters" sind in der Genremalerei, auf der Bühne und im Stereoskop zu betrachten, werden demnach plurimedial ‚realisiert'. Dass sich Bilder dieser Art in der preisgünstigsten Kategorie befinden, zeugt von deren Popularität

Werner Pietsch empfiehlt für das Arrangement einer Gruppenaufnahme eine „geschickte Regie", damit die Aufnahme so authentisch wie möglich erscheine:

> Um bei einer stereoskopischen Gruppenaufnahme die Zusammenfassung zu einem ausgeglichenen Ganzen zu erreichen und die beim Raumbild leicht eintretende Panoptikumwirkung zu vermeiden, nimmt man die einzelnen Personen niemals in einer Ebene in Paradestellung auf, sondern verteilt sie zwanglos im Raum, so wie sie ohne das Wissen um das „Fotografiertwerden" stehen oder sitzen würden. Das Interesse jedes einzelnen wird dabei durch eine geschickte Regie auf einen im Raum verankerten gemeinsamen Punkt konzentriert und so das Schielen nach dem Apparat unterbunden.[147]

Die Personen „zwanglos" im Raum zu verteilen ist unabdingbare Notwendigkeit für die Glaubwürdigkeit der gestellten Alltagssituation. Die Performer sollen sich im szenischen Raum des Ateliers bewegen, als ob ihnen die Aufnahmesituation nicht bewusst wäre. Es sei noch einmal auf Diderot verwiesen, der – damit das Spiel als der Realität getreu und der Schauspieler so natürlich wie möglich

erscheinen –, der Aufrichtung der Rampe, die das Bühnengeschehen vom Zuschauer trennt, das Wort redet. Die Schauspieler sollen agieren, als sei eine vierte Wand vorhanden, die Zuschauer wünscht er sich als „Zeugen, von denen man nichts weiß."[148]
Pietschs Anraten für die Inszenierung genreartiger Stereofotografien kommt hier Diderots Theorem gleich, denn beide verfolgen die Perfektionierung der Wahrscheinlichkeit, damit der Betrachter die Darstellung als wirklichkeitsnah erachte. Die Szenen der *Happy Homes of England* oder anderer untersuchter Stereofotografien lassen denn auch ein „ungezwungenes" Zusammenspiel der Performer erkennen. „[P]erformative tropes and gestures were received as examples of realism, and the social world borrowed its paradigms from the stage."[149] Mimisch-gestischer Ausdruck und die Konfiguration der Personen im Atelier lassen den Betrachter den Inhalt des Bildes dechiffrieren und dem Geschehen eine diegetische Ebene zuweisen, die emotiv oder unterhaltend wirken kann. Nicht selten werden konventionalisierte Figurationen eingesetzt, die gleichsam als Muster übernommen werden. Die beschriebene Szene aus Dickens' *Pickwick Papers* steht hierfür exemplarisch. Derartig nachgestellte Tableaus korrespondieren mit der theatralen Sehgewohnheit des Stereoskopbetrachters, der darüber hinaus die Szene vergleichbar räumlich wahrnimmt wie in einer Bühnensituation. Genreszenen stellen – wie auch in der Genremalerei – eine „typische Situation des Alltags" heraus, mit der sich der Betrachter identifizieren kann; zugleich tragen die Bilder anekdotische Züge, eine diegetische Ebene.

Humoristische Szenen

Einige der „Sentimentals" sind in ihrem rührseligen Gehalt derart überzeichnet, dass sie in die Nähe der komischen Gattung der Stereofotografien rücken. Als *The Happy Homes of England* ist eine Serie mit Bildern genrehaften Charakters betitelt, die die London Stereoscopic Company in den fünfziger und sechziger Jahren edierte, und die hauptsächlich den höheren Mittelstand ansprechen sollte. Zu einer ähnlichen Serie aus den USA gehört das Stereo-Bild in Abbildung 26: In einem kleinen Raum, einem Schlafraum, in dessen Mitte ein großes Bett steht, das beinahe den gesamten Bildraum einnimmt, stehen zwei Frauen im Nachtgewand und ein Mann in viktorianischer Kleidung, mit der rechten Hand einen Schuh schwingend. Im Bildvordergrund ein umgekipptes Tischchen und eine umgestürzte Blumenvase. Der Untertitel situiert diese kleine

Abb. 26: *That Horrid Rat Again!* Strohmeyer & Wyman, Publishers, New York. Underwood & Underwood, 1897.

intime Szene: „That Horrid Rat Again!“ – „Dort ist die infame Ratte wieder!“. Auf der Rückseite findet sich der Titel übersetzt ins Französische, Deutsche, Russische, Spanische, Schwedische. Dem Bildträger ist zu entnehmen, dass das Copyright bei Strohmeyer & Wyman Publishers, New York, liegt; die auf 1897 datierte Karte wird exklusiv vertreten durch Underwood & Underwood, die ihren Sitz in New York, London, Toronto, Canada und Ottawa, Kansas haben. Das Bildthema verknüpft eine humoristische Alltagsszene mit einer Szene im Boudoir.

Eine ähnliche Szene zeigt Abbildung 27. In einem gedrungen wirkenden Raum befinden sich fünf Personen, eine Frau in einem roten Kleid, die – möglicherweise in Ohnmacht gefallen – von einem Jungen und einem älteren Mann aufgefangen wird. Rechts im Bild steht ein weiterer junger Mann auf einem Stuhl. Der vierte hat die Tür zu einem Schrank geöffnet. Die Figuren sind halb mit dem Rücken zum Betrachter gekehrt, die Öffnung der Schranktüren offenbart gleichzeitig den Blick auf den Schrankinhalt für den Betrachter: zu sehen sind überdimensionierte Wanzen.

Abb. 27: Phiz: *Awful Discovery*. Handkolorierte Hälfte eines Stereobildes. London Stereoscopic Company, 1860.

Die Figuren im Bild weichen, das indiziert ihre abwehrende Körperhaltung, vom Anblick entsetzt zurück.[150]

Diese Szene stammt von Phiz (Hablot Knight Browne), einem der bekanntesten Illustratoren der Werke von Charles Dickens, der, wie weiter oben bereits erwähnt, seit den sechziger Jahren des 19. Jahrhunderts auch als Stereofotograf für die London Stereoscopic Company wirkt. Humoristische Szenen wie diese sind allgemein verständlich und eignen sich daher als populäre Unterhaltungsform. Der dreidimensionale Effekt des stereoskopischen Bildes macht den Betrachter dem Theaterzuschauer vergleichbar, was sich an den humoristischen Genrebildern und ihren typischen Figurenkonzeptionen und -konfigurationen in besonderem Maße zeigt. Es ist gerade diese Affinität, welche die stereofotografischen Inszenierungen einer alltäglichen Situation nicht immer eindeutig von im Atelier reproduzierten Stücken der (Boulevard-)Theater trennen lässt.

Unter dem Titel *Miscellaneous Subjects. Groups, Figures, &c. &c.* sind im Katalog des Londoner Unternehmens Fotografien aufgenommen, die als „amusing and entertaining“ in die Kategorie des humoristischen Genrebildes eingeordnet werden können: *The Egg Girl; The Enraged Cockatoo, or: A Chinese Ball in Danger; Group of Four Chinese; Mr. Lovejoy – objects to being disturbed just when begins to feel comfortable.* Eine weitere Kategorie erschwert die konkrete Kategorisierung der Sujets: Innerhalb der „vermischten Themen“ bilden die „very popular subjects“ wie beispielsweise *The Murder of Abel*, *The Coquette*, *Spanish Dancers*, *The Gipsey*[151] und *Scenes from the Ballet of „Ondine“*[152] ein Konglomerat von zeitgenössischen Motiven der Malerei und Adaptionen der Unterhaltungskultur. Diese Vermischung stellt die gewählten Themen auf eine Ebene und verrät abermals eine gemeinsame Käuferschaft, die – das lassen die niedrigen Preise erkennen – alle gesellschaftlichen Schichten impliziert.

Etwas anders bestellt ist es da um diejenige Gruppe von Stereobildern, die Gegenstand des nachfolgenden Kapitels sind, die sogenannten „Akademien“. Hinter dieser Bezeichnung verbergen sich Bildthemen, die von der medialen Spezifizität des Stereoskops Gebrauch machen, nämlich der subjektiven Ansicht eines zum Greifen nahen Bildes: erotische und pornographische Aufnahmen.

Intime Blickwinkel – erotische Stereoskopien

Charles Baudelaire, einer der vehementesten Kritiker der Fotografie, urteilt in *Das moderne Publikum und die Photographie* über das stereoskopische Vergnügen:

> Die Liebe zum Obszönen, die im natürlichen Herzen des Menschen ebenso lebhaft ist wie die Eigenliebe, ließ sich eine so schöne Gelegenheit ihrer Befriedigung nicht entgehen. Und man sage nicht, nur die Kinder, die aus der Schule heimkommen, hätten sich mit solchen Albernheiten vergnügt; alle Welt war ganz versessen darauf. Ich habe gehört, wie eine schöne Dame, eine Dame der schönen Welt, nicht der meinen, denjenigen antwortete, die solche Bilder diskret vor ihr versteckten, um dem mangelnden Schamgefühl der Dame durch das ihrige zu Hilfe zu kommen: „Geben Sie nur her; nichts ist zu stark für mich." Ich schwöre, das mit eigenen Ohren gehört zu haben; doch wer wird mir glauben?[153]

Der Leser bleibt im Unklaren über den Inhalt der Bilder, welche die „Dame der schönen Welt" im Stereoskop betrachtet. Zunächst werden die Aufnahmen diskret vor ihr versteckt, doch das „mangelnde Schamgefühl" der Dame und ihre Begierde, die Bilder zu betrachten, offenbaren den obszönen Gehalt der Fotografien, ohne dass er explizit genannt würde. Baudelaires Missbilligung der Stereofotografie bezieht sich weniger auf die Abbildungen selbst, als auf die „unsägliche Lust des Schauens"[154] seiner Mitbürger. Baudelaire war einer der heftigsten Gegner der Nutzbarmachung der neuen Technik für pornographische Zwecke. „For him", so führt es Janet E. Burger aus, „the nude study was beyond toleration in photography (especially the veristic mode of hand-colored stereo daguerreotype) because of its association with erotic and pornographic pictures. It was *too* natural, *too* real."[155]

Penibel wird der richtige Gebrauch der Stereo-Aufnahme in Abbildung 28 auf dem Bildrand beschrieben. Das schwarzweiße Bild ohne Titel, eine erotische Stereoskopie der Firma The Fine Art Photographer's Publishing Co. lässt sich auf die neunziger Jahre des 19. Jahrhunderts datieren. In der Anleitung heißt es:

> DIRECTIONS. When using the Instrument, press the Velvet Edge of the Hood QUITE CLOSE to (touching) the face. Slide the carrier (continuing) and objects will be seen solid, in relief. Hold the instrument, so that a STRONG light falls on the FACE of the Photograph.

Zu sehen ist ein (viktorianisches) Wohnzimmer voller Kleinmöbel, Vasen, Lampen, Blumen, Teppichen. Die Wände sind mit einer Blumentapete versehen, zahlreiche kleine Rahmen mit Blumenbildern und Portraits. Der Raum wirkt sehr gedrückt. Genau in der Bildmitte sitzt eine

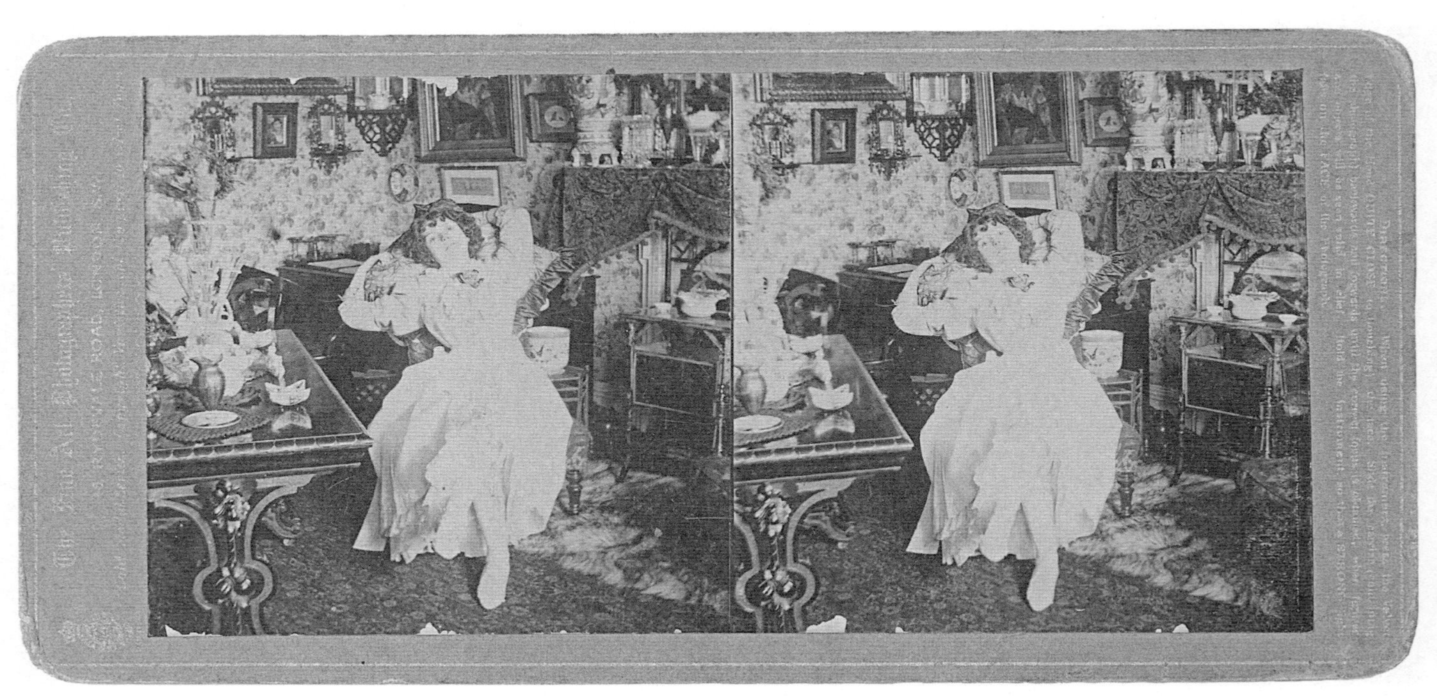

Abb. 28: Erotische Stereoskopie. London, um 1890. The Fine Art Photographer's Publishing Co. Riverdal Road, London, S. W.

komplett in weiß gekleidete Frau auf einem Stuhl, der aber durch die Fülle ihres Kleides und ihre Pose nur zu erahnen ist. Ihren Kopf fasst sie kreisförmig mit ihren nach oben abgewinkelten Armen ein. Durch die Streckung der Arme wird der Oberkörper in Richtung Betrachter gestreckt, ihre Brust wölbt sich förmlich – hier ist der Raumeffekt essentiell – dem Betrachter zu. Ihre Beine hat sie so weit nach vorne gestreckt, dass sie aus dem vollen Stoff lugen; sie hält sie übereinandergeschlagen. Die verschränkten Arme, die schmale Taille im Bildzentrum und die überschlagenen Beine bewirken eine kurvige Silhouette, die hier eindeutig erotisch wirken soll. Das Bild trägt keinen Titel; so aufwendig die Erläuterung der richtigen Handhabung der Stereoskopie auf dem Rand das Bildträgers, so spärlich die Informationen über das Dargestellte. Einen subtilen Hinweis liefert allerdings die Angabe über den Hersteller, The Fine Art Photographer's Publishing Co. in London. Der Hinweis auf den Vertrieb für fotografische Aufnahmen aus dem Bereich der „feinen Künste" lässt dieses Bild paradigmatisch erscheinen für die im 19. Jahrhundert gängige Praxis, eigentlich erotisch gemeinte Darstellungen nackter, spärlich bekleideter oder sich lasziv windender Körper unter dem Deckmantel der künstlerischen Fotografie oder „Körperstudien" zu betreiben.

Akademien? Stereoskopische Akte

Vornehmlich für den männlichen Blick sind die als „Akademien" bezeichneten stereoskopischen Aktfotografien gemacht. Bereits in den frühen fünfziger Jahren werden die ersten dieser Art produziert, zu einer Zeit also, als die Stereofotografie gerade erst publik geworden war. Zunächst als kostspielige Daguerreotypie-Unikate hergestellt und damit nur für ein wohlhabendes Publikum zu erwerben – Hochreiter beziffert den Preis von „académies colorées" zwischen sechs und zehn Francs; E. Eckenrath, Händler für stereoskopische Bilder in Berlin, verlangte für „Akademien auf Silberplatte von 1 ½ bis 3 Thlr. Pro Stück"[156] –, werden sie Anfang der sechziger Jahre auch als erheblich preisgünstigere Papierbilder vertrieben. Paris gilt als Produktionszentrum der stereofotografischen Akte. Dennoch sind die bis heute begehrten Objekte in europäischen und amerikanischen Sammlungen archiviert, was den weltweiten Run erahnen lässt, der trotz des strikt untersagten Handels enorm gewesen sein muss.[157] Ungeachtet der strafrechtlichen Verfolgung gelangen die Bilder vom Händler zum männlichen Käufer, zuvorderst Schuljungen, Soldaten und Studenten, wie auch Darrah informiert: „Such views were sold on the streets, not in shops. Vigilant ladies reported offenders to the police."[158] Im 19. Jahrhundert ist die öffentliche Offerte stereofotografischer Akte unter Strafandrohung verboten. Daher erklärt sich, warum in den fünfziger Jahren vereinzelt Akt-Daguerreotypien, in den sechziger Jahren bereits mehrere Tausend Stereo-Papierabzüge konfisziert werden.[159]

> Offenders were arrested, complaints were published in the press, but the nuisance persisted. The publishers, who were nameless, merely moved to a new location and resumed business.[160]

Wegen der Zensurbestimmungen und der zu erwartenden Strafmaßnahmen bei Verstoß bleiben die meisten Fotografen, die Akt-Daguerreotypien herstellen, anonym, was den Sammlungen heute eine exakte Zuschreibung erschwert. Eine Möglichkeit, dennoch ihre Namen und Geschäftssitze zu eruieren, ist das Studium von Geschäftsanzeigen und Annoncen. Fotografen würden ihre Ware zwar nicht eindeutig bewerben, aber durch mehr oder minder sublime Umschreibung und thematische wie zeitliche Kontextualisierung lassen sich zumindest Vermutungen anstellen, wer hinter den Fotografen oder dem Vertrieb steckte. Hochreiter notiert folgende Künstler, die sich unter anderem auf die erotischen Szenen und Portraits spezialisierten: Darunter in Frankreich Félix-Jacques Antoine Moulin (1802–1869)[161], ferner Fotograf und Aquarellist Auguste Belloc (1800–1867)[162], die Maler Louis-Camille d'Olivier (1827–1870) und Madame Braquehais sowie William Thompson, ein englischer Fotograf; Janet Buerger erwähnt in *French Daguerreotypes* zudem noch Madame Gouin, deren handkolorierte Stereo-Akademien bildende Künstler wie den klassizistischen Maler Léon Coignet (1794–1880) zu der Aussage verleiteten, „art could never do better"[163], sowie Pierre-Ambroise Richebourg (1810–1875).[164]

Für die anderen europäischen Länder macht Hochreiter kaum Fotografen aus, was weniger bedeutet, dass sie dort nicht hergestellt wurden, als zunächst und lediglich, dass die Namen der Verantwortlichen unbekannt sind. Allerdings, so Hochreiter, stammten die meisten der auch in Deutschland zirkulierenden Aktbilder aus Frankreich. Wie Buerger erwähnt, schlug eine unbekannte Schülerin Bellocs vor, ein Atelier nur für „académies of women" zu gründen.

Nur teilweise flicht der Künstler seine persönliche Note – beispielsweise ein für sein Atelier charakteristisches Requisit – in das Bild ein.[165] Hauptsächlich die pornographischen Daguerreotypien werden vermutlich nicht, wie später die Papierabzüge, in den optischen Geschäften angeboten, sondern per Flugblatt mit detaillierter Beschreibung des „Produkts".[166] Wissend um das Verbot der erotischen Stereobilder, bezeichnen die Fotografen ihre Bilder als

Abb. 29: Stereobild der Hebe (1796) von Antonio Canova (1757–1822) in Berlin, Nationalgalerie.
Hersteller: Photographie G. A. F. Déposé à Paris, um 1880.

„Akademien". In Anlehnung an die *académie* (eine gezeichnete Körperstudie, die zum akademischen Lehrplan gehört) legitimieren die Fotografen ihre erotischen Sujets unter dem Vorwand, sie Malern und Bildhauern als geeignete und preisgünstige „Modelle" zum realitätsnahen Studium anbieten zu können.[167] Bereits in den Anfangsjahren des Mediums hatte David Brewster die Stereofotografie – aufgrund ihrer plastischen Wirkung im Stereoskop – für die Reproduktion kunsthistorisch bedeutender Skulpturen sowie die Abbildung menschlicher Körper empfohlen.[168] (Vgl. Abb. 29) Auguste Belloc, bekannt für seine erotischen Fotografien, benennt die Vorteile der Verbindung von Fotografie und Stereoskopie nachgerade in Bezug auf die Darstellung von Plastiken, wenn er schreibt, Fotografie sei

> [...] not limited to reproducing lines and surfaces. It has found its complement in the stereoscope, which gives to a design the most irresistible appearance of relief and roundness, insomuch, that nature is no longer content to reproduce her superficiality, she gives, in addition, the complete idea of projections and contours; she is not merely a painter but a sculptor.[169]

Der beachtliche Vorteil der Fotografie gegenüber der Malerei, als ‚objektiver Spiegel'[170] mühelos eine Kopie der Natur anzufertigen, trägt dazu bei, dass viele Bildhauer und Maler des 19. Jahrhunderts die fotografischen Abzüge ihrer Modelle statt die Modelle selbst als Vorlage ihrer Arbeit nehmen. Damit fungiert die Fotografie als optisches Hilfsmittel für die akademische Malerei, wie es ehemals die Camera obscura als Zeichenapparat war. Um ihre Praxis als „Kunst" zu legitimieren, arbeiten Künstler-Fotografen seit Mitte der fünfziger Jahre in bewusster Anlehnung an konventionelle, dem Publikum bekannte Ikonographien und Wahrnehmungsmuster.[171]

Wie in den Tableaux vivants des 18. Jahrhunderts berühmte Gemälde realisiert wurden,[172] so war es auch von der steinernen Plastik zu deren ‚Verlebendigung' durch weibliche Modelle nur ein kleiner Schritt. Prostituierte, Schauspielerinnen oder Tänzerinnen, seltener Frauen des wohlhabenden Bürgertums, posierten für die Reproduktion berühmter Aktbilder der Plastik und Allegorien der Malerei[173] und standen auch dem Akademie-Fotografen Modell. Die Nähe von Schauspielerin und Prostituierter stellt Laurence Senelick heraus, wenn er konstatiert: „The courtesan and the actress were interchangeable, both being object of public pleasure [...]."[174] Häufig findet sich im Fotoalbum neben der Aktdaguerreotypie „ein Bleistiftwerk mit dem Hinweis auf Künstler und Kunstwerk, um ja keinen falschen Verdacht aufkommen zu lassen"[175], doch werden

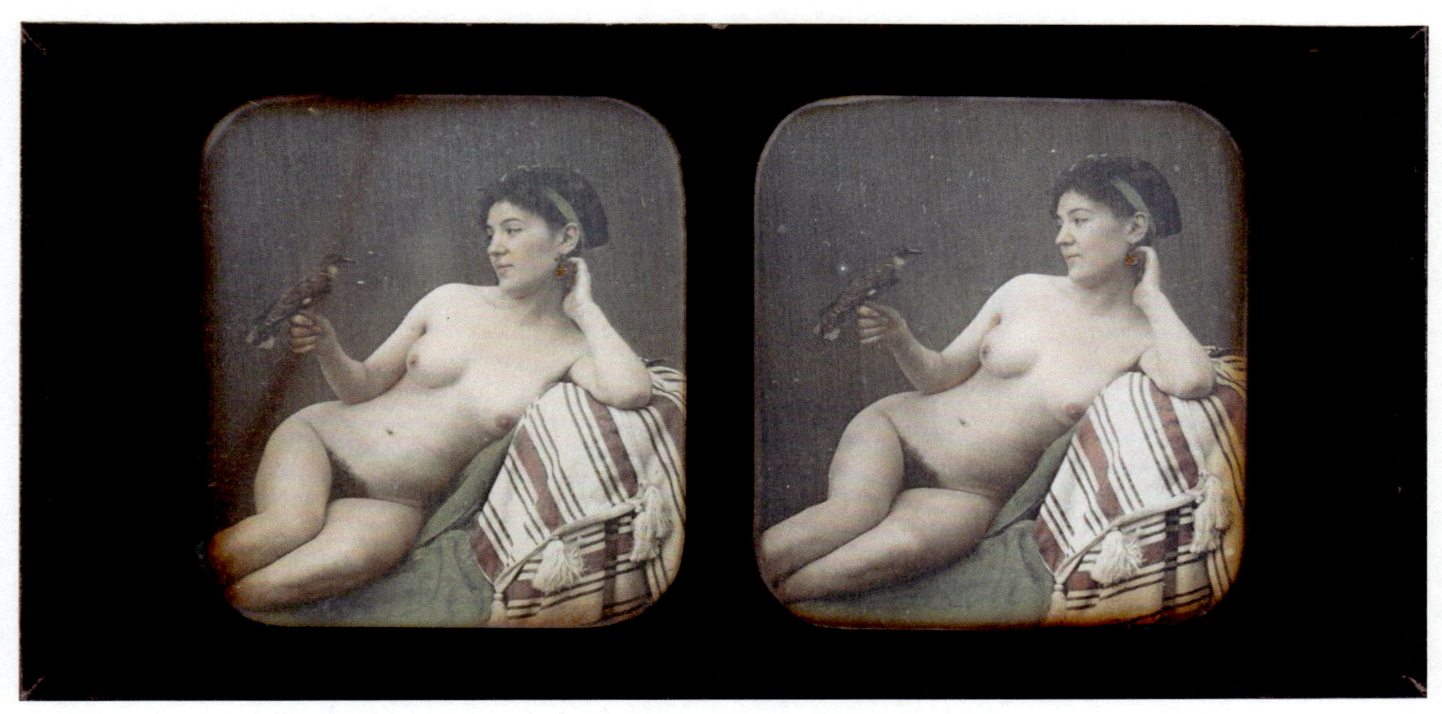

Abb. 30: Akt-Stereodaguerreotypie, koloriert; ohne Ort, um 1855, unbekannter Fotograf.

wohl in den wenigsten Fällen die Akademien ihrer ‚unschuldigen' Bezeichnung gerecht.

Ein banaler technischer Aspekt entlarvt den Vorwand, Stereo-Daguerreotypien lasziven Bildinhaltes ausschließlich für künstlerische Weiterverwertung anzufertigen: die Daguerreotypie ist noch nicht reproduzierbar wie die Fotografie, die Platte des Daguerreotyps zum Durchpausen gänzlich ungeeignet.[176] Auch das öffentliche Verbot der Bilder steht der Rechtfertigung ihrer obszönen Sujets für künstlerische Zwecke diametral entgegen. Zu den Zensurbestimmungen und Maßnahmen notiert Hochreiter Folgendes:

> Wer galante oder pikante Photographien produzierte oder vertrieb, mußte im Europa des Photographischen Zeitalters mit Geld- oder Gefängnisstrafen für die „Erregung öffentlichen Ärgernisses durch die Verbreitung oder öffentliche Ausstellung von Bildern, welche unzüchtige Handlungen darstellen" (Badisches Strafgesetzbuch 1845) rechnen. In Preußen bestimmte 1851 der §151 des Strafgesetzbuchs: „Wer unzüchtige Abbildungen oder Darstellungen verkauft, verteilt oder sonst verbreitet oder an Orten, welche dem Publikum zugänglich sind, ausstellt oder anschlägt, wird mit Geldstrafen von 10 bis 100 Talern oder mit Gefängnis von 14 Tagen bis zu 6 Monaten bestraft."[177]

Eine Begründung für das Verbot der Bilder lag im vermeintlichen Schutz von Minderjährigen und Schutzbedürftigen.

Abbildung 30 zeigt eine Stereo-Daguerreotypie, dargestellt ist eine unbekleidete, nur mit einem Schleier leicht verhüllte Frau auf einer Chaiselongue ausgestreckt liegend. Den Blick zum Betrachter gerichtet, hält sie in der rechten, angehobenen Hand einen kleinen Vogel. Die Positur ruft auf Anhieb Vergleiche mit mindestens zwei schon im 19. Jahrhundert berühmten Gemälden hervor: *Grande Odalisque* des französischen Malers Jean Auguste Dominique Ingres (1780–1867) aus dem Jahre 1814 und Édouard Manets *Olympia* aus dem Jahre 1863. Die Daguerreotypie täuscht zwar ihren „akademischen" Zweck vor, den aber der fordernde Blick des Modells ad absurdum führt. „Many merely suggestive views were probably issued to ridicule hypocrisy rather than to titillate"[178], wie Darrah formuliert.

Eine verblüffend ähnliche Darstellung eines weiblichen Aktes mit einem Vogel findet sich in der *Illustrierten Sittengeschichte* von Eduard Fuchs abgedruckt. (Abb. 31) Es handelt sich um die Lithographie *Die Schöne mit dem Kanarienvogel* des französischen Lithographen und Karikaturisten Pierre-Numa Bassaget (1848–1868). Bassaget, der auch im Pariser Salon ausstellte, spezialisierte sich in seiner künstlerischen Tätigkeit auch auf erotische Szenen und skizzierte pointiert das Pariser Leben.

Mit *In Erwartung* betitelt ist eine weitere Lithographie des französischen Künstlers Achille Devéria. (Abb. 32) Hier blickt, ähnlich wie in Ingres' *Grande Odalisque*, die nackte weibliche, auf einer Liege posierende Figur, über ihre rechte Schulter den Betrachter direkt an. Im *Conversations-Lexicon für bildende Künstler* (1846) heißt es über Achille Jacques Jean Marie Devéria (1800–1857, Bruder des jüngeren Eugène Devéria (1805–1865)), er habe sich als Zeichner und Lithograph hervorgetan und habe mit Henri Grévedon (1776–1860) „eine Sammlung Bildnisse von Actricen der vornehmsten Theater" herausgegeben, die ab 1830 in Folioheften erschienen.[179] Ferner habe er eine „historische Frauengallerie" angelegt. „Das Element, worin sich Achille vorzüglich bewegt, ist das einer weichlichen Sentimentalität, die nicht selten zu widerwärtig süsser Koketterie herabsinkt"[180], urteilen die Herausgeber des *Lexicons* über den Künstler. Die Mischung der Genres kommentieren sie in einer (absichtlich unabsichtlichen) Ironie, wenn sie weiter informieren, dass Achille Devérias Bilder „als Andachtsbilder für Privatkapellen, Oratorien und Boudoirs sehr beliebt

Abb. 31: Pierre-Numa Bassaget: *Die Schöne mit dem Kanarienvogel*. Lithographie, um 1865.

Abb. 32: Achille Devéria: *In Erwartung*. Lithographie, 1835.

und gesucht" seien und „ein charakteristisches Merkmal ab[gäben] für die religiöse Gefühlsweise der gleichzeitigen gebildeten Pariser Welt".[181]

Ambivalenzen im Bildinhalt: eine keusche Braut, die nur mit einem Schleier bedeckt ist, ein lesendes Mädchen oder eine auf einem Stuhl sitzende Frau, die gedankenverloren die Beine übereinander schlägt und dem männlichen Blick so einen ‚zentralperspektivischen Fluchtpunkt' bietet, erhöhen den bildimmanenten Reiz, welcher für das kunstakademische Studium nicht notwendig wäre. In den Arrangements der Stereo-Akte amalgamieren Sujets unterschiedlicher Bildgattungen wie moralisierendes Genre, sakrale Motivik, Exotismus oder klassische Ikonographie. In einem bekannten Bild sitzt, inmitten von Küchenutensilien, eine junge Frau mit entblößtem Oberkörper auf einem Stuhl; das linke Bein über das rechte geschlagen, erlaubt ihr hochgeschobenes Kleid dem Betrachter den Blick unter ihren Rock. Die Dame greift mit ihrer linken Hand ihr linkes Fußgelenk. Es ist nicht auszuschließen, dass hier die in Paris aufgestellte Skulptur des „Dornausziehers" zitiert und in eine häusliche Umgebung verlegt ist. Diese antike Sitzfigur stellt einen jungen Mann in seiner Bemühung, einen Splitter aus dem Fuß zu ziehen, dar und gilt u. a. als Ikonographie der Erbsünde.[182] Das Bildzitat bestätigt die künstlerische Qualität der Fotografie und kann als ironisierende Bezugnahme auf den „akademischen Zweck" des Bildes angesehen werden. In dieser Bildkomposition bewirkt gerade die Verschmelzung von Alltagsrealität und Erotik, der alltäglichen Szenerie und des lasziven Blicks der Frau aus dem Bild hinaus, den ambivalenten Reiz des Bildes. Realiter blickt sie nicht den Betrachter, sondern das Objektiv der Kamera an, doch kennzeichnet dieser Blick ihr Bewusstsein des Angeschautwerdens einerseits und bestätigt andererseits den voyeuristischen Standpunkt des Bildkonsumenten. Es sei noch einmal Baudelaire wiedergegeben, der die beiden dominierenden Frauentypen des Fin de Siècle skizziert:

> [M]ir ist, als würden zwei Frauen mir vorgestellt: die eine, eine ländliche Matrone, abstoßend gesund und tugendhaft, ohne Haltung, ohne Blick, kurzum ein Wesen, das alles nur der bloßen Natur verdankt; die andere, eine jener Schönheiten, die die Erinnerung beherrschen und bedrängen, die ihrem tiefen, ursprünglichen Zauber die ganze Eloquenz des weiblichen Putzes hinzufügt, die ihren Fuß zu setzen versteht, selbstbewußt und Herrin ihrer selbst, […] gedankenschwere Blicke, die davon nur verraten, was sie wollen.[183]

Es existieren ebenfalls zahlreiche Stereobilder ohne Nachahmung bildkünstlerischer Topoi, die umso deutlicher den eigentlichen Adressaten erkennen lassen. Als exemplarisch erweisen sich die Aufnahmen von Bauernmädchen im Weizenfeld oder Pornographien in der Küche, die regelmäßig in der erotischen Daguerreotypie zu finden sind, und die schon als Lithographien in den dreißiger und vierziger Jahren in Umlauf waren.[184]

Auch Ankleideszenen sind ein beliebtes Motiv sowohl der bildenden Kunst als auch der Fotografie. Die Firma G. Gerlach & Cie aus Berlin produziert um 1900 eine Serie mit acht Fotografien eine Schauspielerin in einer Ankleideszene zeigend. Weitere beliebte Motive sind das Abtrocknen nach dem Bade, das Zubettgehen (während ein männlicher Kandidat wie versehentlich zur Tür hinein kommt…).
Nicht direkt in die Gruppierung der Akademien einzuordnen, aber dennoch im Zeitgeist des späten 19. Jahrhunderts anregend wirkend sind Abbildungen von Badenden am Strand oder in Seebädern, was auch auf zeitgenössischen Postkarten ein beliebtes Motiv darstellt. Eduard Fuchs, dessen zeitgenössische Beobachtungen und Schilderung der „Sitten" im Europa des 19. Jahrhunderts im Vorangegangenen bereits bemüht wurden, äußert sich auch zu Badeszenen und Seebadleben nach 1850, die er in ihrer bildlichen Darstellung in die Nähe erotischer Ikonographie rückt: er spricht von einer „erotisch spekulative[n] Form des Badekostüms".

> Das luxuriöse Seebadleben, wie es sich in den fünfziger Jahren des verflossenen Jahrhunderts entwickelte, ist darum im Kerne nicht zuletzt die gesellschaftliche Form, die diesen erotischen Exhibitionsdrang im Rahmen der bürgerlichen Moral ermöglicht, ohne diesen zu sprengen. Dabei ist nicht zu vergessen, daß

speziell die vornehmen Seebäder durchwegs auch die Sammelpunkte der gesamten eleganten Demimonde sind, für die es auf Grund des eben Gesagten in der Tat auch kaum eine bessere Gelegenheit geben kann, alle Welt – das heißt die zahlungsfähigste Welt – auf jene körperlichen Qualitäten aufmerksam zu machen, die den höchsten Kurs haben. Ebenso darf nicht vergessen werden, daß aus denselben Gründen Seebäder wie Trouville, Ostende auch stets die Mittelpunkte eines raffinierten erotischen Lebensgenusses waren und geblieben sind.[185]

Auf Coney Island wird gar ein Foto-Zelt installiert, ein Zelt, in dem die Badenden ein Erinnerungsfoto von sich schießen lassen konnten.[186]

Als letzte Gruppe der Akademien ist eine Rarität unter den Akt-Stereobildern zu erwähnen: die Darstellung bisexuellen Geschlechtsverkehrs. Obwohl technisch noch nicht möglich, scheinen die Darstellungen zunächst wie ein Schnappschuss. Doch ist auch dieser höchst intime Bildinhalt für den Augenblick der Aufnahme nachgestellt. Als künstlerisches Vorbild dient möglicherweise eine Form von obszöner Unterhaltung in den Pariser Passagen, wie etwa Chiracs Théâtre de Vérité in der Passage de l'Opéra, auf das Walter Benjamin verweist. In diesem Theater führen nackte Liebespaare dem Passagen-Publikum „Einakter" vor. Als „naheliegend" beschreibt Fuchs, dass mit der Einführung des Films auch mit erotischen Sujets gearbeitet wird, die eine besonders hohe Anziehungskraft ausübten. „[A]m offensten" sei dies in Frankreich und Italien zu beobachten. „Die Vorführungsgefahr dieser Demonstrationen ist um so größer, weil das Kino einen großen Teil seiner Besucher aus der Jugend rekrutiert und im abgedunkelten Raum der vorgegaukelte Schein alsbald in ‚handgreifliche' Wirklichkeit übertragen werden kann."[187]

Auf einer medienreflexiven Ebene, den Akt des Sehens gleichzeitig thematisierend, lassen sich zuletzt Bilder mit einem runden Bildausschnitt, der einem Blick durch ein Schlüsselloch gleichen soll, verorten. Das Rund spielt wahrnehmungsästhetisch auf den voyeuristischen Aspekt der stereoskopischen Betrachtung an. Die in Abbildungen 33 und 34 wiedergegebenen Teilbilder eines Klappbildes aus dem frühen 19. Jahrhundert deuten auf die Redundanz dieses Spiels mit dem An-Blick in der visuellen Kultur.

Die Sicht durch das Stereoskop auf den Darsteller-Körper gleicht dem Blick durch das Opernglas, mit Hilfe dessen der Zuschauer das Bühnengeschehen heranholen und eingehender studieren kann. Hinter den Sehhilfen weiß sich der voyeuristische Zuschauer sicher: er sieht alles und wird selbst nicht wahrgenommen. „[T]he stereocope's possessor had the Faustian option to halt the moment, linger over the sharply defined details, and mentally devise a context"[188], so fasst es Laurence Senelick. Wie David Brewster nachgewiesen hat, muss die Stereofotografie, bevor sie dreidimensional erscheint, für längere Zeit mit den Augen fixiert werden. Zumal in Bezug auf die Akademien schürt diese Notwendigkeit den voyeuristischen Trieb. Die plastische Wirkung des Stereoskops lässt das detailschwangere Bild visuell haptisch werden und erlaubt dem Betrachter eine intime Nähe zu den nackten Körpern. „Es war in Paris nicht unüblich, zu den ‚photographies obscènes' gleich auch die Adressen der Modelle mitzuliefern."[189] Das darstellende Subjekt wird zum Objekt, zum Fetisch des männlichen Blicks, was bereits hinsichtlich der carte de visite angesprochen wurde. Diese suggeriert dem männlichen Betrachter die Nähe zur Darstellerin, erteilt ihm sogar die Befugnis über sie, indem er sie (bzw. ihr Abbild) betrachten und berühren kann. Dieses Gefühl vermag das Stereoskop zu potenzieren: Die Apparatur und die Plastizität des Bildes *gestatten* und *fördern* einen subjektiven Blick, der dem Betrachter für die Dauer des Schauens imaginär die Macht über das Objekt erteilt. Die physiologische Gegebenheit, dass die Bildhälften erst nach kurzer Zeit zu einem dreidimensionalen Gesamtbild

Abb. 33: *Die List der Kokotten.* Anonyme Lithographie. Teil I.

verschmelzen, befugt den Beschauer, die Akademie beliebig lange anzustarren. Aus Gründen der Aufnahmetechnik ist das Objekt nahe an den Bildrand geholt, um die dreidimensionale Wirkung zu erhöhen. Beim Blick durch das Stereoskop vergrößert sich der fotografierte Ausschnitt und täuscht dem Betrachter die Anwesenheit im szenischen Raum vor. Diese Eliminierung einer ästhetischen Grenze zwischen Bild und Rezipient gilt seit der Erfindung der Stereofotografie als deren mediale Spezifizität, wie Brewster beinahe poetisch ausführt:

> The picture is connected with its original by sensibilities peculiarly tender. It was the very light which radiated from her brow, – the identical gleam which lighted up her eye, – the hectic flush or the pallid hue that hung upon her cheek, which pencilled the cherished image, and fixed themselves for ever there.[190]

Gesteigert wird dieser Realismus der kolorierten Fotografie durch die visuelle Haptizität des Bildes, welche allen stereoskopischen Aufnahmen bescheinigt wird. Linda Williams sieht gar in der Handhabung des Stereoskops per se, in der Apparatur ein sozusagen materielles Aphrodisiakum:

> The spectator-observer plays with the machinery and produces the particular illusion that gives pleasure. Just as modernist vision in general entails a new awareness of the body's own production of perceptions, so in the flipping, cranking and manipulation of cards [stereographs] the body itself becomes a machine producing views. This body moves, and is in turn moved by the machine.[191]

Es wurde bereits hinsichtlich der Genrebilder auf zwei notwendige Bedingungen eines Bildes hingewiesen, damit es während des späten 19. Jahrhunderts prosperieren konnte: es sollte „real" und „thought-provoking" sein. Die Akademie besitzt diese Eigenschaften in Idealform, denn die realistische Haptizität des Modells vermag die Phantasie des (männlichen) Betrachters anzuregen.

Es ist das Potential der stereoskopischen Bilder, dem Betrachter gleichermaßen ein Erlebnis von Distanz (zeitlich, aber auch räumlich, da durch die Apparatur von Bildträger und -gegenstand getrennt) und einer fast immersiv wirkenden Nähe zu ermöglichen, oder anders ausgedrückt, höchste Unmittelbarkeit zu erleben bei gleichzeitiger komplexer Mediatisierung. Doch nicht für alle Sujets scheint dieser immersive Effekt wünschenswert: In einer Publikation von 1914 erläutert der Autor, Karl Wilhelm Wolf-Czapek (1877–1913), die seltene Anwendung des stereoskopischen Verfahrens auf Abbildungen des menschlichen Körpers mit „ästhetischen Gründen", weshalb die Stereoskopie auch verhältnismäßig wenig im Bereich der

Portraitfotografie zur Anwendung komme. Vorrangiges Ziel sei doch eine idealisierte Abbildung der Person, um dieser eine höhere Bedeutung zu geben. „Bei der Erreichung dieses Zieles kann die greifbare körperliche Illusion nur störend wirken […].“[192]

Welt-Ansichten – geographische und ethnographische Szenen

Zu notieren, dass im Verlaufe des 19. Jahrhunderts privates Leben, Raum- und Zeitwahrnehmung und -darstellung sowie auch die Arten und Weisen, die Welt zu sehen und zu bereisen, grundlegend erneuert werden, meint mittlerweile, einen Gemeinplatz zu bedienen. Durch die erneute und radikale Verdichtung von Raum und Zeit im Kontext zeitgenössischer Globalisierung rückten in den vergangenen Jahren in der Geschichts- und Kulturwissenschaft auch das 19. Jahrhundert und die dort begonnene Radikalisierung von Zeit- und Raumwahrnehmung wieder verstärkt ins Zentrum der wissenschaftlichen Betrachtung. Einflussreiche Studien wie etwa Jürgen Osterhammels

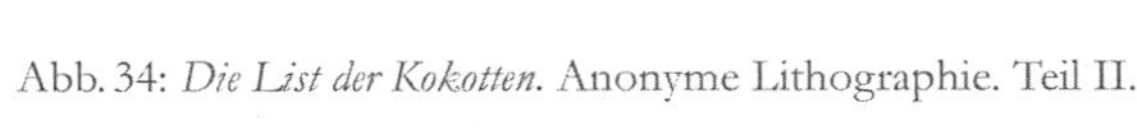

Abb. 34: *Die List der Kokotten.* Anonyme Lithographie. Teil II.

Die Verwandlung der Welt. Eine Geschichte des 19. Jahrhunderts (2009) oder Christopher A. Baylys *Die Geburt der modernen Welt, 1780–1914* (2006), um nur zwei der markantesten Studien über diese Zeit zu nennen, haben an die Dynamiken erinnert, die das 19. und frühe 20. Jahrhundert prägen und anhaltend zum Forschungsgegenstand machen. Industrialisierung und Innovationen im Verkehrswesen, wie etwa der Bau der ersten Eisenbahnen in den dreißiger und vierziger Jahren, haben entscheidenden Anteil am Bruch mit der bis dahin gültigen Raum- und Zeitwahrnehmung, indem sie deren Mobilisierung initiieren. Die Expansion der Industrie sowie die Mechanisierung lassen insbesondere in den Städten das Leben unstet werden. Aus den vehikularen und technischen Veränderungen resultiert ein ambivalentes Verlangen der Menschen dieser Zeit, einerseits die neue Mobilisierung zu nutzen, andererseits die schnelllebige Umwelt zum Anhalten zu bringen, d. h. sie für Momente zu fixieren, um ihre Details zu studieren. Die Überschreitung regionaler und nationaler Grenzen in Wirtschaft, Verkehr, auf den Gebieten von Kunst und Kultur, aber auch im sich rasch entwickelnden Tourismus steht neben der Bildung von Nationen und einem Bewusstmachen und Hochhalten des Lokalen (zusammengeführt etwa in den Weltausstellungen). Es ist dies ein Paradox der frühen Globalisierung, dem sich Individuen zu stellen haben.

In einem globalen Kontext betrachtet, ist zu erwähnen wichtig, dass beinahe sämtliche Medien der Zeit zum Einsatz gebracht werden, um piktorales Wissen über die Welt und ihre Personen und Ereignisse zu vermitteln; zu so unterschiedlichen Zwecken wie Bildung und Erziehung, Reiseersatz, Bildbericht zum Text, Reproduktion von Kunstwerken, aber auch politischen und imperialen Interessen.[193] Dadurch bilden sich Bildästhetiken und ein globalpiktorales Vokabular heraus, die ein auch kulturübergreifendes Verständnis von Bildern ermöglichen. Mit dazu tragen für die Geschichte visueller Kulturen und der Medien bedeutsame Formen öffentlicher Bildvorführungen bei. Laterna Magica-Projektionen, Diorama- oder Panorama- und Kaiserpanorama-Präsentationen sowie Filmvorführungen seit den 1890er Jahren haben ihrerseits erheblichen Anteil an der Diversifizierung bildlichen Wissens und zur Entstehung eines visuellen Kanons, auch transnational. Für dieses Teilkapitel leitend ist die Frage, welchen Anteil die Medien der Zeit und vor allem die Stereoskopie daran haben konnten. Eine Teilantwort liefert Ludwig Hoerner, wenn er schreibt, dass der „aufstrebende Bürger […] wenigstens betrachtend an der wirtschaftlichen

Eroberung und wissenschaftlichen Erschließung der Welt teilhaben [wollte].“ Die stereoskopischen Fotografien seien „als Beseitigung eines störenden Bildungshindernisses“ begrüßt worden.[194]

Lange vor der Industriellen Revolution sind Kupferstiche oder Lithographien mit Ansichten berühmter Bauten oder Naturdarstellungen erhältlich, allerdings noch nicht für alle gesellschaftlichen Schichten zu erwerben. Was als ‚sehenswürdig‘ erachtet wird, beruht auf einer tradierten Schulung des ästhetischen Blicks: bereits im 18. Jahrhundert werden „die adligen und bürgerlichen Reisenden „durch sehr erfolgreiche bildliche Darstellungen von vornherein sozusagen auf den richtigen Blick trainiert, den sie dann ‚in der Natur‘ zur gegenständlichen Bestätigung des schon gewußten Bildes suchen.“[195] Diese Schulung des Betrachterblicks lässt den Künstler ein Objekt zunächst als „pittoresk“ kategorisieren, um es dann zu zeichnen. Somit wird das ‚Malerische‘ dem ‚Sehens-werten‘ und dem zu Reproduzierenden äquivalent. Auch in den Folgejahren bleibt diese konventionalisierte Bildmotivik beinahe unverändert. In den Illustrierten Pressen erscheinen unter der Rubrik „Länder- und Völkerkunde“ Reiseberichte, die teils mit Stichen oder Zeichnungen bebildert sind. Der im 19. Jahrhundert aufkommende Tourismus bedingt die Entwicklung des Printformats Reiseführer (etwa des *Baedeker*, der erstmals im Jahre 1832 erschien[196]), in dem sich, wie in den Zeitungen auch, Text und Bild als (zunehmend gleichwertige) Informationsträger vermischen. Derartige Publikationsorgane oder Bildbände wie beispielsweise *The Universal Traveler*, der 1836 erschien,[197] ermöglichen auch dem finanziell weniger gut gestellten Bürger die Erfahrung des Reisens. Die Welt erhält einen musealen Charakter, den zu erleben gleichermaßen belehrend wie unterhaltend ist; sie wird in visuelle Enzyklopädien, in Bildeinheiten segmentiert, die als pars pro toto für Wissen und Wissenserwerb über eine Kultur oder eine Region genügen sollen, was sich am Reiseführer ganz gut ablesen lässt, wie es Anne Friedberg formuliert: „The guidebook served as textual captions to otherwise visual ‚sights‘.“[198] Reisende bewegen sich auf den Spuren bereits gefestigter und illustrierter ‚Sehens-Würdigkeiten‘, sie wollen real oder auch mental wiederentdecken (eine Art Anagnorisis) und bestätigt wissen, was sie schon gesehen und skizzenhaft gelesen haben.[199]

Die Beschreibung des Piktoralen und die Illustration des schriftlich Fixierten sind reziprok: das anschauende Subjekt beschreibt das Gesehene mit sprachlichen Klischees und unterwandert damit das Faszinosum des unmittelbar Wahrgenommenen, also das, was Benjamin später

als „Aura“ bezeichnen wird; oder in einer Umschreibung Roland Barthes’: „Der prägnante Augenblick ist durchaus die Anwesenheit aller Abwesenheiten (Erinnerungen, Lektionen, Verheißungen), in deren Rhythmus die Geschichte zugleich intelligibel und begehrenswert wird.“[200]
Abbildung 35 zeigt eine Aufnahme der amerikanischen Company H. C. White mit Sitz in North Bennington, Vermont; die Fotografie stammt von H. C. White[201] selbst und zeigt eine Szene aus dem Berliner Kulturleben, die sich gut auch in einem Stadtführer über Berlin finden ließe: *A Scene in Kroll’s Garden – most famous beer garden in Berlin, Germany*.
Aufnahmen geographischer Landschaften sind der Reduktion auf den Augenblick insofern verwandt, als sie dem Zuschauer durch ein pars pro toto einer Region sowie die stereotypen Konzeptionen des Fremden das Bild unmittelbar verständlich machen. Eine solche reduzierte Erfassung der Welt bekräftigt die Betrachter, das Fremde mit Hilfe stereotyper äußerer Zeichen zu dechiffrieren.[202] Die Auswahl ist einerseits bildkünstlerischen Konventionen und Topoi geschuldet, (imperial-)politisch motiviert und obliegt den Fotografen der Zeit, die eigenständig, oft aber auch für fotografische Gesellschaften und Agenturen arbeiten, die über ein rasch gewachsenes internationales Netzwerk verfügen.[203]

Reisen virtuell

Panorama und Diorama sowie die Passagen des 19. Jahrhunderts sind Initiatoren der Reiselust und gleichzeitig die ersten öffentlichen Institutionen zu ihrer visuellen Befriedigung. Aufgrund der technischen Voraussetzungen der Stereofotografie, eine Fülle an visuellen Informationen dreidimensional wirken zu lassen, eignet sie sich zur Vermittlung ‚dokumentarischen‘ Materials. „Die Welt mit der Welt bekannt zu machen“, lautet denn auch die Losung der Betreiber von Kaiserpanoramen und der Unternehmen, die stereofotografische Landschaftsaufnahmen produzieren.
In den stereofotografischen Aufnahmen fremder Länder oder entfernter Landstriche vereint sich das Verlangen des Betrachters, Fernes nah zu sehen, sich Fremdes anzueignen, oder Vergangenes gegenwärtig werden zu lassen. Stereoskopien ermöglichen die Betrachtung der Welt in geselliger Runde im Wohnzimmer. Die London Stereoscopic Company verfügt Ende der fünfziger Jahre über ein Lager von mehr als einhunderttausend Stereobildern, die berühmte Sehenswürdigkeiten und Bauwerke ausgewählter Regionen zeigen. Eine besonders erfolgreiche Serie trägt den Titel *Amerika im Stereoskop*. In dieser Ausgabe müssen vor allem die Aufnahme eines Zuges, der die Niagara-Fälle

Abb. 35: *A Scene in Kroll's Garden – most famous beer garden in Berlin, Germany.* H. C. White Publishers, 1902.

überquert, und natürlich Charles Blondins (1824–1897) Überquerung der Niagara-Fälle im Balanceakt in weiten Kreisen Staunen erregt haben.[204] Wie Jones anmerkt, unternahm Blondin 1859 zum ersten Mal die waghalsige Tour, wiederholte sie anschließend noch einige Male vor den Kameralinsen verschiedener Fotografen: „[H]e repeated the performance many times and stereo-views of it were published by several photographers."[205] In den achtziger und neunziger Jahren entwickelt eines der frühesten und später führenden Stereobild-Unternehmen, die amerikanische Underwood & Underwood Company, die Filialen in Kanada und Großbritannien unterhält, mit ihren Fotoreportagen das marktbeherrschende Konzept der Bildverbreitung.[206] Das Unternehmen sendet Fotografen in alle Teile der Welt, die repräsentative Aufnahmen bedeutender oder pittoresker Schauplätze anfertigen. Zudem erweitern Underwood & Underwood das politikgeschichtliche und geographische Spektrum um die Aufzeichnung von Szenen aus dem Heiligen Land, die insbesondere in Sonntagsschulen gezeigt werden sollen.[207] Zu den damals außergewöhnlichen Angeboten der Underwood zählt der Verkauf einer Sammlung von je zwischen 50 und 100 Bildpaaren in Form eines Buches, das Länderserien, Bildberichte über Städte, historische und politische Ereignisse beinhaltet: die Stereokarten sowie eine beigefügte Brille bilden somit eine Art piktorale Enzyklopädie. Über ausgesprochen gut erhaltene Exemplare verfügen die Fotosammlungen des Stadtmuseums München und des Museums Ludwig in Köln. In Köln sind zusätzlich Ausgaben der Serie *School Room Traveler* von Underwood & Underwood aufbewahrt. Es handelt sich dabei um eine Box, die eine Serie mit Stereokarten beinhaltet. Von außen ist diese Box absichtlich wie ein umfangreiches Nachschlagewerk gestaltet und erinnert an die Enzyklopädien und Handbücher der Zeit. In der Kölner Ausgabe umfasst die *School Room Traveler*-Serie Doppelbilder aus den Bereichen Technologie, biblische Geschichte, Erdkunde, Naturgeschichte und eine Serie zur alten Geschichte.

Neben Underwood existieren weitere Unternehmen, die ebenfalls ihre Fotografien weltweit exportieren und ebenso global produzieren, so dass „unzählige ‚Bildbände' – ‚through the stereoscope' über Rom, Griechenland, Ägypten, Indien, Palästina, Japan, Ceylon, Amerika, den Burenkrieg, den Russisch-Japanischen Krieg und andere Ereignisse"[208] über Händler oder auch Straßenverkäufer vertrieben werden.

Die Brüder Benjamin West (B.W.) (1827–1909) und William Edward Kilburn (1818–1891) aus Littleton, New

Hampshire, begannen 1865 mit der Produktion von Stereobildern und blieben 40 Jahre im Geschäft. Wie Darrah wissen lässt, fertigte Benjamin Kilburn bis 1876 alle Negative selbst. „He began photographing the White Mountains and gradually broadened his field to include California, Mexico, Europe, Egypt, and the Near East.“[209] In den Folgejahren kauften auch andere Fotografen Kilburns Negative. Abbildung 37, *Among the Cherry Blossoms, Tokio, Japan*, zeigt eine Stereo-Aufnahme von B.W. Kilburn von 1901. Die Nummer 14027 vor dem Bildtitel weist auf eine Seriennummer hin. Vertrieben wurde diese Serie von James M. Davis, dessen Name auf dem Bildträger links zu lesen ist. Aufschlussreich sind die Geschäftssitze, die hier angegeben sind und die eine große Verbreitung in der anglophonen Welt verraten, nämlich New York, Liverpool, St. Louis, aber auch Toronto und Sydney. Das thematische und vor allem geographische Spektrum mancher (Stereo-)Fotografen zeugt von einer enormen Reisetätigkeit, die eine gute Infrastruktur, materielle Ausstattung und das Vorhandensein von transportablen Geräten erfordert. Errichtet und unterhalten wurden diese Verkehrs- und Kommunikationswege häufig durch Agenten mit imperialen Interessen. Diese Infrastruktur wird erst seit kurzer Zeit von Medien- und Technikhistorikern untersucht, vornehmlich für die großen Nachrichtenagenturen und im Kontext der Erforschung von Telegraphen- und Informationsnetzwerken der Zeit.[210]

Neben dem privaten Gebrauch sind die geographischen Bilder für den Anschauungsunterricht in Schulen geeignet. Wie in einem Lehrbuch sind auf der Rückseite der Stereokarten Daten zum Klima, der Landschaft, der Bevölkerung sowie der Lebensweise oder Architektur der jeweiligen Kulturen aufgeführt, die den ‚dokumentarischen‘ und damit belehrenden Charakter der Bilder belegen. Von Bedeutung ist, dass nicht mehr das Bild den Text illustriert, sondern umgekehrt der Text die Aussage des Bildes unterstreicht.[211] Zugleich trägt der Begleittext zur Schematisierung dieser Art von enzyklopädischer Erfassung der Weltkulturen bei und fördert indessen die unkritische Aneignung des Fremden durch Stereotypen.

Der Vorteil der stereofotografischen Aufnahme gegenüber einer rein fotografischen besteht in der Wiedergabe der Dreidimensionalität des dargestellten physischen Raumes im Gegensatz zur zweidimensionalen Fotografie.[212] Die Plastizität des Raumes lässt die Betrachter von einer „verblüffenden Echtheit des Gezeigten“ reden, die manchen sogar als Substitution der Originalschauplätze gereicht, weil sie sich im Raum visuell ‚bewegen‘ können. In den

Abb. 36: August Fuhrmanns Kaiserpanorama, 1880.

Worten Hermann Lemkes aus dessen Schrift *Das Kaiserpanorama* von 1913:

> Die wunderbar scharfen Aufnahmen machen fast den überwältigenden Eindruck der Natur selbst, sie schärfen den Blick für das landschaftlich Schöne, und so bieten diese idealen Wanderungen, die uns mit einem Zauberschlag bald ins Land der Tropen, bald in die ewigen Eisregionen, bald ans Meer, bald ins Mittelgebirge oder an die Stätten der Industrie und Kultur versetzen, eine Fülle der edelsten Belehrung und des reinsten ungetrübten Genusses […].[213]

Die „Welt mit der Welt bekannt zu machen", ist daher gleichsam populär-didaktisches wie wirtschaftliches Anliegen des Kaiserpanoramas, das sozusagen ein Stereoskop für ein größeres Publikum ist und dessen Erfindung dem Physiker und erfolgreichen Unternehmer August Fuhrmann (1844–1925) zugeschrieben wird (Synonyme sind Photoplastikon, Stereorama oder Weltpanorama).[214] (Abb. 36) Es besteht aus einer Holzrotunde mit einem Durchmesser von 3,75 m, um die herum 25 Personen gleichzeitig insgesamt 50 rundlaufende Stereobilder (9 x 18 cm) betrachten können, welche von innen beleuchtet sind. Im zeitlichen Abstand von 15 Sekunden wird das Bild von einem Platz zum nächsten transportiert. Somit sieht jeder Betrachter, ohne dass er seinen Sitzplatz verlassen muss, insgesamt eine komplette Stereobildserie, zumeist geographische Aufnahmen, aber auch Bilder aktueller oder rezenter Ereignisse.[215] Ricard Strobel nennt das Kaiserpanorama einen „Vorläufer des Kinoabends"[216]. Als ein öffentliches ‚Bildungsinstitut' vermittelt das Kaiserpanorama allen sozialen Schichten theoretisches Wissen in visualisierter Form.

> Ehe der Film sein Publikum zu bilden begonnen hatte, wurden im Kaiserpanorama Bilder (die bereits aufgehört hatten, unbeweglich zu sein) von einem versammelten Publikum rezipiert. Dieses Publikum befand sich vor einem Paravant, in dem Stereoskope angebracht waren, deren auf jeden Besucher eines kam. Vor diesen Stereoskopen erschienen automatisch einzelne Bilder, die kurz verharrten und dann anderen Platz machten.[217]

Aufgrund des Erfolgs des Kaiserpanoramas (und weil Fuhrmann sich seine Erfindung nicht patentieren ließ) wird das Modell der Stereo-Rotunde auch in anderen europäischen Metropolen eingeführt. Hierzu sei noch einmal Lemke zitiert:

> In über 250 Städten des In- und Auslandes wirken seit vielen Jahren die Filialen des Berliner Kaiserpanoramas in Anbetracht des ganz geringfügigen Eintrittspreises äußerst segensreich. Alljährlich besuchen viele Millionen Interessenten aus allen Gesellschaftskreisen, und besonders auch die Schulen, diese wöchentlich wechselnden Vorführungen, welche so lebenswahr wie eine Offenbarung der Natur wirken.[218]

Die gezeigten Bildserien unterstreichen den moralischen, sittlichen und intellektuellen Wert der Institution. Die dreidimensionale Präsentation eines solchen piktoralen Weltarchivs eignet sich für die Bildung und Aufklärung der Bevölkerung und insbesondere der Schüler, deren Konfrontation mit der „Schundliteratur" und „allen Strömungen, welche mit den niederen Instinkten des Volkes rechnen"[219] vermieden werden soll. Immer wieder betonen Befürworter und vor allem Produzenten derartiger Stereobilder mit Nachdruck den edukativen Charakter des „Lichtbilds als Anschauungsmittel" und stellen es neben die Wandkarte in die Reihe der pädagogisch wertvollen Lehrinstrumente.[220]
David Brewster selbst hatte die Eignung des Stereoskops für pädagogische Zwecke betont, Lehrer könnten in vortrefflicher Weise die stereoskopischen Aufnahmen als Ergänzungen nehmen und damit Lehrinhalte plastisch werden lassen. Seine Ausführungen seien hier ausführlich wiedergegeben:

> The teacher, however wisely chosen and well qualified, has not at his command the means of imparting knowledge. He may pour it in by the ear, or extract it from the printed page, or exhibit it in caricature in the miserable embellishments of the school-book, but unless he teaches through the eye, the great instrument of knowledge, by means of truthful pictures, or instruments, or models, or by the direct exhibition of the products of nature and of art, which can be submitted to the scrutiny of the senses, no satisfactory instruction can be conveyed. Every school, indeed, should have a museum, however limited and humble. Even from within its narrow sphere objects of natural history

> and antiquities might be collected, and duplicates exchanged; and we are sure that many a chimney-piece in the district would surrender a tithe of its curiosities for the public use. Were the British Museum, and other overflowing collections, to distribute among provincial museums the numerous duplicates which they possess, they would gradually pass into the schools, and before a quarter of a century elapsed, museums would be found in every proper locality.[221]

Es ist erstaunlich, wie nahe diese Formulierungen am zeitaktuellen Diskurs um den Anwendungsbereich und Nutzen der digitalen Medien für Studien- und Lehrzwecke scheinen. Die Objekte kunst- und naturhistorischer Museen in dreidimensionaler fotografischer Replik zum Anschauungsunterricht einzusetzen, ist ebenfalls frappierend verwandt mit der Möglichkeit, sich mit Hilfe eines 3D-Druckers sein favorisiertes Exponat reproduzieren zu lassen, wie es etwa die Smithsonian Museums in Washington, D. C. anbieten.

Der größte Vorteil, der sich durch solche ‚Relief-Illustrationen' in Schulbüchern ergebe, sei „the communication of correct knowledge of the various objects of natural history."[222] Man könne Objekte, Tiere und Pflanzen plastisch betrachten, die man nie zuvor gesehen hat oder wegen des materiellen und zeitlichen Aufwandes oder geographischer Distanzen anderenfalls nie zu sehen bekommen würde. Noch bevor die Erfindung der Fotografie offiziell bekannt gegeben wird, hat ein Autor, der im *Pfennig-Magazin* über Daguerres Bilder schreibt, eine Vision zu ihrem Gebrauch: Diese neue Erfindung müsse

> […] am vollkommensten aber […] für Reisende sein, welche mittels derselben, ohne den sonst unerlaßlichen Aufwand von Zeit und Mühe und ohne die mindeste Kenntnis vom Zeichnen zu haben, alle bemerkenswerthen Gegenden, Bauwerke und sonstigen Erscheinungen aufnehmen können.[223]

Zeitgenössische Zeichnungen und Karikaturen bezeugen zudem den unterhaltenden Aspekt des Kaiserpanoramas als Reise-Surrogat, insbesondere für mittellose Bürger. „Fachphotographen aller Herren Länder" tragen „in vieljährigem Schaffen das Sehenswerteste der Erde" zusammen, berichtet Hermann Lemke, der die „sehenswertesten" Motive beschreibt, zu denen auch ethnographische Aufnahmen zählen:

> Es sind Meisterwerke stereographischer Kunst, welche in geographisch geordneten Länderreisen oder Städtezyklen die heimatlichen, vaterländischen, kolonialen oder fremden Gegenden mit ihren Bewohnern behandeln, ferner kultur-historische und denkwürdige Stätten, Meisterwerke aus bedeutenden Museen, patriotische und Weltbegebenheiten darstellen.[224]

Abb. 37: *Among the Cherry Blossoms, Tokio, Japan*. Fotografie von B.W. Kilburn, 1901. Vertrieb von James M. Davis.

Auch den als bedeutend eingestuften architektonischen Bauten setzt die Stereoskopie ein Denkmal, in dem sie diese in drei Dimensionen selbst dem Immobilen anschaulich macht. Noch einmal Brewster:

> The works of human hands, – the structures of civilization, will stand before the historian and the antiquary, as well as the student, in their pristine solidity, or in their ruined grandeur, – the monuments by which sovereigns and nations have sought to perpetuate their names, – the gorgeous palaces of kings, – the garish temples of superstition, – the humbler edifices of Christian faith, – the bastions and strongholds of war, will display themselves in the stereoscope as if the observer were placed at their base, and warmed by the very sun which shone upon their walls.[225]

Stereotypen des Fremden

Auf ihren Expeditionen in alle Teile der Welt verfolgen die Fotografen auch hinsichtlich der ethnographischen Stereofotografien eine gezielte Auswahl zur fotografischen Archivierung der Kulturen. Mit dem ‚authentischen Blick' der Kamera fixieren sie das Besondere und exotisch Pittoreske, stereotype Motive des ‚Anderen', die wiederum Produkte kultureller und zum großen Teil westlich dominierter Zuschreibungen sind. In ihrer Absicht, die ‚Idee' des Fremden bestätigt zu finden, reisen die Fotografen überdies im Interesse der europäischen Kunden. Fremde Lebensarten oder von der abendländischen Kultur abweichende Phänomene sind ihnen willkommene Motive zur ‚objektiven Dokumentation' des ‚Anderen'.[226] (Vgl. Abb. 37) Für die fotografische Aufnahme werden die Kulturen in ‚typischen', alltäglichen Handlungen wie Kochen, Tanzen oder Jagen abgelichtet, welche jedoch zumeist für den Zweck der Aufnahme nachgestellt werden. Jones merkt hinsichtlich der stereofotografischen Aufnahmen von Indianern an:

> [The stereographs] have the posed look of anthropological specimens on display, or side-show performers. This theatricality must reflect the Indians' tragic dilemma, whereby racial identity is retained at the risk of becoming a freakish spectacle on the tourist programme.[227]

Um dem Betrachter ein Potpourri an visuellen Informationen zu bieten, ‚füllen' die Fotografen das Bild mit möglichst vielen exotischen Motiven, was gleichzeitig die stereoskopische Wirkung multipliziert. Die bei der Ansicht der Fotografie durch das Stereoskop empfundene räumliche Nähe macht den Betrachter zum ‚Besucher' der indigenen Kultur, rückt ihn – virtuell – in eine ‚face-to-face'-Situation, die er (außer auf ‚realen‘ Reisen) sonst nur in einer Bühnendarbietung erleben könnte, die ihm den Anschein des ‚unvermittelt Authentischen‘ verleiht.[228] Neben Fotografien, die unmittelbar vor Ort aufgenommen werden, existiert eine Vielzahl von im Atelier produzierten Bildern, an denen die – sonst ‚versteckte‘ – Inszeniertheit der Bilddokumentation offenkundig wird. Denis Pellerin beschreibt eine eigentümliche stereoskopische Völkerkunde der Fotografen Charles Paul Furne und Henri Alexis Omer Tournier. Diese erfinden Ende der fünfziger Jahre das „Alphabet des costumes“, ein „stereoskopisches Alphabet“, in dem jeder Buchstabe für eine Initiale des Namens einer ethnischen Gruppe firmierte und jeder Name als Vorwand für eine kleine Szene gereichte, in der dann detailliert Trachten und Kostüme dargestellt waren, (idealisierte) Typen-Darstellungen und jede Menge ‚Lokalkolorit‘.[229]

Beispielhaft für eine derartige alphabetische Auflistung der Völker und der Darstellung ihrer Kostüme nennt Pellerin den Buchstaben I, die „Inszenierung“ der Ioway, der Bewohner von Iowa. Dieser eher humoristischen Präsentation von Kulturen stehen durchaus als seriös intendierte Stereobild-Serien außereuropäischer Ethnien gegenüber, die dem „armchair traveller“[230] ebenso wie dem Schüler einen enzyklopädischen Überblick über die Pluralität der Kulturen liefern sollen. In seiner Untersuchung *The World of Stereographs* schildert William Darrah die Aufnahme eines türkischen Harems. Ort der Aufnahme ist jedoch nicht die Türkei, sondern ein Atelier:

> Several English and French stereographers attempted to stage scenes in a Turkish court and harem. The tableaus by Grundy, Fenton and Gaudin are remarkably similar. The actors in costume are posed in positions where they remain motionless until the photograph has been taken. The scenes are stiff, too posed. The faces are English and French, not Turkish.[231]

Als ein für die Türkei repräsentatives Moment wird der Harem ausgewählt, der gleichzeitig in der Malerei des späten 19. Jahrhunderts als ikonographischer Topos für ‚den Orient‘ gilt.[232] Die Inszeniertheit des Schauplatzes, die offenkundig ‚gefälschten‘ Haremsangehörigen sowie die als steif geschilderte Pose der Modelle konterkarieren die beabsichtigte authentische Wirkung. Es sei hier auf Dean MacCannells Begriff der „inszenierten Authentizität“ hingewiesen. MacCannell spricht hinsichtlich des Touristen, der auf seiner Reise die „Echtheit“ der fremden Kultur zu sehen wünscht, von einem Erfahren der „staged authenticity“, einer inszenierten Echtheit.[233] Das Paradoxon der „staged authenticity“ ist der Antinomie jeder Art[234] von Dokumentar-Aufnahmen vergleichbar: der Produktion,

d. h. konkret der Inszenierung des Urtümlichen, geht eine bewusste Auswahl von stereotypen Motiven voraus, die dem Betrachter aufgrund von kulturellen Konventionen als schön, exotisch und authentisch gelten und die schließlich zu einem „idealistisch-enzyklopädischen Weltpanorama zusammengefügt“[235] werden. Die Dialektik des dokumentarischen Bildes besteht einerseits in der Auswahl der Objekte aufgrund ihres Schauwerts, andererseits belegt die Anwesenheit des Fotografen vor Ort die reale Existenz des Bildsujets, das, wie Roland Barthes es nennt, „Es-ist-so-gewesen“[236] der Fotografie. Die Technizität des Aufnahmegeräts bekräftigt den Authentizitätsanspruch durch ihre vermeintliche, apparatbedingte Objektivität und unterläuft darin ganz bewusst die In-Szenierung des Gesehenen. Dennoch wird der intellektuell-didaktische Anspruch an die geographischen Stereobilder mit deren ‚objektiver Verlässlichkeit‘ legitimiert, die in diesem wissenschaftsgläubigen Zeitalter als Garant für die Belehrung der Bevölkerung gilt.[237] Ernst Cassirer (1874–1945) betrachtet in seinem *Versuch über den Menschen* die Selektionsstrategien des Künstlers, die für die Bildproduktion generaliter zutreffen:

> [D]ie Phantasie des Künstlers erfindet die Formen der Dinge nicht willkürlich; sie zeigt uns diese Formen in ihrer wahren Gestalt und macht sie dabei sichtbar und erkennbar. Der Künstler wählt einen bestimmten Ausschnitt der Wirklichkeit, aber dieser Selektionsprozeß ist gleichzeitig ein Prozeß der Objektivierung.[...] Ist uns die Wirklichkeit einmal auf diese besondere Weise enthüllt worden, so nehmen wir sie auch weiterhin in dieser Gestalt wahr.[238]

Jede Motiv-Auswahl ist gleichsam als Wertung und Klassifizierung anzusehen, was hinsichtlich der geographischen und ethnographischen Stereobilder gezeigt wurde, die die Wirklichkeit gleichsam als ein Szenarium vermittelten. Der fotografischen Aufnahme wird aufgrund der Technizität der Apparatur Objektivität attestiert, die subjektive Manipulation des Bildes durch den Operator, wie Barthes den Fotografen nennt, sowie die Inszenierung von Wirklichkeit mit artifiziellen Mitteln werden dabei unterwandert. Wie im Fall der Camera obscura erfasst der Stereofotograf Partikel einer präformierten Wirklichkeit, sammelt anschauliche Segmente mit dem Ziel einer enzyklopädischen Erfassung der Welt. Trotz der fremdgesteuerten Fragmentierung der ‚Natur‘ projiziert der Betrachter seine Erfahrung in das Bild, wird der Akt des Sehens ein individueller. Diese projektive Wahrnehmung birgt einen Circulus viciosus in sich, den Günther Anders mit dem Begriff der „Inversion der imitation“ umschrieben hat. „Da es kein Bild gibt, das nicht, mindestens potentiell, als Vorbild wirkte, prägen wir effektiv die Welt nach dem Bilde ihrer Abbildungen."[239] Visuelle Wahrnehmung des Individuums und kulturelles ‚Bildarchiv' bedingen sich hier wechselseitig.

Die Sonne soll, so hatte es David Brewster formuliert, auch für die Nachwelt „the historiographer of the future" werden, „and in the fidelity of his pencil and the accuracy of his chronicle, truth itself will be embalmed and history cease to be fabulous."[240] Indessen straft die ehrliche Sonne die Genauigkeit der Geschichtsschreibung Lügen und entpuppt sie als ein artifizielles ‚Konstrukt' aus stereotypen Mustern und einer bereits konventionalisierten piktoralen Erfassung der Welt.

Politik(er) zum Anfassen – Geschichtliche Ereignisse, Krieg und Propaganda

> Events and scenes in ancient and modern history might be similarly exhibited, and in our day, binocular picture of trials, congresses, political, legislative, and religious assemblies, in which the leading actors were represented, might be provided for the stereoscope.[241]

Geschichtliche Ereignisse durch die dreidimensionale Stereofotografie ‚gegenwärtig' werden zu lassen und aktuelles Zeitgeschehen für die Nachwelt zu archivieren, schätzt David Brewster als weitere sinnvolle Zielsetzungen des Stereofotografen und als wertvolle Hilfe für den Historienmaler. „The hero, the sage, and the martyr, drawn from living originale, may be placed in the scenes where they suffered, or in the localities which they hallowed."[242] Im Katalog der London Stereoscopic Company lautet eine Ankündigung „Death of Thomas Becket (Two Plates), to be followed by a complete Series of Historical Subjects of the deepest interest, with explanatory letter-press at back." Solche „English history series" sind der klassizistischen Historienmalerei vergleichbar, für die stellvertretend Jacques Louis David (1748–1825), Jean Auguste Dominique Ingres (1780–1867), Anton von Werner (1843–1915) oder auch der deutsche Maler Wilhelm von Kaulbach (1805–1874) zu nennen sind.[243] In historistisch ausgestatteten Studios, Kostümen und Requisiten werden bedeutsame Ereignisse der Vergangenheit nachgestellt und fotografiert. Vermutlich hat James Elliot mit seiner Bild-Komposition *The Sacking of the Jew's House* (1858) diese Sub-Kategorie innerhalb der Stereofotografie begründet.[244] Die vraisemblance, die (historische) Wahrscheinlichkeit in der Darstellung, gilt in dieser Sparte als ästhetische Norm. „In short, fiction should have the semblance of nature."[245]

Ernest Reulbach beschreibt in seinem Aufsatz „Die Kunstwürde der Fotografie“ (1864) die künstlerischen Anforderungen an die Aufnahmepraxis eines im fotografischen Studio inszenierten historischen Bildes:

> Zunächst wird [der Fotograf] die Geschichte und Charaktere derjenigen Personen kennen müssen, welche er vorzuführen im Sinne hat; Kostüme, Draperien und sonstige Beiwerke müssen genau dem Zeitalter angepaßt sein, in welchem die Handlung sich entwickelt. Aber auch die äußeren Gesichts- und Körperformen sollen ein möglichst getreues Konterfei der darzustellenden Personen geben, weshalb die Hauptschwierigkeiten in dem Auffinden und der Stellung der Modelle liegen, welche in Haltung und Gesichtsausdruck genau der Idee des fotografischen Künstlers entsprechen sollen. Er soll außerdem durch geschickte Zusammenstellung der Charaktere, sowie durch einen richtig gewählten Moment nicht nur den ganzen Vorgang klar vor Augen stellen, sondern selbst das Vorhergegangene wie das Folgende einigermaßen ahnen lassen und so in Anordnung wie Behandlung des historischen Stils eine dramatische Wirkung hervorzubringen suchen.[246]

Reulbachs Ausführungen lesen sich wie eine Dramenpoetik oder Diderots Anraten in seinen ästhetischen Schriften zur Malerei. Was er hier als wesentliche Bestandteile einer Bildgestaltung postuliert, ist zum einen die Wahrscheinlichkeit des Dargestellten, worunter Geschichte und Charaktere der darzustellenden Figuren zu subsumieren sind, sowie die Vermittlung des zeitlichen Kontextes allein über die *opsis*: der Betrachter soll nicht länger die Geschichte und das Bild lesen, sondern im Bild die Geschichte erkennen können.[247]

Durch die vermeintliche räumliche Nähe des Betrachters zum jeweiligen ‚Bildgeschehen‘ wird die Stereoskopie schnell zum geeigneten Medium zur Darstellung von Aktualitäten. Die amerikanische Stereo-Firma E. & H. T. Anthony & Co. American and Foreign Stereoscopic Emporium mit Sitz in 501 Broadway, New York, fertigt unter dem Seriennamen *Anthony's Instantaneous Views* eine Fotografie des Begräbnisses von President Abraham Lincoln 1865.

Schützengräben, Lazarette, Weihnachtsbesuche, Theater im Felde, Verfrachtung von Kriegsartikeln, Zerstörte Straßen, Mörser, Straßenkämpfe Waffenlager, Drahtverhaue, soldatische Blödeleien. Kaum ein Bereich des Kriegsalltags bleibt von den visuellen Medien der Zeit des Ersten Weltkriegs unbelichtet.

Es scheint, als sei die Kamera hungrig nach Bildfutter; kanonengleich feuert sie ihre Schüsse ab, gesteuert ebenso von professionellen wie von Amateurfotografen, gestaltet als Portrait, als Momentaufnahme unter Einsatz des

Abb. 38: *Berliner Straßenkämpfe. Weihnachten 1918. Volltreffer am Nationaldenkmal.*

Lebens, als Fotoreportage für die illustrierten Pressen, als fiktive Darstellung eines ‚idealen Krieges'. Die mediale Reflexion des Ersten Weltkriegs, und dazu sind die Stereobilder dieser Jahre unbedingt auch zu zählen (vgl. Abb. 38), geschieht auf allen Ebenen, über alle gängigen Distributionskanäle und mit allen Mitteln der Zeit. Die Medienmaschinerie und visuelle Propaganda ist zur Zeit des Ersten Weltkriegs ausgereift, keine Spielform bleibt unbespielt. Anlässlich des Gedenkens zum Ausbruchs des Krieges vor 100 Jahren sind im Jahre 2013 und 2014 unzählige Darstellungen zum Krieg, darunter auch Studien, Ausstellungen und digitale Portale mit zeitgenössischen bildlichen „Dokumenten" erschienen. Darunter ist die eindrucksvollste sicherlich das digitale Projekt *Europeana 1914–1918*, das „Materialien aus Bibliotheken und Archiven aus aller Welt mit privaten Erinnerungsstücken von Familien aus ganz Europa" versammelt, wie es auf der Website heißt.[248] Angesichts der Fülle an Materialien und Publikationen zum Ersten Weltkrieg soll dieser im vorstehenden Kapitel über dreidimensionale Kriegsbilder nicht weiter Berücksichtigung finden. Stattdessen wird das Augenmerk auf dem Deutsch-Französischen Krieg 1870/71 und dem Zweiten Weltkrieg liegen.

Kunstbildkrieg im Kasten – 1870/1871

Auch der Deutsch-Französische Krieg wird, wie auch in anderen visuellen Medien der Zeit (Panorama und Zeitungen) und der bildenden Kunst (etwa durch die Zeichnungen und Gemälde Anton von Werners) und Plastiken zum Gedenken im öffentlichen Raum[249] zum Bildthema der Stereoskopie. In der Fotografischen Sammlung des Museums Ludwig befindet sich unter der Rubrik „durchscheinende Stereos" eine Szene aus dem Deutsch-Französischen Krieg, die den Titel *Le 24 Mai 1871* trägt. (Abb. 40) Dieses filigrane Blatt ist ein geschichtetes Bild, das mit rotem Papier hinterlegt ist. Dargestellt ist eine Szene mit einer in Brand gesetzten Architektur. Die vordere Bildfläche aus dünnem Papier ist an denjenigen Stellen des Bildes absichtlich eingerissen, an denen die Flammen aus dem Gebäude züngeln. Durchleuchtet man das Bild komplett, ‚flackern' diese Feuerspuren in einem unruhigen Rotton. Dieses stereoskopische Bild steht in der Tradition des dioramatischen Bildes mit seinen Spezifika des Durchleuchtens einer Leinwand zur Darstellung von Tageszeiten, sich verändernden Lichtverhältnissen, aber auch zur Suggestion von lodernden Flammen und leuchtendem Feuer. Es steht auch in der Tradition von Theater und den bühnenspezifischen Illusionstechniken zur Darstellung der Elemente im Bild.

Ein medienhistorisches Novum lässt sich hier aber dennoch ausmachen, und das ist die Aufnahme einer Kriegsszene, die nicht auf dem Feld, sondern in bewohntem Gebiet zu sehen ist. Hier kündigt sich ein neues Sujet an, wie es auch Gerhard Paul benennt: „Erstmals hatte der moderne Krieg in nennenswertem Maße auch in Europa das Schlacht*feld* verlassen und mit seinen Zerstörungen Einzug in die Stadt gehalten, wie Aufnahmen aus Straßburg und Paris zeigten."[250] Die Woche um den 24. Mai 1871 wird auch *semaine sanglante*, die „blutige Woche", genannt und steht für eine besonders gewalttätige Zeit im Verlauf des Deutsch-Französischen Krieges. Das hier abgebildete Stereobild zeigt mit großer Wahrscheinlichkeit den Brand und den Sturm auf das Hôtel de Ville, das Rathaus von Paris, welches die Regierungstruppen am 24. Mai 1871 in Brand setzten. (Vgl. Abb. 39) Insgesamt dauerte es acht Tage, bis das Gebäude, das sich im 4. Arrondissement befindet, und dessen Vorplatz, bekannt durch die Hinrichtungen und Streiks, die dort abgehalten wurden, vollkommen zerstört waren, bis zu 30.000 Menschen, die meisten davon Communards, also Anhänger der Pariser Kommune, wurden getötet, zahlreiche inhaftiert.

Weitere Bildtitel aus der Serie *Der Deutsche Krieg 1870 / Metz und Umgebung*, die von Julius Cohn in Berlin vertrieben und von H. Schnaebeli aufgenommen wurde,[251] sind

Gefangenen-Transport (Schloss Corny) (Nr. 1)
Waffenlager (nach der Capitulation von Metz) (Nr. 3)
Schloss Corny (von der Südseite) (Nr. 5)
Das Arsenal von Metz (Nr. 7)
Armstrong-Kanonen (Arsenal von Metz) (Nr. 9)
Schloss Corny (mit der Stabswache) (Nr. 12)
Schloss Frescaty (von der Ostseite) (Nr. 13)
Kanone I. auf Fort St. Quentin (auf Jouy gerichtet) (Nr. 26)
Pulvermagazin, Kaserne und Küche auf Fort St. Quentin (Nr. 34)
Kanone II auf Fort St. Quentin auf Jouyaux Arches gerichtet (Nr. 35)
Pulvermagazin und Batterie auf Fort Plappeville (Nr. 40)

Der Deutsch-Französische Krieg markiert mediengeschichtlich im Hinblick auf die Darstellbarkeit von Kriegen eine Wende. Zahlreiche Schlachtengemälde, Portraits der Kriegsführenden, Panoramen, Stiche und Zeichnungen in den illustrierten Zeitungen, aber auch Plastiken im öffentlichen Raum und auch Theatertexte und -aufführungen ‚dokumentieren' und verhandeln die Ereignisse um 1870/71 und danach.[252] Sie informieren Betrachter und Leser über die Ereignisse, vor allem aber konstituieren und prägen sie Vorstellungen des Krieges und militärischen

Abb. 39: *Hôtel de Ville, 24. Mai 1871.* Lithographie um 1875.

Verhaltens und tragen zu einer „mentalen Einbeziehung der Nation“ bei. In den Worten Gerhard Pauls:

> Die mentale Einbeziehung der Nation war einerseits logische Folge der Existenz von Massenheeren, andererseits Ausdruck der zunehmenden Leistungsfähigkeit der Medien bei der sprachlichen und bildlichen Vergegenwärtigung des Geschehens. Zugleich beförderte auch die Nationalisierung von Staat und Gesellschaft das Interesse der Bevölkerung an den Kriegsereignissen. Man wollte wissen, wo und wie die Söhne und Ehemänner der Nation Krieg führten. Der Krieg war damit nicht mehr primär Angelegenheit eines abgeschotteten höfischen Systems, sondern der nationalen Gesellschaft in toto und deren Bedürfnis nach Nachrichten vom Kriegs*schauplatz*.[253]

Gleichzeitig kommt es zu einer Nutzbarmachung der neueren Medien Fotografie und Stereoskopie. Die Bildthemen, vor allem aber auch die Kompositionen und konkrete, sozusagen ‚Schlüsselszenen‘ des Krieges wandern intermedial, erneut lässt sich also hier das Prinzip der Interpiktoralität ausmachen. Gerhard Paul merkt in seiner umfassenden Studie *Bilder des Krieges. Krieg der Bilder. Die Visualisierung des modernen Krieges* (2004) an, dass die Schlachtenpanoramen nachgerade „Höhe- und Endpunkt der repräsentativen Ereignismalerei“[254] seien und bereits den Übergang zum frühen Kino markierten. Als Gründe für diesen Wendepunkt nennt er zum einen „die neue Realität des industrialisierten Krieges“ als auch ein verändertes Verständnis davon und eine gewandelte Erwartung daran, was Kunst leisten solle; nicht mehr die Idee oder gar eine idealisierte Version galt es darzustellen, sondern eine ‚Realität‘, so dass die Kunst vielmehr aktuell berichten sollte.

> Die Kunst von 1870/1 bedeutete so das Ende der Kriegs- und Schlachtenmalerei im klassischen Sinne. […] Vollends im Ersten Weltkrieg wurde das nach den klassischen Mustern der

Abb. 40: *Le 24 Mai 1871*.

Militärmalerei gestaltete Bild des Krieges zum reinen Anachronismus. Der Krieg hatte seine Darstellbarkeit verloren.[255]

In Zusammenhang mit dem Deutsch-Französischen Krieg lässt Paul die fotografischen und stereoskopischen Bilder überwiegend außen vor. Für diese Zeitspanne lässt sich notieren, dass die Fotografien und Stereoskopien noch stark in den visuellen Darstellungsweisen und Konventionen der anderen Medien und der bildenden Kunst verhaftet sind. Aufgegriffen werden die oben schon angedeuteten Schlüsselszenen wie etwa die Übergabe von Briefen, Landschaftsaufnahmen mit Befehlshabern oder Mitgliedern der Armee, Abschiedsszenen von Soldaten oder ihre Heimkehr in das heimische Umfeld, Briefe lesende Soldaten im Lager oder Begegnungen zwischen Verantwortlichen. Wenn auch durch die technische Weiterentwicklung der Fotografie im Sinne einer Verbesserung der Aufnahmetechnik und Reproduzierbarkeit im Verlauf des 19. Jahrhunderts und vor allem dann im frühen 20. Jahrhundert instantane Aufnahmen möglich sind – rein dokumentarisch sind sie im Grunde durch den subjektiven Blick der Fotografen nie –, halten sich die Bildmuster und-motive hartnäckig bis hin zu den Wochenschauen. Hier hatten sich in einer *longue durée* ein ästhetisches Repertoire und narrative Muster herausgebildet, die auch bei der Einführung ‚neuer' Medien immer wieder herangezogen wurden. Man könnte auch aus medien- und bildanthropologischer Perspektive sagen, dass die Vertrautheit der Konventionen eine neue mediale Technik durchzusetzen half. Bilder des Krieges ließen sich einsetzen, um den (realiter chaotisch verlaufenden) Krieg visuell zu ordnen, ihm ‚ein Gesicht' zu geben, und über ihn zu informieren. Paul spricht von einem „ikonographischen Passepartout, innerhalb dessen die ersten modernen Kriege der Geschichte fotografisch fixiert wurden."[256]

Schreckliche Nähe – Raumbilder 1933–1945

Bereits zum Ende des Ersten Weltkrieges waren die Fotografen immer näher an die Orte des Kriegsgeschehens herangerückt, um ihren Aufnahmen gleichermaßen einen dokumentarischen wie dramatischen Charakter zu verleihen. Wie Anton Holzer in einem Aufsatz vermerkt, fotografierten die Fotografen der Zwischenkriegszeit und des Zweiten Weltkrieges

> nun tatsächlich an vorderster Front […]. Begehrt waren ihre Aufnahmen nun nicht mehr, weil sie einen Krieg in fiktiver Idealform zeigten, sondern weil sie unter Einsatz von Leib und Leben Bilder von wirklichen Kämpfen machten. Der Kriegsfotograf wurde mehr und mehr zum stellvertretenden

Augenzeugen, zum Boten, der Bilder vom Kämpfen und Sterben von den vordersten Linien mitbringt.[257]

Die Propagandainstrumente der Nationalsozialisten waren bekanntlich vielfältig. Sie reichten von Postkarten (z. B. vom Verlag König in Berlin), die den „Führer“ bei Besuchen in der Pariser Oper, im Zug, im Gespräch mit Kindern, in der Nähe von niedlichen Tieren und natürlich bei seinen Reden zeigen, über Sammelbildchen, wie etwa die Serie *Führer und Volk* der Aurelia Zigarettenfabrik GmbH (1934), bis hin zu einem Daumenkino mit dem Titel *Der Führer spricht*, wie es im Jahre 1935 der Verlag Wahlert und Sohn edierte.
Weniger bekannt ist, dass in den dreißiger Jahren auch noch einmal die Wirkungspotenziale stereoskopischer Bilder für Propagandazwecke mobil gemacht wurden.[258] „Ob eine Technologie wie die Stereoskopie benutzt wird oder nicht, wird nicht von der Technik selbst diktiert. Es zeigt sich, dass technische Elemente an semantische Elemente anschlussfähig sein müssen, um potentiell durchsetzbar zu sein“, formuliert Jens Schröter in einem Aufsatz zu stereoskopischen Bildern und dem Raumdiskurs im Dritten Reich.[259] An vorderster Front zu sein, diese militärische Wendung, scheint sowohl für den Stereofotografen als auch für den Betrachter der Aufnahmen ein Movens.

Fotograf ist im Falle der so genannten ‚Raumbild‘-Serien, um die es in diesem Abschnitt geht, zumeist Heinrich Hoffmann (1885–1957), der zu Hitlers „Leib-Fotograf“ wurde und sich bereits vor der Machtergreifung einen Namen als politischer, später dann propagandistischer Bildberichterstatter gemacht hatte.[260] Eine ganze Reihe von mit der nationalsozialistischen Ideologie sympathisierenden und diese propagierenden „Raumbildern“ erscheint im Raumbild-Verlag Otto Schönstein[261] mit Sitz in Dießen am Ammersee, zumeist in Zusammenarbeit mit Hoffmann. Die nachfolgend gelisteten Alben aus der Zeit des nationalsozialistischen Regimes hatten überwiegend einen Lieferumfang von circa 100 Raumbildern; die Bilder wurden mit Texterläuterungen unterlegt, zudem fand sich je Album ein Stereo-Gucker beigelegt. Um eine Auswahl der Titel – insgesamt gelangten 24 auf den Markt – zu nennen: *Reichsparteitag der Ehre … um vor den Führer zu treten* (Fotograf: Heinrich Hoffmann, 1936), *Der Führer mit seinen hohen Gästen, Hitler auf der Tribüne im Berliner Olympiastadium. Der Führer grüßt die Hunderttausend* (1936), *Der Krieg im Westen*, *Die Soldaten des Führers im Felde*, *Reichsparteitag der Ehre* (von Robert Krötz und Rudolf Jung, 1936), *Hitler Mussolini – Der Staatsbesuch des Führers in Italien* (Fotografen: Heinrich Hansen und Heinrich Hoffmann), *Tag der Deutschen Kunst 1933–1937*

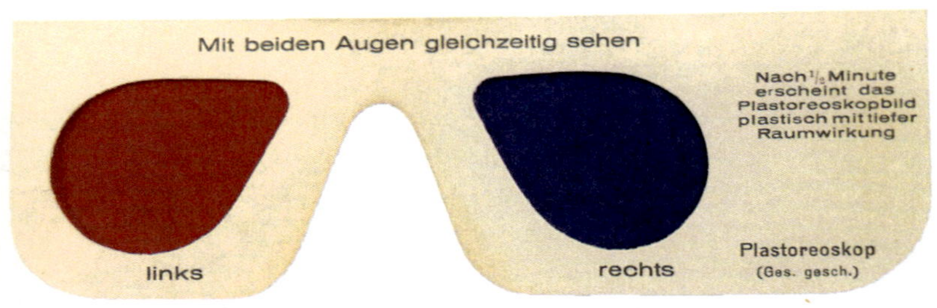

Abb. 41: „Plastoreoskop"-Brille (= Farb-Anaglyphenbrille).

(Heinrich Hoffmann, Text von Albert Burckhard Müller), *Raumbildalbum – Fliegen und Siegen* (H. Orlovius, 1942), *Großdeutschlands Wiedergeburt – Weltgeschichtliche Stunden an der Donau* (1942).

In diesem Teilabschnitt liegt das Augenmerk auf einem Büchlein mit Stereobildern im rot-blauen Anaglyphen-Verfahren. Der Titel lautet *Plastoreoskop-Raumbild-Album. Der Führer und seine Mitarbeiter auf dem Reichsparteitag der Ehre*. Herausgegeben wurde es von Max Wendt, verlegt bei Dreyer & Co. Buchdruckerei in Berlin 1936. Anlass für die Edition des Heftes ist, wie es im Geleitwort des Herausgebers heißt, die Ausstellung „‚Gebt mir 4 Jahre Zeit', auf der alles das gezeigt wird, was in den ersten 4 Jahren des nationalsozialistischen Regimes unter unserem Führer, Adolf Hitler, geschaffen und erreicht worden ist."[262] Das Ziel der plastischen Bilderschau bestehe darin, mit Hilfe dieser „wirklichkeitswahren" Bilder allen „Volksgenossen […] auch die Männer zu zeigen, welche dem Führer geholfen haben, die von ihm gesteckten Ziele zu erreichen und deren Mitarbeit die großen Erfolge auf allen Gebieten planend und gestaltend beeinflußten." Aufgenommen wurden die Bilder auf dem „Reichsparteitag der Ehre" 1936 in Nürnberg. Die Aufnahmen sind jedoch nicht nur als visuelle Dokumentation gedacht („wirklichkeits*wahr*"); ganz bewusst setzt man hier auf den plastischen Effekt, den die rot-blauen Bilder hervorbringen, wenn man zu ihrer Anschau die beiliegende „Plastoreoskopbrille" (Abb. 41) aufsetzt:[263]

„Nun nehmen Sie bitte die Plastoreoskopbrille zur Hand und haben Sie viel Freude an der Illusion auf dem Reichsparteitag der Ehre mitten unter den Mitarbeitern des Führers überall an erster Stelle dabei zu sein", heißt es in der Beschreibung und Anleitung zum Gebrauch von Heft und Brille. Zweierlei wird folglich hier versprochen: die Betrachter sehen Hitler und seine Mitarbeiter in plastischer

Ansicht, und sie erleben die Suggestion, mitten unter ihnen in Nürnberg dabei zu sein. Die Botschaft übers Bild vermittelt: Hitlers Entourage ist lebendig und volksnah, seine Anhänger sind zur Teilhabe an ihren Aktivitäten eingeladen, das Bild ist „*wirklichkeits*wahr".[264] (Vgl. Abb. 42 & 43)

Die Reichsparteitage sind bekanntlich multimedial dokumentiert und verdanken sich in ihrer Inszenierung gleichzeitig einer ausgeklügelten Kombination von ästhetischen Strategien und Konventionen der Medien, bildenden Künste und des Theaters. Wie Paul Diehl in einem Aufsatz in Gerhard Pauls *Das Jahrhundert der Bilder (1900–1945)* ausführt:

> Während Darstellungsformen des Theaters, der Oper und der modernen Revue zu den Mitteln zählten, die die anwesenden Teilnehmer und Zuschauer emotional in die ‚Volksgemeinschaft' einbinden sollten, hatten Fotografie und Film die Funktion, die Zuschauer ‚draußen im Lande' an den Inszenierungen teilhaben zu lassen.[265]

Die Übersicht auf der folgenden Doppelseite listet die gezeigten Anaglyphenbilder.

Als weitere Raumbildkartenserien des Verlags werden im Heft annonciert: *Nürnberg*, *Würzburg*, *Das Reichssportfeld*, *Das Olympische Dorf*, *Berlin*, *Potsdam*, *Madeira*, *Olympia-Raumbild-Album*. Über das letztgenannte erhalten die Leser weitere Informationen: es handelt sich bei diesem Raumbild-Album um ein in Rohleinen gebundenes Exemplar mit Betrachtungsbrille aus Kunsthorn; auf 160 Seiten enthält es 75 ganzseitige Raumbilder „nebst ausführlicher Beschreibung vom Reichssportfeld, Olympischen Dorf, Berlin im Olympiaschmuck und Potsdam. Preis 6,- RM."

Die Idee, dieses sportliche Event, für das bekanntlich Leni Riefenstahl (1902–2003) den Film *Olympia. Fest der Völker* drehte, der 1938 erschien, mit Raumbildern aufzunehmen, stammte von Heinrich Hoffmann.

Wie die Bilder auf die zeitgenössischen Betrachter gewirkt haben, lässt sich leicht erahnen. Um die Wirkkraft der Alben noch nachdrücklich zu unterstreichen, bedient sich die Redaktion eines Pressespiegels über das *Olympia-Raumbild-Album*. Dieser Spiegel ist nicht nur wegen der beschriebenen Wirkung und Einsatzmöglichkeiten von Interesse, sondern auch, weil er etwas über die breite Verteilung und offenkundig hohen Auflagen der Hefte verrät. Den dreidimensionalen Effekt heben etwa die *Neue Augsburger Zeitung* vom 20. Februar 1937 – „Der bildhafte Inhalt dieses Werkes läßt den Raum erleben, so wie er wirklich ist, in drei Dimensionen." – oder das *8-Uhr-Blatt Nürnberg* vom 11. Februar 1937 hervor: „Plastisch ist das Bild!

Der Führer und seine Mitarbeiter auf dem Reichsparteitag der Ehre.

Abfolge der Bilder des Plastoreoskop-Albums
Herausgegeben von Max Wendt, Dreyer & Co, Berlin 1936

- *Der Führer schreitet zur Tribüne, um die Gäste und Schwerkriegsgeschädigten zu begrüßen.*
- *In der Kongreßhalle. Der Führer zur NS-Frauenschaft.*
- *Der Führer begrüßt den Arbeitsdienst. (In der vorderen Reihe von vorn nach hinten: Reichsarbeitsführer Hierl / der Gauarbeitsführer, dessen Kolonnen gerade vorbeimarschieren / Reichsmin. Dr. Frick / der Stellv. D. Führers, Rudolf Heß.)*
- *Der Führer weiht neue Standarten des NSKK, mit der Blutfahne. Rechts neben ihm Korpsführer Hühnlein.*
- *Der Führer betritt das Stadion. Hinter ihm von links nach rechts: Stabsleiter Bormann / Stellv. D. Führers, Rudolf Heß / Reichsmin. Rust / Reichsjugendf. Baldur v. Schirach.*
- *Der Führer bei der Hitler-Jugend im Stadion. Neben ihm Reichsjugendf. Baldur v. Schirach / hinter ihm der Stellv. D.F. Rudolf Heß / Reichsmin. Rust / Adjutant SS.-Gruppenf. Schaub / ganz rechts der Adjutant d. Führers Ob.-Gruppenf. Wilh. Brückner.*
- *Auf dem Adolf-Hitler-Platz: Korpsführer Hühnlein macht dem Führer Meldung. Im Vordergrund links: Der Stellv. d. Führers, Rudolf Heß.*
- *Nach der Meldung hat Korpsführer Hühnlein vor dem Auto Aufstellung genommen, um den Vorbeimarsch des NSKK. zu beobachten.*
- *Der Führer begrüßt anmarschierende SA.-Kolonnen. Vor dem Auto: SA.-Ob.-Gruppenf. V. Pfeffer / Min.-Präs. Herm. Göring. Hinter dem Auto: Die Blutfahne mit Fahnenträger Sturmb.-Führer Grimminger / dahinter der Adjutant OB-Gruppenf. Wilh. Brückner.*
- *Auf dem Adolf-Hitler-Platz: Die Abfahrt des Führers. Auf dem Rücksitz: Adj. Ob.-Gruppenf. Wilh. Brückner.*
- *Auf dem Adolf-Hitler-Platz Reichsmin. Dr. Goebbels beobachtet den Vorbeimarsch der SA. Rechts hinter ihm: Sein Adjutant v. Wedel.*
- *Auf dem Adolf-Hitler-Platz. Von vorn nach hinten: Die Reichsleiter Dr. Rob. Ley / Karl Fiehler / Grimm / Phil. Bouhler / Reichsschatzmeister Franz Xaver Schwarz.*
- *Auf der Zeppelinwiese: Reichsminister Dr. Frick erwartet den Führer am Fuße der Ehrentribüne.*
- *Auf der Zeppelinwiese. Min.-Präs. Göring im Gespräch mit Reichsführer SS Himmler und Stabsleiter Bormann / links davon General-Adm. Dr. h. c. Raeder im Gespräch mit General der Luftwaffe Milch.*
- *Auf der Zeppelinwiese. Auf der Ehrentribüne von rechts nach links. Die Reichsminister Dr. Jos. Goebbels / Generalfeldmarschall v. Blomberg / Eltz v. Rübenach / Graf Schwerin v. Krosigk.*
- *Auf der Zeppelinwiese: Die Chefs der Luftwaffe, des Heeres und der Kriegsmarine. Von links nach rechts: Generaloberst Hermann Göring / Generaloberst Frhr. V. Fritsch / General.Admiral Dr. h. c. Raeder / dahinter ihre Adjutanten.*
- *Auf der Zeppelinwiese. Auf der Ehrentribüne von rechts nach links: Reichsschatzmeister Franz Xaver Schwarz / Reichsjugendf. Baldur v. Schirach / Reichsleiter Alfred Rosenberg / Stabschef der SA. Victor Lutze / Reichsleiter Dr. Robert Ley / Hauptamtsleiter Gohdes.*

- *Auf der Zeppelinwiese: Die Ehrentribüne. Von rechts nach links: Reichsmin. Bernh. Rust / Gauleiter Streicher / Botschafter von Ribbentrop.*
- *Auf der Stadion-Tribüne. Reichsminister Rust im Gespräch.*
- *Auf der Stadion-Tribüne. Korpsführer Hühnlein.*
- *Auf der Stadion-Tribüne. Ob.-Gruppenf. Prinz August Wilhelm v. Preußen im Gespräch.*
- *Zum Gedächtnis. Bayr. Unterrichtsmin. Gauleiter Hans Schemm †5. März 1935. Rechts neben ihm SS-Gruppenführer Erbprinz Josias zu Waldeck und Pyrmont. (Aufn. Parteitag 1934).*
- *Zum Gedächtnis. Der langjährige Fahrer des Führers, SS-Brigadeführer Otto Schreck † 16. Mai 1936. (Aufn. Parteitag 1935).*

Der Führer schreitet zur Tribüne, um die Gäste und Schwerkriegsbeschädigten zu begrüßen.

Abb. 42: *Der Führer schreitet zur Tribüne, um die Gäste und Schwerkriegsgeschädigten zu begrüßen.*

Abb. 43:
Auf dem Adolf-Hitler-Platz: Korpsführer Hühnlein macht dem Führer Meldung. Im Vordergrund links: Der Stellv. d. Führers, Rudolf Heß.

Also dreidimensional, während alle anderen Photographien und Bilder ja nur flächenhaft in Erscheinung treten.“ Der *Fränkische Kurier*, Nürnberg, vom 8. Februar 1937 schließt sich dem an: „Das ganze Bild beginnt zu leben und man hat nicht mehr den Eindruck eines Bildes, sondern fühlt sich in die Wirklichkeit versetzt.“ Der *N. S. Erzieher*, Darmstadt, vom 4. März 1937 greift das Geleitwort auf und unterstreicht die Intention, wie von Wendt formuliert: „Es scheint alles im freien Raum zu stehen: Menschen, Häuser, Bäume, Autos usw., und zwar so handgreiflich, als wenn man an Ort und Stelle wäre.“ Auf die Nachwirkung und die Möglichkeit der wiederholten Teilhabe am Geschehen spielt die *Deutsche Allgemeine Zeitung*, Berlin, vom 11. Februar 1937 an: „Es ist ein unerhörter Genuß, die Bilder durch die rot-grüne Brille zu betrachten, und dabei Entdeckungen zu machen, die einem bei einmaligem Besuch der dargestellten Bauten, Plätze und Straßen entgehen.“ Auf den immersiven Effekt, den die Bilder auszulösen vermögen, geht die *Königsberger Allgemeine Zeitung* vom 7. März 1937 ein: „Man ist überrascht von so viel Wirklichkeitstreue. Man steht plötzlich wieder mitten drin in der Wunderwelt des Olympias.“ Ebenso betonen die *Düsseldorfer Nachrichten* vom 27. Februar 1937 diesen Effekt: „So wirklichkeitsnahe, daß man sich in das Bild hineinversetzt fühlt und so der Wucht der riesigen Bauwerke oder der landschaftlichen Reize der Umgebung unmittelbar teilhaftig wird.“ Schließlich adressiert die *Breslauer Gerichtszeitung* vom 21. März 1937 noch die erzieherische Wirkung auf alle Generationen: „Die Neuheit dieser Raumbildbücher wird sich bald eine große Anhängerschaft erobert haben, denn die Betrachtung eines Raumbildalbums ist für jung und alt eine lehrreiche Freude.“ Die Bilder dokumentieren also nicht nur, vielmehr ist ihnen das ideologische Modell der „Volksgemeinschaft“ inhärent.[266] Volksnähe, Partizipation, Authentizität, Immersion – diese wirkungsästhetischen Zielsetzungen der Raumbild-Fotografien finden sich nicht nur in den stereoskopischen Bildern wieder, sondern werden in einer anderen medialen Form auf die Spitze getrieben, zu deren Vorbereitung sie intendiert angelegt sind: der Inszenierung des nationalsozialistischen Krieges im Film. Wie Gerhard Paul für diesen Bereich der Bilder des Krieges und des Kriegs der Bilder festhält, setzte das NS-Regime von Anfang an den Film und die Fotografie als Vermittler „der ideologischen und ästhetischen Modellierung des Krieges“ ein. Was er für Foto und Film notiert, kann zweifelsohne auch auf die stereoskopischen Bilder angewandt werden:

> Diese duldeten keine Distanz und erlaubten keine Fragen mehr. Stattdessen waren sie bestrebt, das Publikum in das kriegerische Geschehen zu involvieren und damit zu Teilhabern zu machen. Nicht kritisches Urteil war gefragt, sondern das gefühlvolle Erleben.[267]

Im Jahre 1938 veröffentlicht die Reichsstelle zur Förderung des deutschen Schrifttums einen Bericht, in dem finanzielle Unterstützung für die Veröffentlichung von Stereoskopbild-Alben mit dem Titel *Deutsche Gaue* zugesagt wurde.[268] Die pekuniäre Förderung der Serien erhärtet die Vermutung, dass man sich von den dreidimensionalen Bildern und ihrem Potential den Erfolg der intendierten Wirkung versprach.

Das „gefühlvolle Erleben", von dem Paul spricht, indiziert, dass hier nicht nur das populäre Medium Stereoskopie schlicht reanimiert, sondern explizit seine Wirkung ins Feld geführt wurde.[269] Wie in den vorangegangenen Kapiteln immer wieder angesprochen, sind stereoskopische Bilder für jedermann zugänglich, leicht zu gebrauchen und sie ermöglichen trotz oder nachgerade wegen ihrer massenhaften Distribution und durch ihre besondere Form der Rezeption durch ein Stereoskop bzw. durch eine Farb-Brille eine sehr intime, individuelle Ansicht und Raum-Bild-Erlebnis. Es sei noch einmal an Beltings Trias von Bild, Körper, Medium erinnert, die sich in diesem Zusammenhang der plastischen Propaganda-Bilder in einem perfiden Dreh offenbart: die Medien schreiben „sich [...] unserer körperlichen Wahrnehmung [ein] und [...] verändern [sie]."[270] Die durch die Apparatur (Binokular) betrachteten physischen Bilder prägen und vermischen sich mit den mentalen. Schröter behauptet ganz richtig, der Begriff des Raumes sei im Nationalsozialismus so inflationär gebraucht worden, dass er auch im Kontext der Raumbilder nicht neutral gewesen sein kann – und bezieht sich auf das Editorial von *Das Raumbild* vom 15. Dezember 1936. Dort heißt es:

> Richtiges Raumsehen wieder zu erwecken, das Raumerleben anzuregen, die Raumerkenntnis zu vertiefen und durch Schulung des Auges eine neue Raumgesinnung, die die Grundlage ist für politische, technische und künstlerische Raumgestaltung, zu ermöglichen, ist das höchste Ziel dieser Zeitschrift.[271]

Die stereoskopischen Bilder und ihre Betrachtung können also als eine Art „Extension" im Sinne Marshall McLuhans angesehen werden, eine mediale Erweiterung der Raumgesinnung und des gemeinsamen Raumerlebens durch (visuelle) Integration des Betrachters als Mitglied der Volksgemeinschaft. Eine zentrale Idee, für deren Erreichung die Raumbilder durch ihre Suggestivkraft wie geschaffen schienen, war, wie weiter oben schon angedeutet, nicht die Dokumentation des Ereignisses – sei es der Reichsparteitag, seien es die Olympischen Spiele –, sondern die Kreation eines „Erlebnisraumes“. In Bezug auf ihren *Olympia*-Film äußert Riefenstahl dies expressis verbis:

> Es kommt nicht darauf an, dass alles chronologisch richtig auf der Leinwand erscheinen soll. Die Gestaltungslinie fordert, dass man instinktiv, getragen vom realen Erlebnis Nürnbergs, den einheitlichen Weg findet, der den Film so gestaltet, dass er den Hörer und Zuschauer von Akt zu Akt, von Eindruck zu Eindruck überwältigender emporreißt.[272]

In dem Band *Mediale Mobilmachung I: Das Dritte Reich und der Film* spricht Herausgeber Harro Segeberg davon, dass Medienpolitik, Mobilmachung durch Medien während der NS-Zeit derart gestaltet werden sollte, dass der Propagandagedanke sich nicht aufdrängte, sondern wie selbstverständlich ins Dargestellte eingewoben war. Er bezieht sich hierbei auf die Rede des Reichskulturkammer-Leiters Joseph Goebbels (1897–1945) zum Thema „Der Krieg als großer Erzieher“ (1941), in der dieser fordert, alles „plakativ Propagandistische“ sei „aus den Filmen zu verbannen“.[273] Stattdessen vollzieht sich die Propaganda sozusagen ‚medial subkutan‘. Für den Film im Dritten Reich hält Segeberg fest, dass sich von der „Mobilmachung eines Mediums“ reden lasse, „das politische Wirkungen gerade dadurch erzielte, daß es noch weit konsequenter als bisher angenommen darauf abzielte, politische Referenzen in mediale Referenzen zu überführen.“[274] Diese relationale Nutzung und Ästhetik führte rasend schnell dazu, dass alle Bereiche thematisch und medial infiltriert, durchsetzt waren von Propaganda. Führt man sich die Verwobenheit von Bild, Körper und Medium, wie sie in Kapitel 1 erläutert wurde, vor Augen, so lässt sich abschließend folgendes Résumé über die Stereobilder des Krieges ziehen:

Als verbindende Klammer aller Medien der NS-Zeit – seien es Film, Rundfunk, Frauenromane, Fotografie oder Werbung – lässt sich mit Segeberg von einer „Erlebnis- und Programmästhetik“ sprechen, die im Grunde die gesamte Kultur- und Mediengesellschaft infiltrierte. Man war „darauf bedacht […], in den Alters-, Berufs-, Standes- und Freizeitorganisationen von Partei und Staat für nahezu jedes Lebensalter und jedes Betätigungsfeld ein entsprechendes Erlebnisangebot bereitzuhalten.“[275] Das Erlebnisangebot der nationalsozialistischen Raumbilder besteht in der Verwertung des medialen Spezifikums der Stereoskopie – räumliche Nähe, Immersion und ‚Live‘-Charakter – zur propagandistischen Mobilmachung von physischen Bildern zu mentalen.

„Films Like Real Life“ Stereoskopische Kinematographie und 3D-Film bis 1929

Es ist zu einem Topos in der Mediengeschichtsschreibung geworden, dass das allmähliche Abebben der Popularität eines Mediums mit der ‚Einführung‘ eines neuen Mediums zu erklären sei. Wenn die Stereoskopie nach ihrem eindeutig ‚historischen Hoch‘ zwischen 1850 und 1930 an Attraktivität einbüßt, dann lässt sich das möglicherweise mit der Prosperität anderer Medien wie etwa der illustrierten Presse, der Fotografie und dem Film erklären – wie es so oft auch gemacht wird. Diese Medien ‚lösen‘ die Stereoskopie jedoch nicht ‚ab‘, sondern beantworten zunächst einmal andere mediale Bedürfnisse. Kein anderes Medium – außer Theater – scheint jedoch eine räumliche Ansicht in rein subjektiver, intimer Perspektive zu ermöglichen. Wirft man den Blick zurück in die Mediengeschichte des 20. Jahrhunderts, so fällt zweierlei auf: zum einen gelangt die Stereoskopie nie wieder zu einer vergleichbaren Popularität wie noch im ausgehenden 19. Jahrhundert, zum anderen scheint ihre Konjunktur in Sinuswellen zu verlaufen. Die Lust am medial vermittelten dreidimensionalen Sehen ist eine anthropologische, daher scheint sich das stereoskopische Verfahren immer wieder in andere Medien und Unterhaltungssektoren eingeschlichen zu haben: neben den Anaglyphen, von denen im vorangegangenen Kapitel die Rede war und die auch von Printmedien immer wieder gerne bedient werden, kamen optische Spielzeuge auf den Markt wie etwa der „Viewmaster“, ein handliches (Plastik-)Betrachtungsgerät, das ermöglichte (vom Prinzip her ähnlich wie beim Kaiserpanorama), einen kleinen runden auf Karton befestigten Filmstreifen mit Landschafts- oder Märchenszenen anzuschauen. Bereits in den späten 1930er Jahren war der Viewmaster in Umlauf und taugte als privates Unterhaltungsmedium oder auch zur Anschauung von medizinischen Serien. Ein anderes Beispiel aus der Populärkultur der achtziger Jahre des 20. Jahrhunderts sind die in allen Schulklassen, Freundes-und Familienkreisen herumgereichten Bilder „Das magische Auge". Das Geheimnis dieser Bilder bestand darin, mit einem dreidimensionalen Anblick belohnt zu werden, wenn man nur lange genug einen beliebigen Punkt auf dem Bild betrachtete. Nicht zu reden von Hologrammen, die ich hier in den Kreis der 3D-Unterhaltungen miteinbeziehe, auch wenn ihnen ein anderes Prinzip zugrunde liegt. Diese Anwendungsmöglichkeiten und Spielformen von 3D sind, wie die Stereo-Fotografie auch, vornehmlich für einen privaten Gebrauch gedacht. In diesem letzten Teilkapitel geht es um die filmischen Versuche, den räumlichen Effekt auf einer großformatigen Leinwand, auf die ein größeres Publikum den Blick frei hat, herzustellen. Es nimmt nicht Wunder, dass es bereits früh Versuche gegeben hat, die stereoskopischen Bilder, den dreidimensionalen Effekt und seinen Zauber, zu projizieren. Zunächst außerhalb der Kinematographie, dann als deren besondere Spielart und Experiment zu Beginn des 20. Jahrhunderts.

Bereits in den fünfziger Jahren des 19. Jahrhunderts werden Experimente unternommen, den räumlichen Eindruck mit Hilfe eines speziellen Projektionsverfahrens gleichzeitig mehreren Betrachtern zu ermöglichen. Die häufigste und bereits relativ früh erprobte Methode bildet das Anaglyphensystem, das der Erfinder Wilhelm Rollmann (1821–1890) im Jahre 1853 in Leipzig entwickelt.[1] Seine Methode besteht darin, zwei unterschiedlich (blau/grün und rot) eingefärbte Bilder übereinanderzulegen. Bei Betrachtung dieser Bilder mit einer Brille, deren Gläser ebenso jeweils blau und rot sind, ergibt sich ein räumliches Bild.[2] Rollmann wendet sein Verfahren jedoch noch nicht auf fotografische Bilder an. Letzterer Dreh wird Joseph Charles D'Almeida (1822–1880) 1858 zugeschrieben: er projiziert die beiden Teilbilder der Stereofotografie durch zwei Apparate mit Grün- und Rotfilter aufeinander. Die Projektionen verschmelzen beim Blick durch eine Brille mit genau umgekehrt kolorierten Gläsern zu einem weißgrauen, aber dreidimensionalen Bild. Das eigentliche Anaglyphverfahren (aus griech. ανα = wieder und γλυφη = Skulptur) lässt sich 1891 Louis Ducos du Hauron (1837–1920), einer der Wegbereiter der Farbfotografie und des Kinos, unter diesem Namen patentieren.[3] Er färbt die mit der Stereokamera aufgenommenen Bilder rot und grün, druckt sie übereinander, so dass sie durch eine Brille mit einem roten und einem grünen Glas ein monochromes und räumliches Bild ergeben. Dennoch bleibt die Anwendung des

Anaglyphenverfahrens im Buchdruck erfolgreicher als die Projektion.[4] Im selben Jahr, 1891, führt dann John Anderton die Methode der Projektion mit polarisiertem Licht vor, das auch die Projektion kolorierter Fotografien zulässt.[5] Der räumliche Eindruck entsteht durch die Betrachtung der Leinwand mittels Brillen, die anstelle der Gläser Polarisationsfilter enthalten. „Auch sie dienen der Trennung der projizierten Bilder für das linke und das rechte Auge", vermerkt Jesko Jockenhövel.[6] Auf dieser Technik, die in den 1920er Jahren entwickelt wird, basiert im Wesentlichen auch der gegenwärtige dreidimensionale Film.[7]

Die Projektion der stereoskopischen Bilder erreicht indes nie den Stellenwert und die Popularität wie die Betrachtung durch das Stereoskop. Einige Vermutungen über diese geringere Akzeptanz seien hier angestellt: Die Projektion bedeutet einen Verlust der Möglichkeit ‚subjektiven Sehens', womit hier die enge physische Nähe zu Bild und Bildträger einerseits und die subjektive Auswahl des Sujets und die Dauer ihres Anschauens gemeint sind. Rudolf Arnheim (1904–2007) verdeutlicht in *Film als Kunst* (1932), dass der enge Zusammenhang zwischen Sinneswahrnehmung und Kunst auch für den Film gelte, dass aber das Aufnahmeverfahren der Stereoskopie auf den Film angewandt nicht tauge, auch weil beim Film mehrere Zuschauer gleichzeitig zugegen seien, wohingegen das Betrachten des Stereoskops eine individuelle, keine kollektive Seh-Situation kreiere:

> Für e i n e n Betrachter nämlich ließe sich der „Raumfilm" leicht erreichen. Man nähme, wie beim Stereoskopapparat, im Abstande von ein paar Zentimetern gleichzeitig zwei Filmstreifen vom selben Vorgang auf und führte dann den linken Film dem rechten Auge zugleich vor. Das ginge. Für die Vorführung vor einer größeren Zuschauermenge hat sich das Problem des Raumfilms bis heute nicht einwandfrei lösen lassen. Und so kommt es, daß die Raumwirkung der Filmbilder außerordentlich gering ist. Sie wird ein wenig erhöht dadurch, daß die Bewegungen der Personen und Gegenstände von vorn nach hinten die räumliche Tiefe anschaulich machen – aber man braucht nur einmal in ein Stereoskop zu blicken, das den Eindruck eines realen Raums mit höchst aufregender Treue vermittelt, um zu erkennen, wie flächig, wie unplastisch der Film ist. Auch dies bedeutet einen gewaltigen Unterschied zwischen optischer Wirklichkeit und Filmbild. Film wirkt weder als reines Raumbild noch als reines Flächenbild sondern als ein Ineinander von beidem. Filmbilder sind zugleich flächig und räumlich.[8]

Zur Betrachtung der Filme ist eine Stereo- oder Anaglyphenbrille notwendig, die bei der Betrachtung störend wirkend kann; hier erweist sich das ‚Fenster in die Unendlichkeit' als größtes ‚Rauschen', als heftigster Störfaktor und somit Katapult in die leibliche Realität. Ein weiterer Grund für die seltene Anwendung der Stereoprojektion in den frühen Jahren sind perspektivische Fehleinstellungen, die den dreidimensionalen Blick auf das ferne 3D-Bild verhindern oder beeinträchtigen können. Ferner mag die Erfindung des Films und dessen Spezifikum, *bewegte* Bilder zu präsentieren, die allein durch die Bewegung gleichsam als räumlich wahrgenommen werden können, zeitgenössisch attraktiver gewirkt haben. 1930 etwa preist der ungarische Filmtheoretiker Béla Balázs (1884–1949) die insbesondere von der Großaufnahme des Stummfilms herbeigeführten filmischen Raummodifikationen. Diese würde erlauben, den Menschen näher zu kommen und „aus dem Raum überhaupt heraus in eine ganz andere Dimension“[9] hinein zu gelangen.

Eine weitere Begründung für den nur mäßigen Erfolg des 3D-Films im frühen 20. Jahrhundert mag schließlich darin liegen, dass die dreidimensionale Projektion eines Stoffes in einer Guckkastenanordnung die Sehanordnung und den Erlebnisraum sehr eng in die Nähe des Theaters rückt. Diese Beobachtung macht auch Münsterberg, wenn er skeptisch notiert, der „räumliche Eindruck des filmischen Geschehens [gleiche] dem Blick auf eine Theaterbühne mit einer davor gesetzten Glasplatte […], auf die das ganze Geschehen auf der Bühne sozusagen von hinten seine Lichtstrahlen“ werfe.[10] Wo findet der stereoskopische Film in den zehner und zwanziger Jahren also seinen Ort? Oder wird er selbst nur als ein Ort des Experimentierens verstanden? Die zeitgenössische Fachpresse diskutiert ausgiebig die technischen Voraussetzungen und Möglichkeiten stereoskopischer Kinematographie.

In den nachfolgenden Abschnitten seien einige Beispiele für stereoskopische Filme der ersten beiden Jahrzehnte des 20. Jahrhunderts und ihre zeitgenössische Reflexion selektiv vorgestellt. Hinsichtlich der Sujets fällt auf, dass keine großen Experimente gewagt werden, sondern dass die Produzenten auf Wiedererkennbarkeit der Stoffe setzen und/oder Sujets aussuchen, die sich wegen der möglichen Effekte insbesondere für eine stereoskopische Projektion eignen. Noch immer wesentliche Referenzwerke für die frühen stereoskopischen Filme und Gehversuche auf dem Gebiet der Kinematographie sind R. M. Hayes' *3-D Movies. A History and Filmography of Stereoscopic Cinema* aus dem Jahre 1989 sowie Ray Zones *Stereoscopic Cinema and the Origins of 3-D Film* von 2007.

Bereits 1915 produziert Daniel Frohman (1851–1940), der sich um die Jahrhundertwende international als

Theaterproduzent und -manager einen Namen machte und unvergleichlich früh als Filmproduzent tätig war, einen Film mit stereoskopischen Abschnitten, *Jim the Penman* (Famous Players Film Company[11]; Executive Producers: Adolph Zukor (1873–1976) und Jesse L. Lasky), vorgeführt am 10. Juni 1915 im Astor Theatre in New York. Vorlage war das Stück *Jim the Penman: A Romance of Modern Society in Four Acts* von Charles Lawrence Young (1839–1887). Regie führte Edwin Stanton Porter (1870–1941). Darsteller der Hauptfigur des James Ralston war John Mason (1858–1919), der in diesem Film sein Leinwanddebut gab. Laut Hayes lief dieser Film nicht als alleiniger Programmpunkt, sondern wurde mit den Kurzfilmen *Niagara Falls* und *Rural America* zusammen vorgeführt. Paramount produzierte 1921 eine neue Schwarz-weiß-Version.[12] Hayes nennt für das Jahr 1922 noch die Produktion von *New York City*, gefilmt in Plasticon („dual 35mm single strip anaglyphic") durch William Van Doren Kelley (1876–1934), der als Teil von *Movies of the Future* im New Yorker Rivoli Theater gezeigt worden sei, ebenso wie der Film *Plasticons*; über letzteren schreibt Hayes, es sei „[a] demonstration of the effects obtainable with 3-D including the possibility of having two different endings to the same film by using different color coding for each scene."[13] Auch die im Jahre 1921 gegründete Film-Produktions- und Distributionsfirma Pathé Exchange mit Sitz in New York (1921–1927) brachte am 17. Dezember 1925 einen anaglyphischen, „in Stereoscopiks" hergestellten 3D-Film mit dem Titel *Ouch!* heraus. Produzenten und Stereoskopen waren Jacob F. Leventhal und Frederic Eugene Ives (1856–1937)[14], Regie führte Leventhal.[15] Leventhal und Ives sind ebenso federführend bei *Plastigrams*, produziert von Educational Pictures, Inc., zuerst gezeigt am 17. Dezember 1922. Hayes registriert folgende Informationen über *Plastigrams*:

> Produced silent, this shortfilm played continuously in New York City for almost two years. On September 22, 1924, it reopened with optical sound-on-film and became the first sound 3-D film. The soundtrack probably consisted of music only, though it may have had some effects. It is extremely unlikely there were any synchronized dialogue scenes, though a narration may have been added.[16]

Als weltweit erster 3D-Spielfilm gilt *The Power of Love*, gefilmt mit einer Doppel-Kamera und mit zwei Projektoren projiziert, ein Format, das Fairhall und Elder entwickelt hatten. Der Film, der 1922 erschien und floppte, gilt heute als verloren.[17] Ray Zone informiert über die technischen Aspekte von *The Power of Love* unter Bezugnahme auf die zeitgenössische Fachpresse:

When The Power of Love was projected at the Ambassador Theater in September 1922, both Scientific American and Popular Mechanics reported that it was exhibited with dual projectors. According to the article in *Scientific American*: 'Two projection machines of any of the standard makes are required for showing the picture. [...] These are interlocked in operation by a simple attachment and two films are projected on the screen at the same spot.' *Popular Mechanics* reported that the 'two films' were projected 'upon the screen simultaneously and superimposed one upon the other, with the use of two standard projection machines.'[18]

Die Erst-Vorführung von *The Power of Love* fand am 27. September 1922 im Ambassador Hotel Theater in Los Angeles statt. Geladen waren 200 Wissenschaftler, Fotografen, „Bewegtbild-Experten" und Journalisten. Der Autor des bei Zone wiedergegebenen Magazins *Popular Mechanics* schrieb über den Film, er sei „a motion picture in which the characters did not appear to be on a flat screen, but seemed to be moving about in locations which had depth exactly like the real spots where the pictures were taken."[19]

In der Literatur, auf der Bühne, auf Sammelbildern und als Stereoskopbild: In der logischen Folge eines Medienwechsels verstanden als das Wandern eines Stoffes durch unterschiedliche Medien wird Goethes *Faust* 1922 als teils stereoskopischer Film, ebenfalls ein zweifarbiger Anaglyphenfilm, produziert. Regie führt Georges Bourgeois.[20]

Auch Geschichtsdarstellungen in Reliefansicht lassen nicht lange auf sich warten. Ende der zwanziger Jahre produzierte Abel Gance (1889–1981) *Napoléon* in Polyvision (Triptychon) und 3D. In diesem Film kombinierte er 3D-Aufnahmen, Farbaufnahmen und erste Aufnahmen in Breitband, projiziert wurde mit drei Projektoren auf eine großformatige gebogene Leinwand. Die Erstvorführung dieser französischen, deutschen, spanischen, tschechoslowakischen, schwedischen und amerikanischen Co-Produktion fand am 7. April 1927 in Paris statt, unter dem Titel *Napoléon vu par Abel Gance*. Hayes informiert, dass die 3D-Effekte für den Markt überwiegend ausgestrichen wurden, um die Zuschauer nicht zu überfordern. Albert Sorre Dieudonné (1889–1976) spielte Napoléon Bonaparte, Marat de Sade wurde in diesem Film von Antonin Artaud (1896–1948) gespielt. Die Erstvorführung hatte Berichten zufolge eine monumentale Länge von fünf Stunden, die Folgeversionen zwischen drei und sechs Stunden. Die U.S.-Version verfügte, wie Hayes angibt, über eine synchronisierte Musik- und Effekt-Spur. „According to various sources Gance moved the 3-D sequence, which preceded the intermission, because it paled the other aspects of the film."[21] Die neuen Effekte und die Länge stellten indes Hürden für die Verbreitung des Films und den Verleih dar. Insbesondere das Triptychon (Polyvision) verursachte Probleme: Gance hatte Teile des Films mit drei nebeneinander montierten Kameras gedreht, die Aufnahmen wurden dann auf eine dreiteilige Leinwand projiziert, so dass ein Panorama-Effekt entstand. Ein Verfahren, das später mit dem Begriff ‚Cinerama' bezeichnet wird. Die Aufnahme verlangte folglich eine entsprechende Projektion, allerdings verfügten damalig nicht alle Filmtheater über die entsprechenden erforderlichen Ausstattungen. In einem Artikel der *New York Times* aus dem Jahre 2012, der unter anderem anlässlich der Vorführung einer von vielen durch Kevin Brownlow restaurierten Fassungen beim San Francisco Silent Film Festival 2012 die Werkgeschichte des Films reflektiert, heißt es: „[D]istributors and exhibitors took harsh liberties: Metro-Goldwyn-Mayer cut it down to around 70 minutes for the American release, a butchering that seemed to encourage bad reviews."[22] 1934 experimentiert Gance mit Stereo-Sound-Effekten, die er *Napoléon* unterlegt.

Im Kontext einer relationalen Mediengeschichte, wie sie in dieser Studie vertreten wird, die einzelne Medien in wechselnder und dynamischer Verbindung sieht, anstatt die Argumentation der ‚Ablösung' eines ‚alten' Mediums durch ein ‚neues' zu vertreten, ist es gleichermaßen folgerichtig wie dennoch verblüffend, dass Gance einerseits komplett neue Verfahren anwendete und entwickelte (Polyvision), um seine Napoléon-Biographie auch auf der Ebene des Bildes und der Rezeption monumental wirken zu lassen. Andererseits ließe sich auch behaupten, er setzte mit den technischen Mitteln des Films das Wirkprinzip des Panoramas in seiner weitwinkligen Qualität um, das sich in der Historienmalerei wie in der Panorama-Produktion als besonders geeignet für die Darstellung von Landschaften, Schlachten und historischen Ereignissen erwiesen hatte.

In der *Times of India* vom 23. Dezember 1924 ist ein Artikel abgedruckt, „Films Like Real Life. Words as Well as Deeds", der insbesondere durch seinen Wechselblick auf Theater, Stereoskopie und Film, die jeweiligen Produktions- und Rezeptionsbedingungen und Dispositive von besonderem Interesse im Kontext dieser Studie ist. Der unbekannte Autor dieses Artikels berichtet von neuesten Versuchen, den Tonfilm weiter zu perfektionieren. Ausgangspunkt ist die Meldung über eine Innovation auf dem Gebiet des Films, wie sie dem Korrespondenten aus Soho, „London's Filmland" zugekommen ist. Zitiert wird Mr. H. A. Spoor, europäischer Direktor des Essanay Filmstudios[23] in seinen Worten: „The combination of stereoscopic films with speaking films, naturally coloured, has already been considered and talked about[.]“[24] Er sei sehr zuversichtlich, dass man in absehbarer Zeit mit der Realisierung dieser Kombination rechnen könne. Angeregt durch diese Ankündigung, bringt der Redakteur die Eigenheiten der unterschiedlichen Medien zusammen, wenn er notiert:

> When the film has Nature's colours, can speak and reproduce sound, and has the depth and illusion of reality which the stereoscopic camera can give it the competition between the film and the theatre will at once become intense.[25]

Er reiht sich folglich hier in den (schon in den 1910er Jahren einsetzenden) Diskurs um die ‚Konkurrenz' zwischen Theater und Film ein – und untermauert seine Bedenken, indem er noch einmal auf Spoor Bezug nimmt, der den Film als „Illusion“ benennt, das Besondere von Theater aber in seiner ‚leiblichen Co-Präsenz' von Darsteller und Zuschauer verortet:

> 'Of course, there will always be some people,' said Mr. Spoor, 'who will want to see the actor's physical presence. The film, however near reality, will remain an illusion. But, I think, when that day comes we shall need much smaller theatres. Already the cinema has had an effect upon the gallery audiences. When it is possible to film a London production, with its colour and orchestral effects, its speaking voices, and all the rest, it is difficult to imagine how touring companies are going to stand against the competition.'[26]

Spoor kommt dann auf den Vergleich zwischen der Produktion von Film, Theater und Stereo-Film zu sprechen und rückt letzteren mehr in Richtung Theater als in die Nähe der Filmproduktion:

> More important from the cinema's point of view is the coming change in production and in scenario writing. With stereoscopic films the technique of production will approximate more closely to that of the legitimate stage [...].[27]

Der Leser erfährt in diesem Artikel ferner, der erste stereoskopische Film sei derzeit in Chicago in Produktion und für Indien zu Beginn des kommenden Jahres (1925) zu erwarten.

> For a loing [sic] time cinematograph pioneers have been seeking to secure this stereoscopic effect in the photograph pictures which are projected on to the cinema screen. Here, of course, the stereoscopic qualities must be visible to the naked eye.[28]

Claude Friese-Greene (1898–1943)[29], der Erfinder des neuen Farbfilmens, der auf der Präsentation in London zugegen war, zeigte sich ebenfalls beeindruckt von der greifbar nahen Möglichkeit, der „combination of the three", gab indes zu bedenken, dass zumindest zu Beginn noch keine kommerzielle Verwendung zu erwarten sei, da es besonderer Projektoren in den Filmhäusern bedürfe. Und dann äußerte er einen Satz, wie er in den vorangegangenen Ausführungen immer wieder in Varianten aus unterschiedlichen Medien- und Zeitkontexten zitiert wurde: „The complete illusion of reality is not far distant." Es nimmt nicht Wunder, dass der stereoskopische Film, ‚Raumfilm' genannt, auch während der Zeit des Nationalsozialismus erprobt wurde.[30] So wurden etwa bei den Olympischen Spielen von 1936, die auch als Objekt für stereoskopische Bilder dienten, die Zieleinläufe in 3D gefilmt.[31] 1937 wird der Film *Zum Greifen Nah* (Regie: Curt A. Engel, Kamera: Karl Schröder (1912–1996)) als Werbefilm für die Volksfürsorge-Versicherung gedreht, der am 5. Dezember 1937 im Berliner Ufa-Palast Premiere hatte. An *Zum Greifen Nah* war auch die Firma Boehner-Film (1926–1945) beteiligt. Deren Inhaber, Dokumentar- und Werbefilmer und Produzent Fritz Boehner (1896–1959)[32] zeichnet auch, gemeinsam mit Hans Sauer, verantwortlich für die Produktion der „Raumfilm-Studie" von Zeiss-Ikon *Sechs Mädels rollen ins Wochenend* (1939). Gefilmt wurde in Dresden, Lizenz für das Raumfilm-System lag bei der Zeiss-Ikon Aktiengesellschaft. Boehners Firma spielte eine entscheidende Rolle bei der Entwicklung des Stereo-Raum-Films.

Diese stichprobenartige Übersicht über einige sehr frühe Filme in 3D oder mit stereoskopischen Sequenzen vermag einen Eindruck vermitteln, dass und wie Filmemacher zu Beginn des 20. Jahrhunderts mit bewegten Reliefbildern auf der Leinwand experimentierten. Es sind dies Gehversuche einer ‚medialen Mimikry' des Theater-Raumerlebnisses. Blickt man in Filmographien des 20. Jahrhunderts, so sind wellenförmige Bewegungen in der Präsenz und Akzeptanz von 3D im Film auszumachen. Statistische Höhepunkte lassen sich vor allem in den fünfziger und in den achtziger Jahren des 20. Jahrhundert ausmachen. Diese außerordentlichen Wellen lassen sich am ehesten mit der Weiterentwicklung der 3D-Technologien erklären, wie auch Jesko Jockenhövel notiert: „Die Geschichte des 3D-Films lässt sich nur schwer von den ihr zugrunde liegenden Techniken trennen, da diese für die verschiedenen Erfolgswellen ursächlich sind."[33] Hinsichtlich der Themen bleibt zu sagen, dass sie sich nicht im Geringsten vom Repertoire der stereoskopischen Bilder, von denen in diesem Buch die Rede war, unterscheiden: es sind Landschaftsaufnahmen (*Galapagos*), Romanverfilmungen (*Life of Pi*), Adaptionen von Theaterstoffen (*Wilhelm Tell*, *Faust* etc.), Pornofilme (z. B. *Emanuelle IV in 3D*, 1984); hinzu kommen Horrorgeschichten oder Science Fiction-Stoffe. Gleiche Themen, die intermedial von Medium zu Medium wandern, lassen sich auch generaliter für den Film feststellen.[34]

Aus- und Rundblick

Gegenwärtig, also zu Beginn des 21. Jahrhunderts, sind so viele Filme in 3D zu sehen wie nie zuvor. Galt es bis vor wenigen Jahren noch als eine Besonderheit, in einem der großen Multiplex-Kinos einen Film mit Stereobrille anzuschauen, sind sie momentan aus den Kinoprogrammen nicht wegzudenken.

Dabei muss unterschieden werden zwischen Filmen, die von vorneherein als 3D-Filme gedreht wurden (etwa *Life of Pi*, Ang Lees Verfilmung des gleichnamigen Romans (dt. *Schiffbruch mit Tiger*) von Yann Martel[35] oder *Avatar* von James Cameron, 2009) und solchen, die zunächst erfolgreich als 2D-Filme liefen, dann aber als 3D-Filme neuproduziert wurden. Ein Beispiel hierfür ist etwa Camerons überaus erfolgreicher Film *Titanic* aus dem Jahre 1997 mit Kate Winslet und Leonardo DiCaprio in den Hauptrollen, der anlässlich des 100-jährigen Gedenkens zum Untergang des Luxusliners neu aufgelegt wurde (2012). Die Zuschauer hatten den Eindruck, in der dreidimensionalen Wiedergabe des katastrophalen Geschehens ‚mitzuschwimmen'. Die Kritiken fielen, wie bei eigentlich allen 3D-Filmen, sehr konträr aus. „Die 3D-Effekte wiegen nicht auf, was man durch sie verliert", war beispielsweise in der *Süddeutschen Zeitung* zu lesen.[36] Dabei sei der Relaunch professionell produziert worden, Cameron habe selbst in einem wöchentlichen Rhythmus die Ergebnisse beäugt. „Schatten fehlender visueller Information ersetzen", sei die große Aufgabe gewesen, für jede Einstellung musste eine Karte der Tiefenschichten angelegt werden.[37] Die Herausforderung für die nachträgliche Gestaltung eines 2D-Films als 3D-Film besteht darin, dass der Film nur eine Perspektive unseres binokularen Sehens bedient. Die zweite musste dann mit Hilfe des Computers auf der Grundlage von vorhandenem Material ergänzt werden.[38]

Die (erneute) Welle der 3D-Filme seit 2009 hat auch zu einer regeren wissenschaftlichen Beschäftigung nicht nur mit dem zeitgenössischen 3D-Film, sondern auch der notwendigen Erhellung seiner geschichtlichen Dimensionen geführt. Die Herausgeber des Bandes *Raumdeutung* (2012), Jan Distelmeyer, Lisa Andergassen und Nora Johanna Werdich, sprechen von einer „Tatsache, dass sich im 3D-Comeback in gewisser Weise die Geschichte des klassischen Kinos wieder einmal als eine andere wiederholt“[39]. Neben diesem ist unter den jüngeren Publikationen zum Thema 3D-Film mit einer zumindest teilweisen Berücksichtigung der Geschichte die Dissertationsschrift von Jesko Jockenhövel zu nennen, auf diese wie auch auf Jens Schröters Arbeiten sowie die Publikationen von Ray Zone wurde im Vorangegangenen mehrfach verwiesen. Auch wenn sich die stereoskopische Kinematographie nicht so recht durchsetzen konnte, entsteht doch immer noch der Eindruck von Wissenslücken auf diesem Gebiet insbesondere zwischen 1900 und 1929, die es in Zukunft im Rahmen medienhistoriographischer Forschung zu schließen gilt.

3D ermöglicht das Dédoublement räumlicher Erfahrung; es scheint aber durchaus noch steigerungsfähig zu sein. Inzwischen gehen Produzenten dazu über, die vierte und sogar fünfte Dimension in Kino erlebbar zu machen. Dies wird erreicht durch das Ansprechen solcher Sinne, die über das rein Visuelle und Akustische hinausgehen und weder in 2D noch in 3D darstellbar sind, nämlich auf das Geschehen bezogenes Fühlen und Riechen. Taktilität und Olfakt zu simulieren, sind also weitere Dimensionen, die zudem eine eigene Raumgestaltung und -ausstattung benötigen.[40] Aufführungsorte für diese so genannten 4D- oder 5D-Filme sind nun ausgewählte Kinos, Filmparks oder Attraktionenparks. Diese Verortung des neuen Experimentierens im Film an und in heterotopen Orten lässt zurückdenken an die Anfänge des Kinos als Jahrmarktsattraktion.

Brauchen Tanz und Theater 3D?

2011 kam der Film *Pina, tanzt, tanzt, sonst sind wir verloren* in die Kinos, eine Hommage an die 2009 verstorbene Choreographin Pina Bausch, gedreht von Wim Wenders, erarbeitet mit dem Ensemble des Tanztheaters Wuppertal. Der Film sollte ein Film *über*, vor allem aber *für* Pina Bausch sein und war nach ihrem Tod zusätzlich dazu gedacht, Pinas Arbeiten ‚lebendig zu halten‘. Ein besonderer Dreh sollte zum Markenzeichen dieses Films werden: der 3D-Effekt. Zuschauer des Films sahen diesen mit einer Stereobrille ausgestattet, so dass das auf der Leinwand Dargestellte räumlich wirkte; sie sollten sich dadurch den Tänzern nicht nur nahe fühlen, sondern nachgerade Teil des Bühnengeschehens werden.

In einem Interview mit Wim Wenders von 2011, das auf Youtube archiviert ist, gibt dieser an, es sei eigentlich unmöglich, Pinas „einzigartige Kunst aus Bewegung,

Gestik, Sprache und Musik im Raum adäquat [im Film] umzusetzen."[41] Denn der Raum sei doch eine „unbekannte Dimension im Kino".[42] Aber dann sei er durch den digitalen Konzertfilm *U2 in 3D* animiert worden und habe diese Form als ideal für einen Film über Pina Bausch erkannt. 3D, sagt Wenders, sei wahrhaft „tailor-made for dance."[43] Auf der Website zum Film wird der symbiotische Gehalt von 3D und Tanz nachdrücklich betont: „Da Tanz vom Wesen her eine Bewegung im Raum ist, gibt es kein besseres Verfahren als die 3D-Technik, um den Tanz darzustellen."[44] Dies ist einleuchtend, dennoch fällt in einer historischen Linie hierzu ein, dass etwa um die Jahrhundertwende des 20. Jahrhunderts die Raumexploration durch die Theater-Avantgarde und den Tanz zusammen fällt mit der aufkommenden Proliferation des Films. Loïe Fullers (1862–1928) Serpentinentänze schienen in keinem Medium so gut darstellbar wie im neuen Medium der Bewegtbilder, der Kinematographie. Im Tanz steht nicht mehr das in die Vertikale strebende Elevationsprinzip im Vordergrund, vielmehr besinnt sich der Tanz auf seine Raumbezogenheit, der durch Geometrie geordnete Raum wird abgelöst durch einen ‚heterogenen Relationsraum'.[45] Oskar Schlemmer redet im Kontext seines *Triadischen Balletts* vom Menschen als „raumbehextem Wesen" und lotet die Dimensionen des Raumes performativ durch Bewegungen aus, die der Geometrie des Raumes entsprechen. Andere Performer stellen museale Skulpturen nach, Performances integrieren Projektionen und kreieren durch Licht und Film plastische Räume, die sie in Wellen, Spiralen, Kreisen ertanzen.

Die räumliche Illusion des 3D-Verfahrens konnte folglich die flächige Leinwand aufbrechen, die Ausdehnung der Tänzer im Raum und ihre skulpturale Qualität leibhaftig in Augenschein treten. In Wenders Film greifen die Tänzer gelegentlich aus dem Raum heraus oder durchbrechen anders die filmische Wand, indem sie in Richtung Betrachter deuten oder springen.[46] Bereits lange vor Pina Bauschs Tod waren Absprachen wegen der Erarbeitung des Filmes getroffen worden. Vor diesem Hintergrund trug Bausch auch dafür Sorge, dass im Jahre 2009 die Stücke *Café Müller*, *Le Sacre du Printemps*, *Kontakthof* und *Vollmond* auf den Spielplan gesetzt wurden, unter anderem damit das Filmteam um Wenders, den Produzenten Gian-Piero Ringel und den Stereografen Alain Derobe Gelegenheit hatte, die Aufführungen komplett zu filmen. Für den Prozess des Filmens wurde ein auf einen Kran montiertes 3D-Kamerasystem verwendet; um den räumlichen Effekt zu erzielen, ist es erforderlich, nahe an den Tänzern zu sein und ihre Bewegungen zu verfolgen. Dafür war eine penible Kenntnis der Choreographie durch die Kameraleute notwendig. Nach der Zukunft des 3D-Films gefragt, äußerte Wenders, wie ein Artikel von Charlotte Higgins im *Guardian* vom 13. Februar 2011 wiedergibt: „It will still be blockbusters and animations, but I think the other future for 3D is documentary. It can make us discover our planet and its people in an immediate and gripping way."[47]

‚Mit Hilfe von 3D unseren Planeten und seine Bewohner in einer unmittelbaren und greifbaren Weise erleben' – diese Aussage erinnert doch verblüffend an David Brewsters in dieser Studie mehrfach wiedergegebene Markierung der Anwendungsmöglichkeiten des stereoskopischen Verfahrens. So gesellt sich zum in diesem Teilabschnitt anvisierten Ausblick ein Rückblick, der auch ein Querblick ist: In dieser Analogie zwischen der Argumentation für das stereoskopische Bild im gegenwärtigen wie damaligen Diskurs wird zum einen die Notwendigkeit einer historischen Betrachtung rezenter medialer Phänomene sichtbar, zum anderen wird der Reiz eines Studiums einer geteilten Geschichte der Medien, visuellen und darstellenden Künste des 19. bis 20. Jahrhunderts plastisch.

Anhang

Anmerkungen

Durch Blicke im Bild. Einleitende Bemerkungen

1 Charles Baudelaire: Die Photographie und das moderne Publikum. In: Ders.: *Der Künstler und das moderne Leben. Essays, ›Salons‹, Intime Tagebücher*, hrsg. von Henry Schumann. Leipzig: Reclam 1990, S. 199–229, hier S. 206. Baudelaire kommentiert die ‚Stereoskopomanie' polemisch, indem er notiert, es „beugten sich Tausende gieriger Augenpaare über die Öffnungen des Stereoskops wie über die Dachfenster der Unendlichkeit." (Ebd.)

2 Diese Worte verwendet Paul Eduard Liesegang 1864. Wiedergegeben in Wolfgang Baier: *Quellendarstellungen zur Photographie*. München: Schirmer-Mosel 1977, S. 168.

3 Vgl. Jonathan Crary: *Techniken des Betrachters. Sehen und Moderne im 19. Jahrhundert*. Amsterdam / Dresden: Verlag der Kunst 1996, S. 126. Meine Hervorhebung, NL.

4 „Diese Greifbarkeit jedoch ist zu einer rein visuellen Erfahrung geworden, die Diderot noch nicht hätte ahnen können. Die ‚gegenseitige Unterstützung von Sehen und Tasten', die Diderot in seinem Brief über die Blinden beschrieben hatte, trifft nicht mehr zu." (Ebd., S. 128.)

5 Hans Belting: *Bild-Anthropologie*. München: Fink 2001, S. 12.

6 Ebd., S. 20.

7 Max Hermann: Das theatralische Raumerlebnis. In: *Zeitschrift für Ästhetik und allgemeine Kunstwissenschaft* 25 (1931), Beilagenheft: Vierter Kongreß für Ästhetik und allgemeine Kunstwissenschaft. Hamburg, Oktober 1930, S. 152–163, hier S. 153.

8 Greg Dinkins: *New York City in 3D. A Look Back into Time. With Built-in Stereoscope Viewer*. Minneapolis: Voyageur 2009, S. 3.

9 Vgl. Ulrike Hick: *Geschichte der optischen Medien*. München: Fink 1999.

10 Nic Leonhardt: *Piktoral-Dramaturgie. Visuelle Kultur und Theater im 19. Jahrhundert (1869–1899)*. Bielefeld: Transcript 2007.

11 Crary: *Techniken des Betrachters*, S. 31.

12 Jürgen Osterhammel: *Die Verwandlung der Welt. Eine Geschichte des 19. Jahrhunderts*. München: Beck 2009.

13 William C. Darrah: *The World of Stereographs*. Gettysburg: Darrah 1977.

14 Dinkins: *New York City in 3D*, S. 3.

15 Siehe auch Kap. „Tiefenschau über Grenzen", S. 47.

16 Die Daguerreotypie ist benannt nach ihrem ‚Erfinder' Jacques-Louis Mandé Daguerre (1787–1851). Die erste daguerreotypische Aufnahme gelingt ihm 1837, allerdings stellt er erst zwei Jahre später, im Januar 1839, seine Erfindung vor der französischen Akademie der Wissenschaften vor; im August 1839 wird sie dann offiziell bekannt gegeben. Daguerres berufliches Handeln zeigt die enge Verbindung von Theater, Künsten und anderen Medien, denn neben seiner Tätigkeit als Maler eröffnete er bereits im Jahr 1821 in der Rue de Samson das erste Diorama in Paris. Vgl. zu Daguerre etwa Stephen C. Pinson: *Speculating Daguerre. Art and Enterprise in the Work of L. J. M. Daguerre*, Chicago / London: University of Chicago Press 2011. Siehe auch Kap. „Reliefspektakel", S. 53.

17 Bernd Stiegler: *Theoriegeschichte der Photographie* [2006]. München: Fink [2]2010, S. 6.

18 Ebd.

19 Er führt weiter aus: „Wie viel durch das stereoskopische Sehen gewonnen wird, ist auch hierbei natürlich am auffallendsten an den Bildern solcher Gegenstände, welche sich schlecht zur

Darstellung in einer einfachen Zeichnung oder Gemälde eignen, wie zum Beispiel an Bildern von unregelmäßigen Felsen, Eisblöcken, mikroskopischen Objecten, Thieren, Wäldern u.s.w. Namentlich die Abbildungen von Gletschereis mit seinen tiefen Spalten, welche durch die Masse des Eises hindurch erleuchtet sind, machen eine überraschende Wirkung. Das einzelne Bild, einzeln betrachtet macht in solchem Falle gewöhnlich nur den Eindruck eines unverständlichen Aggregats grauer Flecke, während der stereoskopischen Combination die Formen der Eisblöcke, so wie das transparente und reflectirte Licht derselben auf das deutlichste hervortreten." (Hermann von Helmholtz: *Handbuch der physiologischen Optik*. Leipzig: Voss 1867, S. 641.)

20 Alfred Krauth / Carl Neithold (Hrsg.): *Die Indupor-Stereo-Photographie. Eine neue Erwerbsquelle für den praktischen Photographen; Wegweiser, die Stereophotographie in den Dienst der Industrie, des Portraits und der Wissenschaft zu stellen.* Frankfurt am Main: Stereo-Indupor-Gesellschaft 1920.

21 Timm Starl: Fortschritt und Phantasma. Zur Entstehung der photographischen Bildwelt. In: Bodo von Dewitz / Reinhard Matz (Hrsg.): *Silber und Salz. Zur Frühzeit der Photographie im deutschen Sprachraum 1839–1860.* Agfa Foto-Historama. Kataloghandbuch zur Jubiläumsausstellung 150 Jahre Photographie. Köln / Heidelberg: Edition Braus 1989, S. 80–87, hier S. 83. Siehe zu den Medien Panorama und Diorama u.a. auch die immer noch einschlägigen Darstellungen von Heinz Buddemeier: *Panorama, Diorama, Photographie. Entstehung und Wirkung neuer Medien im 19. Jahrhundert.* München: Fink 1970; Stephan Oettermann: *Das Panorama. Die Geschichte eines Massenmediums.* Frankfurt am Main: Syndikat 1980; Werner Nekes (Hrsg.): *Ich sehe was, was du nicht siehst! Sehmaschinen und Bilderwelten. Die Sammlung Werner Nekes.* Ausstellungskatalog Museum Ludwig, Köln. Göttingen: Steidl 2002; *Sehsucht. Das Panorama als Massenunterhaltung des 19. Jahrhunderts*, hrsg. von der Kunst- und Ausstellungshalle der Bundesrepublik Deutschland. Frankfurt am Main: Stroemfeld 1993.

22 Werner Faulstich: Einführung. Der Start ins neue Jahrhundert. In: Ders. (Hrsg.): *Das Erste Jahrzehnt. Kulturgeschichte des 20. Jahrhunderts.* München: Fink 2009, S. 7–21, hier S. 12.

23 Crary: *Techniken des Betrachters*, S. 122.

24 Eine von wenigen Ausnahmen bildet die Habilitationsschrift von Hick: *Geschichte der optischen Medien.*

25 Jens Schröter: Dreidimensionale Bilder. In: Ders. (Hrsg.): *Handbuch Medienwissenschaft.* Stuttgart: Metzler 2014, S. 360–368, hier S. 360. Es ist ganz sicherlich Schröters eigenem Forschungsinteresse an Stereoskopie zu verdanken, dass dieser Eintrag endlich in einem medienwissenschaftlichen Handbuch untergekommen ist.

26 Crary: *Techniken des Betrachters*, S. 30.

27 Der Kunsthistoriker Oliver Grau verbindet zum Beispiel in *Virtuelle Kunst in Geschichte und Gegenwart.* Berlin: Reimer 2001, die Kunst- und Mediengeschichte über den Aspekt der Virtualität. Der Medientheoretiker Stephan Günzel hat 2010 einen umfassenden Raum-Reader ediert, der Raum in allen disziplinären, medialen und kulturellen Facetten adressiert. Stephan Günzel: *Raum. Ein interdisziplinäres Handbuch*, unter Mitarbeit v. Franziska Kümmerling. Stuttgart: Metzler 2010. Siehe auch Gertrud Lehnert (Hrsg.): *Raum und Gefühl. Der Spatial Turn und die Emotionsforschung.* Bielefeld: Transcript 2011.

28 Edward W. Earle: *Points of View. The Stereograph in America – A Cultural History.* New York: Visual Studies Workshop Press 1979; Darrah: *The World of Stereographs*; John Jones: *Wonders of*

the Stereoscope. New York: Knopf 1976; Denis Pellerin: *La photographie stéréoscopique sous le second Empire*. Paris: Bibliothèque Nationale de France 1995.

29 Paula Fleming / Brian May / Denis Pellerin: *Diableries. Stereoscopic Adventures in Hell*. London: The London Stereoscopic Company 2013. (vgl. auch Kap. „Zwielichtige Teufelsszenen“, S. 93.)

30 Belting: *Bild-Anthropologie*, S. 19.

31 Stiegler: *Theoriegeschichte der Photographie*, S. 9. Stiegler redet nicht von einer Mediengeschichte, sondern von einer Theoriegeschichte der Fotografie, die mit einer kulturwissenschaftlichen Deutung der Fotografie das Interesse an diesen Paramatern teilt.

32 Vgl. auch Bernd Stiegler, der diese multiperspektivische Herangehensweise auch für die Fotogeschichte nahelegt, in ders.: *Theoriegeschichte der Photographie*, S. 11.

33 Belting: *Bild-Anthropologie*, S. 21.

Binokulare Raumillusion: Bild – Körper – Medium

1 http://www.bigmoviezone.com/filmsearch/movies/index.html?uniq=47 (Zugriff am 16.09.2014).

2 „As directed by Stephen Low (whose earlier IMAX film, 'The Last Buffalo,' sounded a few similarly murky notes), 'Across the Sea of Time' is all a chamber of commerce could ask for. It uses both turn-of-the-century tenements and present-day skyscrapers to turn New York into a city of picture-postcard charms.“ (Janet Maslin: Across the Sea of Time. In: *New York Times*, 20.10.1995.)

3 Howard Rheingold: *Virtuelle Welten. Reisen im Cyberspace*. Reinbek: Rowohlt 1995, S. 73.

4 Vgl. Hick: *Geschichte der optischen Medien*, S. 278.

5 Vgl. hierzu R.M. Turner: *In the Eye's Mind. Vision and the Helmholtz-Hering Controversy*. Princeton: Princeton UP 1994 sowie David Cahan: *Hermann von Helmholtz and the Foundations of Nineteenth-Century Science*. Berkeley, Los Angeles: University of California Press 1993 (besonders S. 173–204).

6 Crary: *Techniken des Betrachters*, S. 123.

7 Jones: *Wonders of the Stereoscope*, S. 8.

8 Ein einfaches Experiment hilft, diesen Sachverhalt zu verdeutlichen: Hält man einen Stift in Augenhöhe und schließt abwechselnd das linke und das rechte Auge, so wird der Unterschied der jeweils gesehenen Bilder offenkundig. Vgl. zur Sehphysiologie Robert F. Schmidt / Gerhard Thews (Hrsg.): *Physiologie des Menschen*. Berlin / Heidelberg: Springer 1987.

9 Jones: *Wonders of the Stereoscope*, S. 8.

10 Vgl. zur Theorie u. a. Baier: *Quellendarstellungen zur Geschichte der Photographie*; W. Scheffer: *Anleitung zur Stereoskopie. Mit einem Anhang stereoskopischer Formeln u. a.* Berlin: Gustav Schmidt 1904;

David Brewster: *The Stereoscope. Its History, Theory, and Construction* [1856]. Facsimile Edition. Hastings-on-Hudson: Morgan & Morgan 1971, v. a. S. 1–28; Gerhard Kemner (Hrsg.): *Stereoskopie. Technik, Wissenschaft, Kunst und Hobby*. Berlin: Museum für Verkehr und Technik 1989; Otto Schilling: *Handbuch der Stereoskopie. Theorie, Praxis und Anwendungen der Stereoskopphotographie*. Leipzig: Ed. Liesegangs 1910; Erich Stenger: *Siegeszug der Photographie in Kultur, Wissenschaft, Technik*. Seebruck am Chiemsee: Heering 1950, S. 157–161; http://www.stereoscopy.com.

11 Kemner: *Stereoskopie. Technik, Wissenschaft, Kunst und Hobby*, S. 19.

12 Charles Wheatstone, zit. in Crary: *Techniken des Betrachters*, S. 124.

13 Die beiden Zeichnungen werden sich gegenüber positioniert mit der Bildfläche zueinander. Zwischen diesen beiden Bildern, genau in der Mitte der Achse, sind zwei Planspiegel im rechten Winkel zueinander aufgestellt, von denen der linke das linke Bild, der rechte Spiegel das rechte Bild spiegelt. Der Betrachter setzt an der Achse der beiden Spiegel an, die ihm beide Bilder gleichzeitig vermitteln. Die Bezeichnung Stereoskop hat Wheatstone eingeführt.

14 David Brewster, zit. in Crary: *Techniken des Betrachters*, S. 126.

15 Theodor Schwartze: *Das Buch der Erfindungen im XIX. Jahrhundert*. Leipzig: Otto Spamer 1898, S. 223–224.

16 Siehe hierzu auch Jones: *Wonders of the Stereoscope*, S. 17.

17 Ebd., S. 8.

18 Zit. in Baier: *Quellendarstellungen zur Geschichte der Photographie*, S. 167.

19 William C. Darrah: *Stereo Views. A History of Stereographs in America and Their Collection*. Gettysburg: Darrah 1977, S. 5.

20 Ebd., S. 6.

21 Brewster: *The Stereoscope*, S. 3–4.

22 Vgl. Kemner: *Stereoskopie*, S. 21. Für die gleichzeitige Aufnahme mit zwei Kameras werden Stative benutzt, auf welche die Apparaturen im richtigen Abstand zueinander montiert werden können. Dies verhindert ein Verwackeln der Aufnahme, optimiert den Abstand und verhindert die zeitliche Verschiebung bei der Aufnahme der beiden Bilder, wie sie beim Gebrauch von nur einer Kamera zustande kommen können.

23 Achille Léon Quinet war Mitglied der Société Française de Photographie (1876–1894). Sein bildliches Repertoire umfasst neben den Pariser Momentaufnahmen Serien zu Italien, Landschafts- und Tieraufnahmen.

24 Siehe hierzu Jones: *Wonders of the Stereoscope*: „Dancer's camera carried several sensitized plates within it which could be moved into position for exposing by a simple internal mechanism. A lens-opening device made certain that both halves of the stereograph were taken simultaneously and with equal exposure time. A feature of the binocular camera was that the position of the two separate pictures is reversed in the negative. Prints made from it had to be cut in half and the left and right halves changed about before being stuck on the card. This was a time-consuming process and some photographers preferred to divide the negative and reverse its halves before printing, so that on the final card the two pictures were not divided but constituted a single print. With little modification a single-lens camera could be used to make stereographs. This was done by substituting a front with two lenses for the single one." (Ebd., S. 24.) Dancer verbindet Arbeiten mit und am Mikroskop, Fotografie und Wissenschaft und fertigt 1839 die ersten mikrofotografischen Aufnahmen.

25 Schwartze: *Das Buch der Erfindungen im XIX Jahrhundert*.

26 Hick: *Geschichte der optischen Medien*, S. 81.

27 Negretti und Zambra senden den Fotografen Francis Frith (1822–1898) in den späten 1850er Jahren für eine fotografische Expedition nach Äthiopien, Nubien und Ägypten. Zur gleichen Zeit beauftragen sie Pierre Rossier (1829–1883), in China den Zweiten Opiumkrieg fotografisch zu dokumentieren. Dieser Plan geht nicht ganz auf, stattdessen nimmt Rossier die ersten kommerziellen Fotografien aus den Regionen China, Siam (Thailand), Japan und den Philippinen auf.

28 Helmut Gernsheim behauptet, George Washington Wilson (1823–1893) habe die ersten erfolgreichen Versuche unternommen, Bewegung im Bild ‚einzufrieren' (Jones: *Wonders of the Stereoscope*, S. 24). Disdéri lässt sich 1854 die Erfindung der Carte-de-Visite patentieren. Vgl. Kap. „Darsteller zum Anfassen", S. 64.

29 Siehe auch Kap. „Politik(er) zum Anfassen", S. 145.

30 Dinkins: *New York City in 3D*, o. P.

31 In der Schachtel, in der sich diese Bilder befinden, die mit *Épreuve à mouvement Breveté S. G. D. G.* betitelt sind (eine bis in die sechziger Jahre des 20. Jahrhunderts verwendete Abkürzung für „Breveté Sans Garantie Du Gouvernement", also ein Patent ohne Garantie seitens der Regierung), informiert ein handgeschriebener Zettel darüber, dass „Dr. J. Schnauss [...] im Juni 1863 über [die] französische Novität Epreuves à Mouvement in Liesegangs Photographischem Archiv berichtet habe."

32 Jones: *Wonders of the Stereoscope*, S. 25.

33 Don Slater: Photography and Modern Vision. The Spectacle of 'Natural Magic'. In: Chris Jenks (Hrsg.): *Visual Culture.* London / New York: Routledge 1995, S. 218–237.

34 Ursula Peters: *Stilgeschichte der Photographie in Deutschland 1839–1900.* Köln: DuMont 1979, S. 26. Vgl. auch Charles Baudelaires Kommentar zur vermeintlichen Verdrängung der Malerei durch die Fotografie: „Im Bereich der Malerei und der Bildhauerei lautet das augenblickliche Credo der Leute von Welt, vor allem in Frankreich [...] folgendermaßen: ‚Ich glaube an die Natur, und ich glaube an nichts anderes als die Natur [...]. Ich glaube, daß die Kunst die genaue Nachbildung der Natur ist und nichts anderes als diese Nachbildung sein kann [...]. Demnach war die Industrie, die uns ein mit der Natur identisches Ergebnis lieferte, die absolute Kunst. Ein rächender Gott hat die Wünsche dieser Menge erhört. Daguerre war sein Messias. Und nun sagt sie sich: ‚Da die Photographie uns alle wünschenswerten Garantien der Genauigkeit liefert (das glauben sie, die Wahnwitzigen!), so ist die Kunst die Photographie.'" (Charles Baudelaire: Das moderne Publikum und die Photographie. In: Ders.: *Sämtliche Werke / Briefe in acht Bänden*, Bd. 5: Aufsätze zur Literatur und Kunst, 1857–1860, hrsg. v. Friedhelm Kemp / Claude Pichois. München / Wien: Hanser 1989, S. 137.)

35 Slater: Photography and Modern Vision, S. 220.

36 Baudelaire: Das moderne Publikum und die Photographie, S. 137.

37 Brewster: *The Stereoscope*, S. 1.

38 Erich Stenger: *Die beginnende Photographie im Spiegel von Tageszeitungen und Tagebüchern.* Würzburg: Triltsch 1940, S. 159–160.

39 In der Folge veröffentlichte Jules Duboscq: *Règles pratiques de la photographie sur plaque, papier, albumine et collodion.* Paris: Duboscq 1853.

40 Darrah: *Stereo Views*, S. 5. Siehe hierzu auch z. B. Jones: *Wonders of the Stereoscope*, S. 17.

41 Rheingold: *Virtuelle Welten*, S. 73.

42 Jones: *Wonders of the Stereoscope*, S. 26.
43 Belting: *Bild-Anthropologie*, S. 13.
44 Oliver Wendell Holmes: Das Stereoskop und der Stereograph [1859]. In: Wolfgang Kemp (Hrsg.): *Theorie der Fotografie. eine Anthologie*, Bd. 1: 1839–1912. München: Schirmer / Mosel 1980, S. 114–121, hier S. 116–117.
45 Über die Jahre scheint es immer wieder Anstrengungen gegeben zu haben, die Taschenstereoskope zu optimieren. Siehe dieser Eintrag aus den *Vereins-Nachrichten* der Freien photographischen Vereinigung zu Berlin 1902, 7. Heft: „Herr Jens Lützen legte ein zusammenklappbares Taschenstereoskop vor, einen äusserst kompendiösen Apparat für 2,50 Mk., der allgemeinen Beifall fand. Als besonders lobenswert ist zu bemerken, dass die beiden Augenlinsen verhältnismässig gross sind, bedeutend grösser, als es sonst bei den Apparaten ähnlicher Preislage im Handel der Fall ist."
46 Erich Stenger: Vortrag vor der „Deutschen Gesellschaft für Stereoskopie", gehalten am 20. Juni 1935 in Berlin. Abgedruckt in: *Das Raumbild. Monatszeitschrift für die gesamte Stereoskopie und ihre Grenzgebiete* 10/11/12 (1935), S. 234–237; Die Monatsschrift *Das Raumbild*, herausgegen vom Verlag Otto Schönstein, existierte nur von 1935–1939. (vgl. Kap. „Schreckliche Nähe – Raumbilder 1933–1945", S. 152.) Siehe auch Erich Stenger: *Siegeszug der Photographie in Kultur, Wissenschaft, Technik*, S. 160. Stenger macht überdies auf eine Erfindung aufmerksam, die sich 1853 I. F. Mascher in Philadelphia patentieren lässt: in einem Kästchen in Buchform befinden sich sowohl die Bilder als auch ein zusammenklappbares Stereoskop. Vgl. ebd., S. 158. Auf http://www.uf-3d-foto.de/geschichte/erich_stenger/fruehgeschichte.html sind Aufsätze von Stenger über Stereoskopie erfasst (Zugriff am 01.03.2015).
47 C. W. Ceram: *Eine Archäologie des Kinos.* Reinbek: Rowohlt 1965, S. 112.
48 Siehe Kap. „Films Like Real Life", S. 163.
49 Kemner: *Stereoskopie*, S. 28.
50 Belting: *Bild-Anthropologie*, S.12.
51 Schwartze: *Das Buch der Erfindungen im XIX Jahrhundert*, S. 225–226.
52 Christopher A. Bayly: *Die Geburt der modernen Welt. Eine Globalgeschichte 1780–1914*. Frankfurt am Main: Campus 2008, S. 248.
53 Siehe hierzu etwa Sebastian Conrad: „Die rasante Entwicklung der Transport- und Kommunikationstechnologie war eine der grundlegenden Bedingungen, unter denen die Vernetzung von Menschen, Gütern und Ideen möglich wurde. Sie zeugt davon, daß die Globalisierung mit ihrer internationalen Arbeitsteilung und der Zugänglichkeit von Ressourcen nicht nur eine der Voraussetzungen der industriellen Revolution war, sondern zugleich ihr Produkt. Die Fortschritte der Verkehrs- und Informationstechnologie korrespondierten in besonderer Weise mit dem britischen Interesse an einer Integration des Empire, die auf Innovationen von Transport- und Nachrichtentechnik geradezu angewiesen war. Großbritannien errichtete die globale Informations-Infrastruktur und schuf sich so eine hegemoniale Position; die informationelle Revolution korrespondierte mit einer eigenen, um England zentrierten Geopolitik." (Sebastian Conrad: *Globalisierung und Nation im Deutschen Kaiserreich.* München: Beck 2010, S. 38.)
54 Siehe z. B. www.yellowstonestereoviews.com.
55 Siehe auch die gut dokumentiere Website http://www.londonstereo.com/introduction.html, die u. a. von dem Stereo-Experten und -Sammler Brian May betrieben wird. Siehe auch www.brianmay.com.

56 Zit. in www.londonstereo.com/introduction.hhtml (Zugriff am 28.09.2014).

57 Hans Belting: Einleitung. Die Herausforderung der Bilder. In: Ders. (Hrsg.): *Bilderfragen. Die Bildwissenschaften im Aufbruch*. München: Fink 2007, S. 11–23, hier S. 16.

Reliefspektakel
Stereoskopisches Repertoire und Bildprogramm (1850–1936)

1 Robert Hunt zit. in Earle: *Points of View*, S. 118.

2 Crary: *Techniken des Betrachters*, S. 136.

3 Brewster: *The Stereoscope*, S. 204.

4 Einige Verlage spezialisierten sich auf stereoskopische Aufnahmen mit naturwissenschaftlichem Schwerpunkt oder einem Fokus auf die Optik, oft in Kombination mit mikroskopischen Aufnahmen. Als Beispiele mögen gelten: Stereoskopbild mit darin eingesetzter Scala zur Demonstration des Prinzips des stereoskopischen Entfernungsmessers; oder aus den 1870er Jahren von Gustav Fritsch angefertigte Stereoskop-Platten über das stereoskopische Sehen im Mikroskop und die Herstellung stereoskopischer Mikrotypien, etwa der Kopf einer Mücke oder Kieferfühler einer männlichen Spinne; oder Chromoplast-Bilder etwa von Sandläufern. (Alle genannten Bild-Beispiele sind etwa im Bestand der fotografischen Sammlung des Museum Ludwig).

5 Brewster: *The Stereoscope*, S. 196.

6 Krauth / Neithold (Hrsg.): *Die Indupor-Stereo-Photographie*, S. 24.

7 Jones: *Wonders of the Stereoscope*, S. 82.

8 Crary: *Techniken des Betrachters*, S. 17 (Hervorh. N. L.).

9 Vgl. Roland Barthes: *Der entgegenkommende und der stumpfe Sinn*. Frankfurt am Main: Suhrkamp 1990, S. 23.

10 Maaike Bleeker: *Visuality in Theatre. The Locus of Looking*. New York: Palgrave Macmillan 2008. Siehe zum Zusammenwirken von Theater, Bild und Seherfahrung auch Alexander Jackob: *Theater und Bilderfahrung. In den Augen der Zuschauer*. Bielefeld: Aisthesis 2014; ders. / Kati Röttger (Hrsg.): *Theater und Bild. Inszenierungen des Sehens*. Bielefeld: Transcript 2007.

11 Christopher B. Balme: Zwischen Artifizialität und Authentizität: Frank Wedekind und die Theaterfotografie. In: Andreas Kotte (Hrsg.): *Theater der Region – Theater Europas*. Basel: Ed. Theaterkultur 1995, S. 175–187, hier S. 185.

12 Brewster: *The Stereocope*, S. 204.

13 Vgl. hierzu Leonhardt: *Piktoral-Dramaturgie*.

14 Vgl. einleitende Bemerkungen in diesem Buch, bes. S. 12–14.

15 Matthias Warstat: Theaterwissenschaft. In: Jens Schröter (Hrsg.): *Handbuch Medienwissenschaft*. Stuttgart: Metzler 2014, S. 434–440, hier S. 438.

16 Bleeker: *Visuality in Theatre*, S. 15.

17 Dies ist das Ergebnis von Recherchen in deutschen Archiven und von Anfragen bei fotogeschichtlichen und theaterwissenschaftlichen Sammlungen und Stadtmuseen. Als für eine gezielte Suche problematisch haben sich die größtenteils nicht systematisierten Bestände stereofotografischen Materials erwiesen. Der Fund einer theaterspezifischen Stereo-Aufnahme unterliegt daher häufig dem Zufall.

18 Siehe Kap. „Zwielichtige Teufelsszenen", S. 93.

19 Giorgio Sommer wurde in Frankfurt geboren und verbrachte einen Großteil seines Lebens in Italien. Große Bekanntheit erlangt u. a. seine Fotografie vom Ausbruch des Vesuv am 26. April 1872. Die Münchner Neue Pinakothek zeigte seine Arbeiten im Kontext der Ausstellung „Neapel und der Süden. Fotografien 1846–1900", 2011. Siehe hierzu den Ausstellungskatalog der Bayerischen Staatsgemäldesammlungen, München, Herbert W. Rott / Dietmar Siegert (Hrsg.): *Neapel und der Süden. Fotografien 1846–1900. Sammlung Siegert*. Ostfildern: Hatje Cantz 2011. Siehe zu Sommer ferner Marina Miraglia / Pino Pinatanida / Ulrich Pohlmann (Hrsg.): *Giorgio Sommer in Italien. Fotografien 1857–1888*. Heidelberg: Braus 1992.

20 „1864. En déposant la série d'épreuves stéréoscopiques ‚Les Étrangleurs de l'Inde', le photographe francais Lamiche fils inaugure un genre qui a devenir très populaire: la reproduction fidèle de scènes des opéras et des pièces de théâtre en vogue à l'aide de figurines de plâtre et de décors de carton peint; Jules Marinier et Adolphe Block s'en feront une spécialité." (Pellerin: *La photographie stéréoscopique sous le second Empire*, S. 31.) „1864. Durch das Lancieren der stereoskopischen Foto-Serie ‚Les Étrangleurs de l'Inde" etabliert der französische Fotograf Lamiche fils ein Genre, das äußerst populär wurde: die Reproduktion von Opernszenen und angesagten Theaterstücken mit Hilfe von Gips-Figurinen und Dekorationen aus bemaltem Karton; Jules Marinier und Adolphe Block sollten daraus eine Spezialität machen." (Meine Übersetzung, N. L.)

21 Adolphe Block hatte sein Atelier in Paris am Boulevard Sébastopol.

22 Die Übersicht auf S. 63–64 nennt weitere Fotografen desselben Sujets und soll einen Einblick in die Vielfalt der reproduzierten Szenen bieten.

23 Vgl. Jones: *Wonders of the Stereoscope*, S. 92. Die Inszenierung wurde 1856 an 102 Abenden gespielt, wie Booth informiert. Michael R. Booth: *Theatre in the Victorian Age*. Cambridge: Cambridge UP 1995 [1991], S. 13.

24 Martin Banham (Hrsg.): *The Cambridge Guide to Theatre*. Cambridge: Cambridge UP 1995, S. 591.

25 Laurence Senelick: Double Vision. Second Empire Theatre in Stereographs. In: *Theatre Research International* 24,1 (1999), S. 82–88, hier S. 84.

26 Erich Stenger gibt an, in Amerika seien bereits 1881 die ersten gestellten Theaterszenen auf der Bühne fotografiert worden,

dann allerdings nicht während der Aufführung. „1884 wurden im Berliner Opernhaus beim Licht elektrischer Glühlampen während der Aufführung der ‚Walküre' zwei Aufnahmen von der mittleren Königsloge aus gemacht". Wiederum in Amerika sei 1884 zum ersten Mal von der Bühne aus das Publikum fotografiert worden. „Eine jede anwesende Dame möge ihre Adresse angeben, und eine Photographie wird ihr in einigen Tagen frei und unentgeltlich zugestellt werden. [...] Das elektrische Licht [Belichtungszeit 40 bis 60 Sekunden] platzte von drei verschiedenen Punkten mit einer solchen Blendkraft heraus, daß die Damen ihre Fächer erhoben und die Herren ihre Hüte ergriffen, um sich die Augen zu schützen." (Stenger: *Siegeszug der Photographie in Kultur, Wissenschaft, Technik*, S. 108.)

27 Claudia Balk: *Theaterfotografie. Eine Darstellung ihrer Geschichte anhand der Sammlung des Deutschen Theatermuseums München.* München: Hirmer 1989, S. 41.

28 Balk gibt ein schönes Beispiel hierfür, wenn sie auf das Prinzip König Ludwig II. hinweist, Aufführungen der Opern von Richard Wagner sowohl von Joseph Albert, seinem Fotografen„ als auch von bildenden Künstlern wie etwa Michael Echter (1812–1879) skizzieren zu lassen. „Diesen Aufführungen, die von Ludwig II. stets sehr großzügig finanziell ausgestattet wurden, kam eine besondere Bedeutung zu, sie sollten ‚Musteraufführungen' sein. Unter idealen Bedingungen sollte eine Norm geschaffen werden, die für die Aufführung von Wagners Werken an anderen Theatern und durch andere Künstler Gültigkeit haben sollte. In diesem Kontext wird der Wunsch nach einer optischen Dokumentation besonders verständlich. Am Rande sei erwähnt, daß sich ein ähnlicher Zusammenhang bei Bertolt Brecht wiederfindet." (Balk: *Theaterfotografie*, S. 35.)

29 Darrah: *The World of Stereographs*, S. 192.

30 Diese Methode verwendete schon der Maler Nicolas Poussin: er formte Figuren aus Wachs und situierte sie im gewünschten Abstand in einem „Modelltheater". Das Modell dient ihm als Hilfestellung zum perspektivisch genauen Zeichnen. „Durch eine rechteckige Haube wurde das Modelltheater geschlossen und die Beleuchtung der Szene durch Lichtschlitze an den Seiten bzw. in der Decke reguliert. Durch eine kleine Öffnung in der Stirnseite konnte der Maler die Modellszene schließlich monekular betrachten. Bühnenregie und Perspektive gingen hier nahtlos ineinander über." (Wilhelm Schlink: *Ein Bild ist kein Tatsachenbericht. Le Bruns Akademierede von 1667 über Poussins „Mannawunder".* Freiburg i. Brsg.: Rombach 1996, S. 62.)

31 Jones: *Wonders of the Stereoscope*, S. 92.

32 Vgl. Darrah: *The World of Stereographs*, S. 192.

33 Vgl. einleitende Bemerkungen in diesem Buch.

34 Zur Theaterfotografie mit dem überwiegenden Schwerpunkt auf Schauspielerportraits vgl. u. a. Balme: Zwischen Artifizialität und Authentizität; Balk: *Theaterfotografie*; *Glanzrollen. Darstellerfotografie vom 19. Jahrhundert bis 1933*, hrsg. von der Theaterwissenschaftlichen Sammlung Köln Porz-Wahn. Pulheim-Brauweiler: Deutsche Fototage 1995; Carsten Niemann: *Aus meinem Hannoverschen Bühnenalbum.* Erfurt: Sutton 1998; Laurence Senelick: Eroticism in Early Theatrical Photography. In: *Theatre History Studies* 11 (1991), S. 1–50.

35 Disdéri lässt sich 1854 die Erfindung der Carte-de-visite patentieren. Durch eine sukzessive Teilbelichtung desselben Negativs können hier mehrere Aufnahmen (in der Regel acht) auf einer Glasplatte aufgenommen werden. Die Fotoabzüge im Format von 5,7 x 9 cm werden auf einen Karton von 6,3 x 10,2 cm aufgezogen. Vgl. hierzu z. B. Balk: *Theaterfotografie*, S. 19.

36 Ebd., S. 21.

37 „Die Schaukästen der Fotografen boten bei genauerem Betrachten sowohl dem Fotografen wie auch dem Bühnenkünstler eine Möglichkeit zur jeweiligen Eigenwerbung. Gerade auf Gastspielreisen kann so etwas eventuell von Nutzen gewesen sein. Tatsache ist jedenfalls, daß sich im Deutschen Theatermuseum von denjenigen Theaterkünstlern, die häufig Gastspielreisen unternahmen, zahlreiche Porträts aus verschiedensten Orten befinden." (Ebd., S. 23.)

38 Nadar: *Als ich Photograph war*. Frauenfeld: Huber 1978 [*Quand j'étais photographe*. Paris 1900], S. 155.

39 Niemann: *Aus meinem Hannoverschen Bühnenalbum*, S. 11.

40 Die Theatromanie, verstanden als Leidenschaft für das Theater, kommt in der zweiten Hälfte des 18. Jahrhunderts in Deutschland insbesondere unter Jugendlichen auf. Im Jahre 1790 erscheint der Theaterroman *Anton Reiser* von Karl Philipp Moritz, in dem „das Theater- und das Bildungsmotiv mit der Schilderung der Selbstwerdung eines jungen Bürgers verknüpft [wird]." Dieser Roman gilt als beispielgebend für die Theatromanie in dieser Epoche. Vgl. Bernd Sucher (Hrsg.): *Theaterlexikon*, Bd. 2. München: dtv 1996, S. 456–457. Auf das 19. Jahrhundert bezogen, erweitert Julius Bab den Begriff der Theatromanie insofern, als er in ihr die Theaterbegeisterung des Publikums, das „dauernde Verhältnis weiter Bevölkerungskreise zum Theater" sieht. Zudem liegt nach Bab der Reiz des Theaters in der personalen Einheit von schillernder Persönlichkeit des Künstlers und dessen Privatleben. (Julius Bab: *Theater im Lichte der Soziologie*. Leipzig: Hirschfeld 1931, S. 130–135.)

41 Anthony ist insbesondere durch seine Aufnahmen amerikanischer Landschaftsbilder und Szenen bekannt. Er hatte sein Atelier auf 501 Broadway (ab 1860), später, nach 1871, auf 591 Broadway. „Without question", informiert Darrah, der sich in seinem Buch *Stereo Views* hauptsächlich auf die USA bezieht, „Anthony was the most important publisher of American views. Not only was the workmanship of high quality but also the selection of subjects was excellent. Spanning a period of twenty years, 1859–1881, issuing more than ten thousand titles, Anthony's coverage of the United States was spectacular." (Darrah: *Stereo Views*, S. 36.)

42 Künstler-Fotografen der fünfziger Jahre – die oft sowohl als Künstler und Journalisten wie Fotografen arbeiten –, wie Félix Tournachon Nadar, Étienne Carjat, die Brüder C. und G. Zangaki oder Sarony stellen die anfangs übliche Form der Theaterfotografie, die Darstellerportraits, her. Schauspieler gehören zu einem der frühesten Kundenkreise der Fotografen, was sich nicht allein mit ihrer besseren Körperbeherrschung im Falle der langen Belichtungszeiten erklären lässt. Sie sind auch deswegen die ersten Kunden für Portraitaufnahmen, weil sie die – zumeist im Format der Carte-de-visite oder des Cabinet-Bildes – hergestellten Bilder für mögliche Besetzungen und Vermittlungsbüros verwenden können. Studiert man in der damaligen Fachpresse geschaltete Anzeigen von Theater-Agenten, so ist häufig der Vermerk „Zuschriften mit Bild" zu sehen. Ein deutlicher Hinweis auf einen wichtigen Verwendungszweck der Fotografien. Zur Theaterfotografie mit dem überwiegenden Schwerpunkt auf Schauspielerportraits vgl. u. a. Balme: Zwischen Artifizialität und Authentizität; Balk: *Theaterfotografie*; *Glanzrollen. Darstellerfotografie vom 19. Jahrhundert bis 1933*; Niemann: *Aus meinem Hannoverschen Bühnenalbum*; Senelick: Eroticism in Early Theatrical Photography.

43 Carl (auch Karl Josef) Mittell, geboren am 26. Oktober 1824 in Wien, gestorben am 1. März 1889 in Dresden, kam 1846 ans Theater an der Wien, wirkte von 1857–1866 in Berlin (Wallner, Friedrich-Wilhelmstädtisches Theater, Victoriatheater), dann am Hoftheater in Dresden, von 1867–1876 in Leipzig, von 1877–84 dann am Thalia-Theater in Hamburg. Mittell wirkte in folgenden Hauptrollen: Schiller (*Die Karlsschüler*), Joseph (*Deborah*), König Ludwig XIV. (*Das Urbild des Tartüffe*), Tellheim, Berndt (*Der Veilchenfresser*). Vgl. Wilhelm Kosch: *Deutsches Theater-Lexikon*, Bd. 2. Klagenfurt / Wien: Keinmayr 1960, S. 1490.

44 Siehe auch Balk: *Theaterfotografie*.

45 Sophus Williams (geboren 1835 als Sophus Vilhelm Schou, gestorben 1900) war Fotograf und Eigentümer des E. Linde Kunstverlags mit Geschäftssitz in Berlin. Vor den 1870er Jahren fertigte er Glasstereoskopien mit Darstellungen von Hauptstädten, danach nahm er auch Portraits und Gemäldereproduktionen in sein Programm auf.

46 Vgl. Darrah *The World of Stereographs*, S. 192.

47 Vgl. Pellerin: *La photographie stéréoscopique sous le second Empire*, S. 109.

48 Ebd., S. 66, 109. Pellerin nennt als Portrait-Stereofotografien noch die Serie *Portraits d'Actrices* von Pougnet (Anatole Cyrus), *Célébrités Artistiques* von Vaury Louis, *Actrices* von Nicolas Joseph Viget, der auch Stereofotografien mit „subjets obscènes" anfertigte.

49 Annie Pixley wurde 1858 als Annie Shea in Brooklyn geboren. Sie heiratete einen kalifornischen Ranger names Pixley, dessen Namen sie übernahm. Im Jahre 1874 vermählte sie sich mit Robert Fulford, mit dem sie häufiger gemeinsam auftrat und der auch als ihr Manager fungierte. In einem Nachruf auf die Actrice aus dem *New York Herald* von 1893 heißt es: „Her earliest stage work took place in San Francisco, and she toured Australia before venturing to make her reputation on Broadway and Philadelphia. Actor Joseph Jefferson wisely steered the aspiring actress in Gilbert and Sullivan. 'H. M. S. Pinafore' would occasion her first popularity in the East." (Death of Anne Pixley. In: *New York Herald*, 10.11.1893).

50 Siehe zu *Pinafore* unter anderen Titeln John Bush Jones: *Our Musicals, Ourselves*. Hannover: Brandeis UP, 2003; Andrew Crowther: *Contradiction Contradicted. The Plays of W. S. Gilbert*. Cranbury: Associated University Presses 2000; Roger A. Hall: *Performing the American Frontier: 1870–1906*. Cambridge: Cambridge UP 2011.

51 Schwartze: *Das Buch der Erfindungen im XIX Jahrhundert*, S. 226.

52 Hall geht auch ausführlich auf die anhaltende Konkurrenzsituation zwischen Anne Pixley und Kate Mayhew (1853–1944), insbesondere in Bezug auf *M'liss*, ein, vgl. Hall: *Performing the American Frontier*, S. 103–119.

53 Ebd., S. 118.

54 Bisher hat sich kein Hinweis auf diese Theaterform und ihre Adaption durch die Stereofotografie gefunden. Übersetzt bedeutet Théâtre instantané etwa „Theater des Augenblicks". Denkbar ist eine Form des Tableaus, das bewegte Bilder für einen Moment ‚einfriert'.

55 Hinter dieser Bezeichnung verbirgt sich eventuell eine Serie von Stereofotografien theatralen Inhalts, die der Künstlerfotograf Nadar anfertigte. Es fehlen jedoch Belege.

56 Zu den Ausstattungsstücken im 19. Jahrhundert vgl. Leonhardt: *Piktoral-Dramaturgie*.

57 Vgl. hierzu Ulrich Schreiber: *Opernführer für Fortgeschrittene. Eine Geschichte des Musiktheaters. Das 19. Jahrhundert*. Basel: Bärenreiter 1991, S. 371.

58 Vgl. zu dieser Thematik das von der Deutschen Forschungsgemeinschaft geförderte Forschungsprojekt „Global Theatre Histories“ unter der Leitung von Christopher Balme, LMU München. Jürgen Osterhammel stellt die Oper exemplarisch, da symptomatisch an den Anfang seiner umfangreichen globalhistorischen Studie *Die Verwandlung der Welt*: „Heute ist das 19. Jahrhundert dort vital, wo seine Kultur neu in Szene gesetzt und konsumiert wird. Seine in Europa charakteristischste Kunstform, die Oper, ist für solche Wiederaufführung ein gutes Beispiel. [...] Die Oper globalisierte sich früh, in der Mitte des 19. Jahrhunderts besaß sie einen weltweit ausstrahlenden Mittelpunkt: Paris. Pariser Musikgeschichte um 1830 war Weltgeschichte der Musik.“ (Osterhammel: *Die Verwandlung der Welt*, S. 28.)

59 Vgl. hierzu Manfred Brauneck: *Die Welt als Bühne. Geschichte des europäischen Theaters*, Bd. 3. Stuttgart / Weimar: Metzler 1999, S. 252–253.

60 Ebd., S. 251.

61 Hans Koeltzsch: *Der neue Opernführer.* Stuttgart / Hamburg: Deutscher Bücherbund 1967, S. 124.

62 Senelick: Double Vision, Unterzeile zu Plate 1.

63 Schreiber: *Opernführer*, S. 360.

64 Ebd., S. 362.

65 Manfred Brauneck: *Die Welt als Bühne*, Bd. 3, S. 255.

66 Gaston Escudier: *Les Saltimbanques.* Paris: Michel Lévy frères 1875, S. 403. „In diesem Theater wurde Aschenbrödel in einer schier bemerkenswerten Fassung auf die Bühne gebracht. Die ‚promenade de la pantoufle‘, getragen von sechs Männern, die auf ihrem Marsch durch elektrisches Licht beleuchtet wurden, rief einstimmigen Beifall hervor. Aschenbrödels Kutsche wurde von zwei winzigen Pferdchen geführt, so klitzeklein, dass ein Clown sie unter seinem Arm trug, so leicht, als hätte er zwei Holzpferdchen getragen. Erwähnen wir das große Nationaltheater, Pariser Feste [...]. Allerhand Shows.“ (Meine Übersetzung, N. L.)

67 Méliès war Inhaber des Théâtre Robert-Houdin in Paris. Er gründete 1897 die Produktionsfirma „Star Film“, die im Jahre 1903 eine Filiale in New York eröffnete, welche dann sein Bruder Gaston Méliès leitete. Zu Georges Méliès und seinem Changieren zwischen Theater, Magie und Film siehe u. a. Frank Kessler / Sabine Lenk / Martin Loiperdinger (Hrsg.): *Georges Méliès. Magier der Filmkunst* (= *KINtop. Jahrbuch zur Erforschung des frühen Films* 2). Frankfurt am Main: Stroemfeld 1993.

68 Siehe auch Jean-Claude Yon: *Les Spectacles sous le Second Empire.* Paris: Armand Colin 2010.

69 Senelick: Eroticism in Early Theatrical Photography, S. 85.

70 Brauneck: *Die Welt als Bühne*, Bd. 3, S. 291. Cicéri dominierte die französische Bühnenbildkunst bis ans Ende des neunzehnten Jahrhunderts, und sicherlich werden seine Kulissen auch in den Stereofotografien adaptiert. Vgl. zu Cicéri ausführlich Thomas Mikotowicz (Hrsg.): *Theatrical Designers. An International Biographical Dictionary.* New York: Greenwood 1992, S. 44–45. Es wäre ein fruchtbares Unternehmen, die Kulissen der Stereofotografien mit Entwürfen Cicéris zu vergleichen.

71 Stenger: *Siegeszug der Photographie*, S. 108. Zum Themenfeld Projektion zwischen Bühnenspektakel und Film siehe u. a. Kessler / Lenk / Loiperdinger (Hrsg.): *Film und Projektionskunst.*

72 Hassan El Nouty: *Théâtre et Pré-Cinéma. Essai sur la problématique du spectacle au XIXe siècle.* Paris: Nizet 1978, S. 86. „Die Ausstattung ist eng in die Handlung integriert [...]. Türen, Treppen,

Straßen, Zimmer und Balkone sind nicht nur als Trompe-l'oeil auf der Bühne. Wie in der Realität ist [hier] die materielle Umgebung untrennbar mit dem Leben verbunden." (Meine Übersetzung, N. L.)

73 Martin Meisel: *Realizations. Narrative, Pictorial, and Theatrical Arts in Nineteenth-Century England.* Princeton: Princeton UP 1983, S. 45.

74 Théophile Gautier: *Histoire de l'art dramatique en France depuis vingt-cinq ans. 6e série.* Genève: Slatkine 1968, S. 80. „Das neue Werk von Meyerbeer ist überwältigend reich, und es braucht mehr als drei Besuche, um jedes seiner Details zu entdecken." (Meine Übersetzung, N. L.)

75 Senelick: Eroticism in Early Theatrical Photography, S. 85.

76 Vgl. Leonhardt: *Piktoral-Dramaturgie.*

77 „Die Struktur des Informationsvorsprungs erlaubt es dem Zuschauer, die Diskrepanzen im Informiertheitsgrad der Figuren untereinander zu erkennen und vermittelt ihm so das Bewußtsein der Mehrdeutigkeit jeder Situation, und sie versetzt ihn in eine Position, aus der er die einzelnen Situationseinschätzungen der Figuren als abweichend von der Norm des faktisch Angemessenen beurteilen kann. [...] [N]ur der Zuschauer als Augenzeuge aller Begegnungen befindet sich auf einem Informationsniveau, das es ihm erlaubt, diese komplementären Perspektiven zu einem Ganzen zusammenzufügen." (Manfred Pfister: *Das Drama. Theorie und Analyse.* München: UTB 1997, S. 82–83.)

78 Elizabeth Burns: *Theatricality. A study of Convention in the Theatre and in Social Life.* New York: Harper & Row 1973, S. 12.

79 Artikel zu Labiche. In: Henning Rischbieter (Hrsg.): *Theaterlexikon.* Zürich / Schwäbisch-Hall: Orell Füssli 1983, S. 786–787.

80 Eduard Fuchs: *Illustrierte Sittengeschichte.* Bd. 3: Das bürgerliche Zeitalter. München: Langen 1912, S. 449.

81 Ebd., S. 450.

82 Zit. n. Johann N. Schmidt: *Ästhetik des Melodramas. Studien zum Genre des populären Theaters im England des 19. Jahrhunderts.* Heidelberg: Winter 1986, S. 200.

83 Wiedergegeben in Report from the Select Committee on Dramatic Literature (1832). In: Marilyn Norstedt (Hrsg.): *British Parliamentary Papers, Stage and Theatre*, Bd. 1. Shannon: Irish UP 1968, S. 193–198, hier S. 195.

84 Ebd., S. 201.

85 Barthes: *Der entgegenkommende und der stumpfe Sinn*, S. 95.

86 „Ein mediales Produkt wird dann inter-medial, wenn es das multi-mediale Nebeneinander medialer Zitate und Elemente in ein konzeptuelles Miteinander überführt, dessen (ästhetische) Brechungen und Verwerfungen neue Dimensionen des Erlebens und Erfahrens eröffnen." Jürgen E. Müller: *Intermedialität. Formen moderner kultureller Kommunikation.* Münster: Nodus 1996, S. 83. Neben dieser sehr frühen Definition von Intermedialität gibt es im größeren Forschungsfeld von Intermedialität, das sich insbesondere in den späten 1990er Jahren herausbildete, weitere zahlreiche Erklärungsansätze, siehe hierzu auch Irina Rajewski: *Intermedialität.* Tübingen: UTB 2002; Joachim Paech / Jens Schröter (Hrsg.): *Intermedialität analog/ digital. Theorien – Methoden – Analysen.* München: Fink 2008.

87 Jens Schröter: *3D. History, Theory and Aesthetics of the Transplane Image.* New York: Bloomsbury 2014, S. 97.

88 Charles Dickens: *Oliver Twist.* Projekt Gutenberg Books. http://www.gutenberg.org/files/730/730-h/730-h.htm (Zugriff am 28.09.2014).

89 Vgl. Helmer Bäckström: Aus der Frühgeschichte der plastischen „lebenden" Bilder. In: *Das Raumbild* 11,9 (1936), S. 193–198. Als paradigmatisch kann *Der Gärtner* angesehen werden, eine Stereofotografie von Furne und Tournier aus dem Jahre 1861. Jedes der beiden Einzelbilder zeigt zwar dasselbe Motiv, einen arbeitenden Gärtner vor einem Garten, auffällig unterschiedlich ist allerdings die Haltung des Mannes auf jedem einzelnen Bild. Schließt der Betrachter beim Blick durch das Stereoskop abwechselnd das linke und das rechte Auge, so ‚fegt' der Gärtner vor seinen Augen. Dreißig Jahre bevor die Lumières ihre kinematographische Film-Burleske *L'arroseur arrosé* (*Der begossene Begießer*) der Öffentlichkeit präsentieren (28. Dezember 1895), ist damit die Idee der Bewegungsdarstellung durch Bilder schon in der Stereofotografie umgesetzt.

90 Vgl. Kap. „Den Raum ins Bild aufnehmen", S. 31, u. Abb. 4, S. 38.

91 Rodrigue Villeneuve: Photography of Theatre. Images Always Fail. In: *Canadian Theatre Review (CTR)* 64 (Fall 1990), S. 32–37, hier S. 35.

92 Otto Hochreiter: Erotik der Rührung. Zur stereoskopischen Akt-Daguerreotypie. In: Dewitz / Matz (Hrsg.): *Silber und Salz*, S. 480–493, hier S. 481. Letztlich bereiten die Sujets der Stereofotografie – wenn auch nicht explizit – auch der Genre-Einteilung des Films den Weg.

93 Paul Philidor (17??–1828/9), auch Paul de Philipsthal, war ein deutscher Unterhaltungskünstler, der sich auf optische Täuschungen, Automaten und Phantasmagorien, also Geistererscheinungen, spezialisierte. Nach Stationen in Paris etabliert er 1801 in London im Lyceum Theater eine permanente Schau; später kooperierte er mit Marie Tussaud. Die *Times* in London kündigt am 5. Oktober 1801 Philipsthals Phantasmagorie an: „The public are respectfully acquainted, that the Phantasmagoria, or, Grand Cabinet of Optical and Mechanical Curiosities, exhibiting Magical Illusions, and various other wonderful Pieces of Art, will Open in this Place this day, October 5, and continue every Evening." Siehe zu Phantasmagorien u. a. Oliver Grau: Remember the Phantasmagoria! Illusion Politics of the Eighteenth Century and Its Multimedial Afterlife. In: Ders. (Hrsg.): *MediaArtHistories*. Cambridge: MIT Press / Leonard 2007, S. 137–162; Mervyn Heard: *PHANTASMAGORIA. The Secret History of the Magic Lantern*. The Hastings: Projection Box 2006.

94 Henry Mayhew: *London Labour and the London Poor* (1851), zit. n. James L. Smith (Hrsg.): *Victorian Melodramas. Seven English, French and American Melodramas*. London: Dent 1976, S. viii.

95 Vgl. Johann N. Schmidt: Vom Drama zum Film. ‚Filmische' Techniken im englischen Bühnenmelodrama des neunzehnten Jahrhunderts. In: Harro Segeberg (Hrsg.): *Die Mobilisierung des Sehens. Zur Vor- und Frühgeschichte des Films in Literatur und Kunst*. München: Fink 1996, S. 261–277, hier S. 275.

96 „While a party is engaged with their whist or their gossip, a female figure appears in the midst of them with all the attributes of the supernatural. Her form is transparent, every object or person beyond her being seen in shadowy but distinct outline. She may occupy more than one place in the scene, and different portions of the group might be made to gaze upon one or other of the visions before them." (Brewster: *The Stereoscope*, S. 205).

97 Jones: *Wonders of the Stereoscope*, S. 80.

98 Brewster: *The Stereoscope*, S. 205–206.

99 Vgl. hierzu Paul Wing: Devil Tissues. The B.K. Diableries. In: *Stereo World* 1,1 (1974), S. 3, 15.

100 Dieser Eindruck funktioniert lediglich, wenn das Bild gegen eine Lichtquelle gehalten wird. Eine anschauliche Demonstration findet sich unter http://www.londonstereo.com/diableries/ (Zugriff am 16.09.2014).
101 Fleming / May / Pellerin: *Diableries*, S. 7.
102 Siehe zum Thema auch Robert A. Schreiber: Classification of Diableries. In: *Stereo World Magazine* 30, 4 (2004).
103 Fleming / May / Pellerin: *Diableries*, S. 7.
104 Pellerin nennt den Bildhauer Habert, der seit 1860 für Lamiche arbeitete, sowie Edmond Cougny (1831–1900), Pierre Adolphe Hennetier (1828–1888) und F. Georges, die Lamiches Kompositionen nachahmten. Pellerin: *La photographie stéréoscopique sous le second Empire*, S. 87.
105 In Pellerins *La photographie stéréoscopique sous le second Empire* ist eine Stereofotografie dieser Serie von Hennetier abgebildet, auf der die Hand des Bildhauers zu sehen ist, was den Maßstab des Modells leicht ermitteln lässt. Vgl. ebd., S. 86.
106 May / Pellerin / Fleming: *Diableries*, S. 53.
107 Bei dieser Abbildung handelt es sich um ein Exemplar der kostbaren Tissue-Fotografien, die bei entsprechender Durchleuchtung von hinten in bunten Farben und mit dem erwähnten Glitzereffekt erscheinen. Bei der Reproduktion des Originals wurde die Fotografie lediglich von vorn beleuchtet, so dass die Abbildung graubraun wird.
108 Simone de Beauvoir: *Das andere Geschlecht*. Reinbek: Rowohlt 1995, S. 714.
109 Vgl. Abigail Solomon-Godeau: Die Beine der Gräfin. In: Liliane Weissberg (Hrsg.): *Weiblichkeit als Maskerade*. Frankfurt am Main: Fischer 1994, S. 90–147.
110 De Beauvoir: *Das andere Geschlecht*, S. 714.
111 Vgl. hierzu John McCormick: *Melodrama. Theatres of the French Boulevard*. Cambridge: Chadwyck-Healey 1982, S. 43–44.
112 Gautier: *Histoire de l'art dramatique en France depuis vingt-cinq ans*, S. 252. „Dies ist ein Spektakel wie gewünscht, ein Augenfest, eine vollkommene Féerie, wo die Metamorphosen und Verwandlungen ohne Unterbrechung hintereinander zu sehen sind; wo man von Überraschung zu Überraschung gelangt, von Wunder zu Wunder; wo man Paläste sieht, Berge, wo Wälder plötzlich aus dem Boden sprießen und komplette Städte und ihre Bewohner versinken; wo alle Figuren aus der Erde erwachsen, wenn sie nicht gerade aus den Wänden kriechen oder vom Himmel fallen." (Meine Übersetzung, N. L.)
113 May in Fleming / May / Pellerin: *Diableries*, S. 89.
114 Vgl. Wolfgang Iser: *Der implizite Leser. Kommunikationsformen des Romans von Bunyan bis Beckett*. München: Fink 1972.
115 Vgl. Darrah *The World of Stereographs*, S. 19.
116 Siehe zu Phiz die 1884, also zwei Jahre nach seinem Tode erschienene Studie von David Croal Thomson: *Life and Labours of Hablot Knight Browne „phiz"*. London: Chapman and Hall 1884.
117 Der komplette Serientitel lautete *The Posthumous Papers of the Pickwick Club, containing a Faithful Record of the Perambulations, Perils, Travels, Adventures and Sporting Transactions of the Corresponding Members, edited by Boz*.
118 Nicolas Bentley: Dickens und seine Illustratoren. In: E. W. F. Tomlin (Hrsg.): *Die Welt des Charles Dickens*. Hamburg: Hoffmann & Campe 1969, S. 205–227, hier S. 224–225.
119 Paul Davis: *Charles Dickens A to Z. The Essential Reference to His Life and Work*. New York: Checkmark 1998, S. 316.
120 Meisel: *Realizations*, S. 30 (Hervorh. N. L.).

121 Walter Benjamin: *Das Passagenwerk. Gesammelte Schriften*, Bd. V, hrsg. v. Rolf Tiedemann. Frankfurt am Main: Suhrkamp 1989, S. 528.

122 Vgl. Pellerin: *La photographie stéréoscopique sous le second Empire*, S. 81–83.

123 Ein Vergleich der Unterzeile mit der *subscriptio* und des Bildes mit dem *imago* der barocken Emblematik scheint hier gerechtfertigt.

124 Somit arbeiteten sie zeitgleich mit den ersten Künstlerfotografen.

125 Vgl. Darrah: *The World of Stereographs*, S. 58.

126 Wolfgang Kemp (Hrsg.): *Theorie der Fotografie. eine Anthologie*, Bd. 1: 1839–1912. München: Schirmer / Mosel 1980, S. 125.

127 Vgl. Darrah: *The World of Stereographs*, S. 57.

128 Balk: *Theaterfotografie*, S. 20.

129 In dem 1869 erschienenen Band *Atelier und Apparate des Photographen* beschreibt z. B. der Autor O. Buehler die Hauptgegenstände zur Ausstattung eines Ateliers und z. T. ihre Herstellung. Seit den 1870er Jahren bildet sich eine eigene Requisiten-Industrie heraus, die auf die Ausstattungsmoden eingeht und Einfluss nimmt. Die Requisiten liefern oft hilfreiche Hinweise zur Datierung der Fotografien, wie u. a. Ellen Maas 1975 wissen lässt. Z. B. 60er Jahre: typische Hintergründe Phantasielandschaften, Stadtansichten, Bilder historischer Gebäude; Requisiten: Schreibtisch, ‚Barock'-Tisch; 70er Jahre: Damensalon, imitierter Wandgobelin, „Raucher"- oder „Bockstuhl"; 80er Jahre: Kannen, bereits erste Boote, Parkbank; 90er Jahre: Parkkulisse, Fahrrad. Vgl. Ellen Maas: *Das Photoalbum 1858–1918. Eine Dokumentation zur Kultur- und Sozialgeschichte*. München: Lipp 1975.

130 Pellerin: *La photographie stéréoscopique sous le second Empire*, S. 23. „[D]ie Fotografen […] verwandelten ihre Ateliers in ein Warenhaus, ein Café-Concert, eine Berghütte, in stürmisches Meer, in ein Bahnhofsrestaurant, eine Rennstrecke oder einen Empfangssalon, und ließen dort bezahlte Modelle ebenso wie Freunde und Mitglieder ihrer Familien sich verwandeln." (Meine Übersetzung, N. L.)

131 Ebd., S. 90.

132 Ludwig Hoerner: *Das photographische Gewerbe in Deutschland 1839–1914*. Düsseldorf: GFW 1989, S. 178.

133 Pellerin: *La photographie stéréoscopique sous le second Empire*, S. 23. „Der Editor Alexis Gaudin [etwa] wurde so in mehreren Gemälden inszeniert: er betrachtet stereoskopische Ansichten, diniert mit Freunden, spielt Billard oder, geschminkt, die Rolle eines Wucherers." (Meine Übersetzung, N. L.)

134 Vgl. William C. Darrah: American Sentimental Stereographs. In: *Stereo World* 1,3 (1974), S. 1, 10.

135 Ich verweise hier auf das Forschungsprojekt des Medienhistorikers Martin Loiperdinger, „Lichtspiele und soziale Frage". Siehe hierzu auch Ludwig Vogl-Bienek: Helden mit Handicap. Die Soziale Frage in der viktorianischen Projektionskunst. In: Herbert Uerlings / Nina Trauth / Lukas Clemens (Hrsg.): *Armut. Perspektiven in Kunst und Gesellschaft*. Darmstadt: Primus 2011, S. 231–239; Ludwig Vogl-Bienek: Turning the Social Problem into Performance. In: Marta Braun / Charlie Keil / Rob King (Hrsg.): *Beyond the Screen. Institutions, Networks and Publics of Early Cinema*. New Barnet: Libbey 2012, S. 315–324.

136 Vgl. hierzu Willi Geismeier: *Biedermeier. Das Bild vom Biedermeier. Zeit und Kultur des Biedermeier. Zeit und Kunstleben des Biedermeier.* Wiesbaden: Ebeling 1979, S. 84–87.

137 Max Friedländer: *Essays über die Landschaftsmalerei und andere Bildgattungen*. Den Haag / Oxford: Stols / Cassirer 1947, S. 207.

138 Andor von Barsy: *Raumbild-Fotografie. Technik und Gestaltung der Stereoaufnahme*. Halle an der Saale: Wilhelm Knapp 1943, S. 80.

139 Svetlana Alpers: *Rembrandt als Unternehmer. Sein Atelier und der Markt.* Köln: DuMont 1989. Alpers untersucht die Arbeitsweise Rembrandts und verbindet sie insbesondere im Kapitel „Das theatralische Modell“ mit den Rederijkers (den Rhetorikern) und der Schauspielpraxis. „Doch ich frage mich, ob wir überhaupt die Welt, verstanden als Bühne, zur Erklärung heranziehen müssen, wo Rembrandt doch so offenkundig sein Atelier als solche verstand. Für einen Künstler westlicher Prägung bedurfte es keiner besonderen Anstrengung der Phantasie, um zu erkennen, daß Modellstehen soviel wie eine Rolle spielen hieß. Die Welt mit gleichen Augen sehen hieße indes, diese Sicht sehr weit ausdehnen. Es sei denn, es handelt sich am Ende gar nicht um ein Ausdehnen, sondern um ein Zusammenziehen – nämlich der Welt ins Atelier.“ (Ebd., S. 127.)

140 Bernd Busch: *Belichtete Welt. Eine Wahrnehmungsgeschichte der Fotografie.* Frankfurt am Main: Fischer 1997, S. 130.

141 Meisel: *Realizations*, S. 11.

142 Die preisgünstigen Schwarz-Weiß-Stereobilder wurden schließlich noch zum sechsfachen Preis als kolorierte Aufnahmen angeboten.

143 Brewster: *The Stereoscope*, S. 204.

144 Vgl. hierzu Meisel: *Realizations*, besonders das Kapitel „Politics of Domestic Drama: David Wilkie“. Später wird Jerrolds Stück plagiiert und unter dem Titel *The Rent Day, and Destraining for Rent; A Domestic Drama* am 20. Februar 1832 aufgeführt. Vgl. ebd., S. 157.

145 Ebd., S. 30.

146 Ebd., S. 93.

147 Werner Pietsch: *Stereofotografie. Die Grundlagen der Stereoskopie. Einführung in ihre photographischen Anwendungen sowie Anleitung zur praktischen Ausübung* [1959]. Halle an der Saale: Fotokino 1962, S. 153.

148 Denis Diderot: *Ästhetische Schriften*, aus d. Franz. v. Friedrich Bassenge / Theodor Lücke. Frankfurt am Main: EVA 1968, S. 278.

149 Deborah Vlock: *Dickens, Novel Reading, and the Victorian Popular Theatre.* West Nyack / New York: Cambridge UP 1999, S. 59.

150 Mit einem ähnlichen Effekt – dem Schauder beim Anblick von Insekten – arbeiten gegenwärtig die 4D/5D-Kinos: durch so genannte „Beinkitzler“, an beweglichen Kinositzen im Fußbereich angebrachte Gummifäden, die bewegbar sind, lassen sich visueller 3D-Effekt und haptischer Effekt kombinieren: ist beispielsweise im Bild ein Insektenschwarm oder sind Spinnen zu sehen, so wird dieser visuelle Eindruck dadurch verstärkt, dass die Beinkitzler die Beine der Zuschauer streifen.

151 Hier könnte es sich um eine Adaption der Ballet-Pantomime *La Gipsy* aus dem Jahre 1839 handeln, die in der Salle Le Peletier in der Pariser Opéra aufgeführt wurde.

152 Möglicherweise ist *Undine* gemeint, eine romantische Zauberoper in vier Akten nach dem Text von Friedrich de la Motte-Fouqué, die von E. T. A. Hoffmann (UA 1816) und Albert Lortzing (UA 1845) musikalisch bearbeitet wurde.

153 Charles Baudelaire: Der Salon 1859. In: Ders.: *Sämtliche Werke / Briefe in acht Bänden*, Bd. 5: Aufsätze zur Literatur und Kunst. 1857–1860, hrsg. v. Friedhelm Kemp / Claude Pichois. München / Wien: Hanser 1989, S. 137–138.

154 So lautet der Titel eines Buches von Claudia Oehlschläger: *Unsägliche Lust des Schauens. Die Konstruktion der Geschlechter im voyeuristischen Text.* Freiburg i. Brsg.: Rombach 1996. Angewandt auf die Akademien, eignet er sich insbesondere zur Verdeutlichung des Reizes dieser tabuisierten Bilder.

155 Janet E. Buerger: *French Daguerreotypes*. Chicago: University of Chicago Press 1989, S. 130.

156 „Da es sich bei den Anzeigen um Preise für Wiederverkäufer handeln dürfte, kann man davon ausgehen, daß ein einfacher Soldat oder ein Arbeiter [also mehr als die Hälfte der Bevölkerung] rund ein bis zwei Wochen hätte arbeiten müssen, um sich eine einzige solche Daguerreotypie leisten zu können. Sie waren also von solchem Bilderkonsum mit Sicherheit ausgeschlossen." (Hochreiter: Erotik der Rührung, S. 488.)

157 Wie Hans Christian Adam in seiner Dissertation über die erotische Daguerreotypie nachgewiesen hat, zeigt eine Stereokarte der London Stereoscopic Company den Verkauf von Stereo-Akten durch einen Hausierer. Auch wenn diese Szene im Studio nachgestellt wurde, vermag sie doch die Vertriebsmodalität indirekt zu dokumentieren. Als eine weitere, zunächst überraschende Verkaufsstätte von erotischen Daguerreotypien nennt Adam die Apotheke. Hans Christian Adam: *Die erotische Daguerreotypie. Eine Mediengeschichtliche Bestandsaufnahme*. Prag: Odephil 1998. Dem auch im 20. Jahrhundert noch geläufigen Modell des Pin-Ups gleicht eine andere Handelsform, die Zeitschrift *Le Stéréo-nu*, die im Zeitraum von 1905–1907 zweimal monatlich von dem Fotografen Recknagel herausgegeben wurde. Jede Ausgabe enthielt zwölf Bilder, die der Käufer herausschneiden und im Stereoskop betrachten konnte. Vgl. hierzu Serge Nazarieff: *Stereo Akte 1850–1930*. Berlin: Taco 1987, S. 16. Bedauerlicherweise verzichtet Nazarieff auf den Beleg seiner Aussage.

158 Darrah: *The World of Stereographs*, S. 159. Darrah berichtet zudem: „In 1859, the editor of *Photographic News* complained, 'Stereographs of 'fast' young men looking from their hiding place in the cliffs at girls preparing to bathe in the sea, or 'ladies' in full dress leaning over a balcony, their development exaggerated by a well-known stereoscopic trick... have neither novelty or superior skill to atone for their intense vulgarity." (Ebd.).

159 Vgl. Grant Romer / Uwe Scheid: *Die erotische Daguerreotypie*. München: Orbis 1997, S. 16. Die Rezeption der erotischen Bilder ist ambivalent, ihre Sujets werden als verwerflich und faszinierend zugleich kommentiert. Vergleichbare Tendenzen sind in der bildenden Kunst dieser Jahre zu beobachten. Als „frivol" wurden solche Werke/Künstler diffamiert, welche sich gegen die Traditionen und bügerlichen Konventionen auflehnten. Für die sechziger Jahre sei hier stellvertretend Édouard Manets (1832–1883) Bild *Das Frühstück im Freien* (1864) genannt, in dem gut gekleidete und wohlsituierte Herren gemeinsam mit einer unbekleideten Dame beim Picknick im Grünen sitzen.

160 Darrah: *The World of Stereographs*, S. 19–20.

161 Moulin, der sein Studio in der Rue Faubourg Montmartre, danach in der Rue Richer hatte, soll seine Tochter und seine Frau als Modelle beauftragt haben. (Hochreiter: Erotik der Rührung, S. 488). Neben der Aktfotografie entsprach sein Portfolio dem für seine Zeit üblichen Repertoire: Landschaftsbilder, ethnographische Studien (insbesondere von einer Algerien-Reise, die er 1856–1857 unternahm), Portraits und architektonische Aufnahmen. Bereits im Jahre 1853 lieferte er erste Aktbilder an die Bibliothèque Nationale in Paris.

162 Auf youtube findet sich ein Versuch, die erotischen Stereoskopien von Belloc zu animieren und damit den räumlichen Effekt nachvollziehbar zu machen. http://www.youtube.com/watch?v=D1afn5gUiU8 (Zugriff am 06.09.2014).

163 Buerger: *French Daguerreotypes*, S. 130.

164 Der Fotograf Richebourg war gelernter Optiker und wurde ein Schüler Daguerres. Im Jahre 1853 beauftragte ihn Théophile Gautier, sein Werk *Trésors d'art de la Russie ancienne et moderne* zu illustrieren.

165 Pellerin identifizierte in der Bibliothèque nationale de France einige Fotografen, die neben anderen Sujets auch Akte anfertigten, darunter Auguste Belloc (1800–1867) und Félix Jacques Antoine Moulin (1802–1869) sowie Welling, von dem bekannt ist, dass er „Femmes nues" fotografierte. „On ne connaît à peu près rien de ce photographe." (Pellerin: *La photographie stéréoscopique sous le second Empire*, S. 111.)

166 Grant Romer / Uwe Scheid (Hrsg.): *Die erotische Daguerreotypie*. München: Orbis 1997, S. 14.

167 Vgl. Brewster: „M. Delaroche considers photography 'as carrying to such perfection certain of the essential principles of art, that they must become subjects of study and observation, even to the most accomplished artist.' … 'The finish of inconceivable minuteness,' he says, 'disturbs in no respect the repose of the masses, nor impairs in any way the general effect. … The correctness of the lines, the precision of the forms in the designs of M. Daguerre, are as perfect as it is possible they can be, and yet, at the same time, we discover in them a broad and energetic manner, and a whole equally rich in hue and in effect. The painter will obtain by this process a quick method of making collections of studies, which he could not otherwise procure without much time and labour, and in a style very far inferior, whatever might be his talents in other respects.'" (Brewster: *The Stereoscope*, S. 167–168.)

168 Siehe hierzu auch gesondert das Kapitel 2 „1851: Sir David Brewster and the stereoscopic reproduction of sculptures" in Schröter: *3D*, S. 85–103.

169 Auguste Belloc: *Les quatre branches de la photographie*, 1856, zit. n. ebd., S. 91–92.

170 Dass die Fotografie als Spiegel in der Lage sei, „alle Poesie der Natur" im Bild fixieren zu können, schreibt bereits 1860 Claudet im *Photographischen Journal*. Vgl. Gerhard Plumpe: *Der tote Blick. Zum Diskurs der Photographie in der Zeit des Realismus*. München: Fink 1990, S. 103–104.

171 Besonders in der Portraitfotografie lässt sich die Nähe zur Malerei manifestieren: Positionierung des Modells sowie dessen Requisiten, die den sozialen Status repräsentieren, entstammen der Ikonographie des Herrscherportraits.

172 Die Tableaux vivants lehnen sich ihrerseits an die Kompositionen berühmter Gemälde an. Siehe dazu u. a. Birgit Jooss: *Lebende Bilder. Körperliche Nachahmung von Kunstwerken in der Goethezeit*. Berlin: Reimer 1999.

173 Als exemplarische Figur für die Darstellung von Statuen durch Schauspielerinnen oder Tänzerinnen nennt Laurence Senelick Aline Le Fevre: „[She] sang a bit, posed as living statuary, wrote plays to demonstrate her charms, swung on the flying trapeze, but was chiefly billed as ‚the most beautifully formed woman in the world'." (Senelick: Eroticism in Early Theatrical Photography, S. 15.) Allerdings standen auch bürgerliche Frauen Modell. Im Ausstellungskatalog des Agfa Foto-Historamas in Köln erscheint der Hinweis auf eine Daguerreotypie der Sammlung, die ohne Zweifel eine Bürgerin zeigt, den Schoß mit einem Schleier bedeckt und mit abgewandtem Gesicht. Der Autor des Artikels, Otto Hochreiter, verweist auf die mögliche Motivation der bürgerlichen Dame, für erotische Bilder Modell zu sitzen: „Unter der Bedingung, unerkannt zu bleiben, erlaubten Damen der besten Kreise nicht selten die Ablichtung ihres Körpers in

mehr oder weniger pikanten Posen teils aus sogenannten exhibitionistischen oder narzißtischen Neigungen heraus, teils, um ihrem Geliebten oder auch Gatten seine Besitzansprüche auch im Bild handgreiflich zu vergewissern." (Hochreiter: Erotik der Rührung, S. 485.)

174 Senelick: Eroticism in Early Theatrical Photography. Es sei an dieser Stelle noch auf eine Subkategorie der erotischen Stereobilder hingewiesen, zwei Editionen, die die Titel *Nos Mondaines* und *Le Moulin Rouge* tragen und beide von Adolphe Block (BK) herausgegeben wurden. Jede Serie besteht zumeist aus sechs Bildern, angebracht auf ornamental verzierten Karten und angeboten in kolorierten, beschrifteten Etuis. Die seriellen Stereofotografien der *Nos Mondaines* tragen Titel wie *Le Déshabillé de la Parisienne*, *La Puce*, *Le Chat*, *Chez le Peintre*, *Le Coucher de la Parisiennes*, *La Douche* oder *Les Débuts de Chiffonnette* und ‚erzählen' jeweils kurze Szenen mit Schlusspointe. Protagonistinnen dieser ‚schlüpfrigen' Bildergeschichten sind leicht bekleidete Tänzerinnen des Moulin Rouge in Paris. Zum Teil komplette Serien dieser Bilder sind im Stadtmuseum München vorhanden.

175 Maas: *Das Photoalbum 1858–1918*, S. 123.

176 Vgl. Adam: *Die erotische Daguerreotypie*, S. 25.

177 Hochreiter: Erotik der Rührung, S. 484.

178 Darrah: *The World of Stereographs*, S. 159.

179 Wie Eduard Fuchs in der *Illustrierten Sittengeschichte* (1912) anmerkt, sind „[d]ie delikaten Dessous vor den Augen der Beschauer zu enthüllen, [...] ein ununterbrochenes Streben aller irgendwie galanten Zeichner und Maler". Im Theater kreiere man Stücke und Revuen häufig nur als Rahmungen für Entkleidungsszenen oder um „Toilette zu machen".

180 *Conversations-Lexicon für bildende Kunst*, hrsg. v. Lorenz Clasen / Friedrich Faber / Johann A. Romberg. Bd. 2: B–Dittenberger. Leipzig: Renger 1846, S. 604. Achille Devéria porträtierte aber auch bekannte Persönlichkeiten wie etwa Alexandre Dumas, Victor Hugo oder Franz Liszt in seinem Atelier in der Rue de l'Ouest, Paris. Für Verlagshäuser fertigte er ferner Illustrationen für den *Faust* und *Don Quijote* an.

181 Ebd.

182 Die antike Skulptur befindet sich in Rom im Konservatorenpalast, wurde aber immer wieder kopiert. Besonders im Mittelalter gilt der Dornauszieher als Symbol für die Erbsünde, der Dorn im Fuß steht für die Strafe derjenigen, die ‚vom rechten Weg' abgekommen sind.

183 Charles Baudelaire: Neue Anmerkungen zu Edgar Poe [1857]. In: Ders.: *Sämtliche Werke*, Bd. II, , aus d. Franz. u. hrsg. v. Friedhelm Kemp. München / Wien: Hanser 1989, S. 341–362, hier S. 341.

184 Romer / Scheid (Hrsg.): *Die erotische Daguerreotypie*, S. 100.

185 Fuchs: *Illustrierte Sittengeschichte*, S. 448.

186 Eine Stereofotografie, die Mädchen im Badekostüm vor dem Foto-Zelt zeigt, ist in *New York City in 3D* abgedruckt. Ein ähnliches Thema, diesmal mit dem Medium des Kinematographen spielend, ist der Inhalt der Komödie *Number Nine, or, The Lady of Ostende* von Sir Francis Cowley Burnand (1836–1917) aus dem Jahre 1897, eine Adaption des Schwanks *Hans Huckebein* von Oscar Blumenthal (1852–1917) und Gustav Kadelburg (1851–1925) aus dem gleichen Jahr. Durch kinematographische Aufnahmen, die am Strand des Seebads Ostende geschossen werden, gerät der Protagonist, ein verlobter Anwalt, in Schwierigkeiten, weil sie seinen Flirt am Strand dokumentieren. Entscheidend für den komischen Konflikt wird „Picture No. 9", das in weiten Teilen der Öffentlichkeit zirkuliert.

187 Fuchs: *Illustrierte Sittengeschichte*, S. 472.
188 Senelick: Double Vision, S. 85.
189 Hochreiter: Erotik der Rührung, S. 485.
190 Brewster: *The Stereoscope*, S. 182.
191 Linda Williams: Corporealized Observers. Visual Pornographies and the 'Carnal Density of Vision'. In: Patrice Petro (Hrsg.): *Fugitive Images. From Photography to Video.* Bloomington: Indiana UP 1995, S. 3–41, hier S. 20.
192 Karl Wilhelm Wolf-Czapek: *Stereoskopie.* Dresden: ICA 1914, S. 25. Er gesteht allerdings zu, dass „wenn man auf jede künstlerische Wertung des Porträts von vornherein verzichtet, gerade die Stereoskopie imstande ist, uns eine, alle Erinnerungen aufs lebhafteste weckende Darstellung eines Menschen zu geben." (Ebd., S. 26.)
193 Vgl. Leonhardt: *Piktoral-Dramaturgie.*
194 Hoerner: *Das photographische Gewerbe in Deutschland 1839–1914*, S. 158.
195 Ludwig Fischer: Perspektive und Rahmung. Zur Geschichte einer Konstruktion von ‚Natur'. In: Segeberg: *Die Mobilisierung des Sehens*, S. 69–96, hier S. 72–73.
196 Siehe hierzu u. a. die Studie von Susanne Müller: *Die Welt des Baedeker. Eine Medienkulturgeschichte des Reiseführers 1830–1945.* Frankfurt am Main / New York: Campus 2012.
197 „The title page reveals its author's intention to 'introduce readers at home to an acquaintance with the arts, customs and manners of the principal modern nations of the globe'." (Earle: *Points of View*, S. 9.)
198 Anne Friedberg: *Window Shopping. Cinema and the Postmodern.* Berkeley: University of California Press 1993.
199 Wie Gertrud Baruch konstatiert, tendiert auch die zeitgenössische touristische Fotografie dahin, die Weigerung von Erfahrung zu kompensieren. Der Reisende begibt sich auf die Suche nach photogenen Gegenständen, die Erfahrung der Wirklichkeit wird dann „in ein Abbild, ein Souvenir, verwandelt. Reisen wird zu einer Strategie, die darauf abzielt, möglichst viele Fotos zu machen. [...] Die meisten Touristen fühlen sich genötigt, die Kamera zwischen sich und alles Ungewöhnliche zu schieben, das ihnen begegnet. Nicht wissend, wie sie sonst reagieren sollten, machen sie eine Aufnahme." (Gertrud Baruch zit. in Susan Sontag: *Über Fotografie.* Frankfurt am Main: Fischer 1999, S. 15.)
200 Barthes: *Der entgegenkommende und der stumpfe Sinn*, S. 98.
201 Siehe zu H. C. White, zu dem kaum weitere Informationen verfügbar sind, die Website http://www.yellowstonestereoviews.com/publishers/white.html (Zugriff am 16.09.2014). Hier sind zahlreiche weitere Aufnahmen Whites aufgeführt.
202 Vgl. Schmidt: *Ästhetik des Melodramas*, S. 286.
203 Vgl. Kap. „Tiefenschau über Grenzen", S. 47.
204 Vgl. Helmut Gernsheim: *Geschichte der Photographie. Die ersten hundert Jahre.* Frankfurt am Main: Propyläen 1983, S. 309.
205 Jones: *Wonders of the Stereoscope*, S. 68. Er führt weiter aus: „Less well known [...] its the audacious act of Signorina Maria Spelterini, who upstaged Blondin by crossing the Falls with her feet in buckets." (Ebd.) Eine Stereoskopie von George Barker (1844–1894) zeigt Maria Spelterini (1853–1912) bei ihrem Act: Gekleidet in einem weit ausgestellten Kleid und an den Füßen Eimer, balanciert sie über das über die Niagara-Fälle gespannte Seil. Im Hintergrund sind auf einer Brücke Zuschauer zu sehen.
206 Vgl. Kap. „Tiefenschau über Grenzen", S. 47.
207 Vgl. hierzu Jones: *Wonders of the Stereoscope*, S. 102.
208 Gernsheim: *Geschichte der Photographie*, S. 311.

209 Darrah: *Stereo Views*, S. 42.

210 „It was the telegraph, in the first place, that contributed to the rapid distribution of news, information, and opinion. The spread of the telegraph system in the 1880s, was precipitated by the expansion of global capitalism and the integration of the world market. The borderless communication was further facilitated by the invention of wireless telegraphy. After the first successful transatlantic message in 1901, the wireless enabled communications without cables and thus multiplied the nodal points of informational exchange.“ (Sebastian Conrad / Dominic Sachsenmaier: Introduction. Competing Visions of World Order. In: Dies. (Hrsg.): *Competing Visions of World Order. Global Moments and Movements, 1880s–1930s.* New York: Palgrave Macmillan 2007, S. 1–25, hier S. 14.) Siehe auch das von Roland Wenzlhuemer herausgebene Themenheft *Global Communication. Telecommunication and Global Flows of Information in the Late 19th and Early 20th Century* der Zeitschrift *Historical Social Research* 131,35 (2010); sowie M. Michaela Hampf / Simone Müller-Pohl (Hrsg.): *Global Communication Electric. Business, News and Politics in the World of Telegraphy*. Frankfurt am Main: Campus 2013.

211 Als ein Vorläufer dieser Art enzyklopädischer Erfassung der Welt mittels optischer Geräte kann bekanntlich der zeichnende Engländer in Goethes *Wahlverwandtschaften* angesehen werden. Auch er bereist die Welt und hält Ausschau nach anschaulichen Plätzen, nämlich „Ufer und Häfen, Berge, Seen und Flüsse, Städte, Castelle und manches andre Local, das in der Geschichte einen Namen hat“, die er mit Hilfe der Camera obscura kopiert.“ (Johann Wolfgang Goethe: D*ie Wahlverwandtschaften. Ein Roman. Zweyter Theil.* Tübingen: Cotta 1809, S. 187) „[E]r beschäftigte sich die größte Zeit des Tags, die malerischen Aussichten des Parks in einer tragbaren, dunklen Kammer aufzufangen und zu zeichnen, um dadurch sich und andern von seinen Reisen eine schöne Frucht zu gewinnen. Er hatte dieses, schon seit mehreren Jahren, in allen bedeutenden Gegenden gethan und sich dadurch die angenehmste und interessanteste Sammlung verschafft.“ (Ebd., S. 186.) Die Sammlung präsentiert er später den Damen vom Land, und eröffnet ihnen damit die Möglichkeit, die Welt visuell erfahrbar zu machen, „in ihrer Einsamkeit die Welt so bequem zu durchreisen, vor sich vorbeiziehen zu sehen.“ Der Engländer unterlegt jede Zeichnung mit einer passenden Geschichte, die mit der Legende der (Stereo-)Bilder verglichen werden kann.

212 „Probably the severest criticism which can be made of the photograph of a scene is that it destroys rather completely the sense of distance. Forderground, middle ground, and background are all condensed in one plane.“ (Robert Taft: *Photography and the American Scene. A Social History* [1938]. New York: Macmillan 1964, S. 167.)

213 Hermann Lemke: *Das Kaiserpanorama. Seine Geschichte seine Entwicklung und seine hohe Bedeutung für Schule und Volk. Eine monographische Studie.* Storkow: Schultechnik-Verlag 1913, S. 18. Oliver Wendell Holmes hat in seiner zweiten Publikation *Sun-Painting and Sun-Sculpture; with a Stereoscopic Trip Across the Atlantic* (1861) seine Erfahrung beschrieben, mit dem rechten Auge das stereoskopische Bild zu betrachten und gleichzeitig mit dem linken Auge über das Stereoskop hinweg den wirklichen Landstrich anzuschauen, so dass Fotografie und Wirklichkeit überlappten und in allen Dimensionen koinzidierten. Vgl. Taft: *Photography and the American Scene*, S. 181–182.

214 Siehe hierzu u. a. Dieter Lorenz: *Das Kaiserpanorama. Ein Unternehmen des August Fuhrmann.* München: Lindemanns 2010. Lorenz geht akribisch der Geschichte des Unternehmens nach und auch auf die vielen zeitgenössischen Filialen ein. Siehe auch die Website des „Fördervereins für Kaiser-Panorama. Jahrhundert-Erinnerungen in 3D" mit Sitz in Celle. http://www.kaiser-panorama.de (Zugriff am 16.09.2014). Die 12.000 Glas-Stereobilder umfassende Sammlung August Fuhrmanns wurde Anfang der 1980er Jahre durch den Wirtschaftsprofessor Erhard Senf aufgekauft. Im Jahre 2005 übernahm das Deutsche Historische Museum in Berlin den Bestand. Nahezu alle Bilder sind mittlerweile digitalisiert worden.

215 „So wurden beispielsweise Programme vorgeführt, die den Beginn des Ballonflugs zum Nordpol zeigten, bei dem der Forscher Andrée und seine Begleiter im Sommer 1897 verschollen waren, und das Publikum konnte sich in der Panorama-Schau über die Reise des Deutschen Kaisers und seiner Gattin nach Konstantinopel informieren." (Ricarda Strobel: Vom Jahrmarkt in den Filmpalast: Kino und Film im ersten Jahrzehnt. In: Faulstich: *Das Erste Jahrzehnt*, S. 71–83, hier S. 71.)

216 Ebd., S. 72.

217 Walter Benjamin: *Das Kunstwerk im Zeitalter seiner technischen Reproduzierbarkeit.* Frankfurt am Main: Suhrkamp 1977, S. 37.

218 Lemke: *Das Kaiserpanorama*, S. 14.

219 Ebd., S. 21. Siehe zur sogenannten Schundliteratur und ihrem Einfluss auf Kinder und Jugendliche des 19. und frühen 20. Jahrhunderts Kaspar Maase: *Die Kinder der Massenkultur. Kontroversen um Schmutz und Schund seit dem Kaiserreich.* Frankfurt am Main: Campus 2012.

220 „In Erkenntnis der erzieherischen Wirkungen dieses idealen Anschauungsmittels hatte das Ministerium der geistlichen Unterichts- und Medizinalangelegenheiten ein Kaiserpanorama für die Lehrmittelabteilung der Weltausstellung in Chikago ausgestellt." (Lemke: *Das Kaiserpanorama*, S. 13–14).

221 Brewster: *The Stereoscope*, S. 195.

222 Ebd., S. 196.

223 Die Lichtbilder Daguerre's. In: *Das Pfennig-Magazin für Verbreitung gemeinnütziger Kenntnisse* 312, 23.03.1839, S. 92.

224 Lemke: *Das Kaiserpanorama*, S. 12.

225 Brewster: *The Stereoscope*, S. 198.

226 Die Motive sollen hier nicht weiter ausgeführt werden. In Bezug auf die ethnographischen und anthropometrischen Aufnahmen fremder Ethnien durch die Stereofotografen gelten die gleichen Selektionsstrategien wie hinsichtlich der Fotografie. Vgl. hierzu bspw. Thomas Theye: Wir wollen nicht glauben, sondern schauen. Zur Geschichte der ethnographischen Fotografie im deutschsprachigen Raum im 19. Jahrhundert. In: Ders. (Hrsg.): *Der geraubte Schatten.* München / Luzern: Bucher 1989, S. 60–72.

227 Jones: *Wonders of the Stereoscope*, S. 78.

228 Vgl. hierzu Gisela Welz: *Inszenierungen kultureller Vielfalt.* Frankfurt am Main / New York / Berlin: Akademie 1996, S. 20. Es sei hier das Aufkommen der Weltausstellungen, nach der ersten Ausstellung 1851, betont. Bekanntlich werden auf den Expositionen außereuropäische Kulturen gezeigt und verpflichtet, repräsentative Beschäftigungen ihres Alltages vorzuführen. Eine interdisziplinäre, von der Deutschen Forschungsgemeinschaft finanzierte und an der Ludwig Maximilians-Universität situierte Forschergruppe beschäftigte sich zwischen 2000 und 2007 mit Fragen der kulturellen Repräsentationen von Fremdheit im Tanz, in den Weltausstellungen, in ethnischen Displays, anatomischen und Wachsfigurenkabinetten, bildender und

Plakatkunst. Siehe u. a. Volker Barth: *Mensch versus Welt. Die Pariser Weltausstellung von 1867*. Darmstadt: WBG 2007; Anne Dreesbach: *Gezähmte Wilde. Die Zurschaustellung „exotischer" Menschen in Deutschland 1870–1940*. Frankfurt am Main: Campus 2005.

229 „[Ils] publièrent un alphabet stéréoscopique dans lequel chaque lettre est l'initiale d'un nom de peuple, et chaque nom de peuple le prétexte d'une petite scène, où les costumes les plus exacts et les types les plus variés sont rehaussés par des détails pleins de variété et de couleur locale." (Pellerin: *La photographie stéréoscopique sous le second Empire*, S. 80.) Siehe auch Leonhardt: *Piktoral-Dramaturgie*.

230 Als „armchair travellers" werden Betrachter stereoskopischer Bilder bezeichnet, die vom Wohnzimmersessel aus die Welt durch das Bild ‚kennenlernen'.

231 Darrah: *The World of Stereographs*, S. 60.

232 Siehe zum Orientalismus in der Malerei u. a. Edward Said: *Orientalism*. London: Penguin 1977; C. Edmund Bosworth (Hrsg.): *A Century of British Orientalists. 1902–2001*. London: Oxford UP 2001; Kristian Davies: *The Orientalists. Western Artists in Arabia, the Sahara, Persia and India*. New York: Laynfaroh 2005.

233 Dean MacCannell: Staged Authenticity. Arrangement of Social Space in Tourist Settings. In: *American Journal of Sociology* 79,3 (1979), S. 589–603.

234 Im 19. Jahrhundert ist der Begriff des Dokumentarfotos noch nicht gebräuchlich. Zur Fotografie siehe u. a. Abigail Solomon-Godeau: Wer spricht so? Einige Fragen zur Dokumentarfotografie. Die Filmwissenschaft bezeichnet mit Dokumentarfilm alle non-fiktionalen Filme und unterscheidet Subkategorien wie bspw. den realistischen Dokumentarfilm oder den Thesendokumentarfilm. Vgl. hierzu u. a. James Monaco: *Film verstehen. Kunst, Technik, Sprache, Geschichte und Theorie des Films und der Medien*. Reinbek: Rowohlt 1996, S. 550; Erik Barnouw: *Documentary. A History of the Non-Fiction Film*. New York: Oxford UP 1993; Peter Zimmermann (Hrsg.): *Geschichte des dokumentarischen Films in Deutschland*, 3 Bde. Stuttgart: Reclam 2005.

235 Peters: *Stilgeschichte der Photographie in Deutschland 1839–1900*, S. 272.

236 „Der Name des Noemas der PHOTOGRAPHIE sei also: ‚Es-ist-so-gewesen' oder auch: das UNVERÄNDERLICHE. Im Lateinischen (eine Pedanterie, die notwendig ist da sie Nuancen erhellt) hieße dies zweifellos: ‚interfuit': das, was ich sehe, befand sich dort, an dem Ort, der zwischen der Unendlichkeit und dem wahrnehmenden Subjekt (operator oder spectator) liegt" (Roland Barthes: *Die helle Kammer*. Frankfurt am Main: Suhrkamp 1989, S. 87).

237 Vgl. Hoerner: *Das photographische Gewerbe in Deutschland 1839–1914*, S. 158.

238 Ernst Cassirer: *Versuch über den Menschen. Einführung in eine Philosophie der Kultur*. Hamburg: Meiner 2007, S. 224–225.

239 Günther Anders: *Die Antiquiertheit des Menschen*, Bd. 2: Über die Zerstörung des Lebens im Zeitalter der dritten industriellen Revolution. München: Beck [4]1988, S. 252.

240 Brewster: *The Stereoscope*, S. 181.

241 Ebd., S. 204–205.

242 Ebd., S. 181.

243 Dieser Vergleich unterstellt der Fotografie keineswegs eine ‚parasitäre' Anlehnung an die Malerei und ihre Sujets. Dass Malerei und Theater in wechselseitiger Befruchtung zu betrachten sind, wurde wissenschaftlich mehrfach untersucht. Für einige Maler ist nachgewiesen, dass ihnen Schauspieler Modell für ihre

Zeichnungen gestanden haben. Umgekehrt orientierten sich Schauspieler bzw. Schauspieltheoretiker immer wieder an der Malerei, um einen idealen Ausdruck des Körpers zu beschreiben.

244 So Jones: *Wonders of the Stereoscope*, S. 82.

245 Ebd.

246 Ernest Reulbach: Die Kunstwürde der Fotografie (1864), wiedergegeben in Kemp: *Theorie der Fotografie. Eine Anthologie*, S. 126–129, hier S. 127.

247 Vgl. zu dieser künstlerischen Praxis in der Malerei, die rhetorische Strategien mit der Schauspieltheorie verknüpft, z. B. Jacqueline Lichtenstein: *The Eloquence of Color. Rhetoric and Painting in the French Classical Age*. Berkeley / Los Angeles / Oxford: University of California Press 1993.

248 http://www.europeana1914-1918.eu/de (Zugriff am 01.03.2015). Eine umfangreiche Sammlung stereoskopischer Aufnahmen dieser Jahre ist unter anderem über die Objektdatenbank des Deutschen Historischen Museums zugängig: www.dhm.de.

249 Vgl. Leonhardt: *Piktoral-Dramaturgie*.

250 Gerhard Paul: *Bilder des Krieges. Krieg der Bilder. Die Visualisierung des modernen Krieges*. München: Fink 2004, S. 72.

251 Diese befinden sich auch im Bestand des Deutschen Historischen Museums in Berlin.

252 Vgl. Leonhardt: *Piktoral-Dramaturgie*.

253 Paul: *Bilder des Krieges. Krieg der Bilder*, S. 59, 61. Paul weist ebd. mit Referenz auf Grimms *Deutsches Wörterbuch* auf eine Verschiebung des Wortes Kriegs*theater* hin, wie es noch vor 1800 geläufig war, zum Ausdruck Kriegs*schauplatz*.

254 Ebd., S. 39.

255 Ebd., S. 41.

256 Ebd., S. 45. Paul macht fünf „Grundmuster" aus, die in der visuellen Darstellung des Krieges kooperierten oder konkurrierten: „(1) die religiöse Sinngebung von Krieg und Kriegstod in der Tradition der frühneuzeitlichen Malerei, (2) die aus der höfischen Schlachtenmalerei resultierende naturwissenschaftlich-geometrische Ordnung des Krieges, (3) die mit dem napoleonischen Befreiungsmythos populär gewordene Deutung des Krieges als dramatischer Leidenschaft, (4) die aus der Genremalerei und -grafik kommende Verbürgerlichung des Krieges als Folgeerscheinung einer aufstrebenden bürgerlichen Gesellschaft [...] (5) die immer wieder auch durchschimmernde Darstellung des Krieges als Spaß und Spiel." (Ebd., S. 45.)

257 Anton Holzer: 'Going over the Top'. Neue Perspektiven aus dem Schützengraben. In: Gerhard Paul (Hrsg.): *Das Jahrhundert der Bilder. 1900 bis 1949*. Göttingen: Vandenhoeck & Rupprecht 2009, S. 196–203. Der erste Teil von Holzers Aufsatztitel ist der gleichnamigen Aufnahme des kanadischen Kriegsfotografen Ivor Castle vom Oktober 1917 geschuldet, deren Original sich im Imperial War Museum in London befindet. Die Aufnahme zeigt Soldaten in einem Schützengraben. Geschossen wurde das Bild während einer Übung im Hinterland, auch wenn immer wieder behauptet wurde, es sei in der Schlacht an der Somme (1916) entstanden. Vgl. ebd., S. 201. Holzer hat bereits in *Die andere Front. Fotografie und Propaganda im Ersten Weltkrieg*. Darmstadt: Primus 2007, sehr eindrucksvoll die manipulative Bildgestaltung während der Kriegsjahre erörtert.

258 Vgl. Ralf Georg Reuth: *Das Gesicht der Diktatur. Das Dritte Reich in 3D-Photos*. München / Zürich: Pendo 2011; Sebastian Fitzner: ‚Raumrausch und Raumsehnsucht'. Zur Inszenierung der Stereofotografie im Dritten Reich. In: *Fotogeschichte* 28,109 (2008), S. 25–37.

259 Jens Schröter: Politisierung des Raums. Stereoskopie im Dritten Reich. In: Sabine Autsch / Sara Hornök (Hrsg.): *Räume in der Kunst. Künstlerische, kunst- und medienwissenschaftliche Entwürfe*. Bielefeld: Transcript 2010, S. 211–229, hier S. 221. Siehe auch Schröter: *3D*.

260 Vgl. zu Hoffmanns Arbeit als Fotograf Hitlers u. a. Rudolf Herz: *Hoffmann und Hitler. Fotografie als Medium des Führer-Mythos*. München: Klinkhardt 1994; Joe J. Heydecker: *Das Hitler-Bild. Die Erinnerungen des Fotografen Heinrich Hoffmann*. St. Pölten: Residenz 2008.

261 Wie Schröter in *3D* informiert, erschien die erste Ausgabe des Magazins *Das Raumbild* am 15. Januar 1935. Im gleichen Jahr edierte Schönstein ein Stereo-Buch mit dem Titel *Venedig – ein Raumerlebnis*, das sich jedoch schlechter verkaufte als erwartet. Schönsteins Unternehmen, 1942 vom Ammersee umgezogen nach Oberaudorf am Inn, versucht nach 1945 vergeblich, wieder Fuß zu fassen. Siehe auch Dieter Lorenz: *Der Raumbild-Verlag Otto Schönstein. Zur Geschichte der Stereoskopie* (*DHM-Magazin. Mitteilungen des Deutschen Historischen Museums* 11,27). Berlin: DHM 2001.

262 Max Wendt: Geleitwort. In: Ders. (Hrsg.): *Der Führer und seine Mitarbeiter auf dem Reichsparteitag der Ehre*. Berlin: Dreyer 1936, o. P.

263 Zum Gebrauch empfiehlt Wendt: „Wer beim Lesen eine Brille benutzt, muß diese auch beim Betrachten aufsetzen. Die Illusion wird verstärkt, wenn die Bilder beim Betrachten aufrecht stehen und etwas weiter als beim Lesen vom Auge entfernt sind. Die Bilder sind so zu halten, daß sie vom Tages- oder Lampenlicht gut beleuchtet werden." (Ebd.)

264 Eine vergleichbare Argumentation und Betonung der Wirklichkeit des Bildes wird in der Zeit des Ersten Weltkriegs in Bezug auf die Farbfotografien gemacht – ungeachtet ihres zuweilen höchst inszenierten Charakters: „Die Farbaufnahmen wurden durchweg als ‚Wirklichkeitsbilder' des Krieges beworben. Tatsächlich handelt es [sic] fast immer um idealisierende und romantisierende Darstellungen des Krieges, deren inhaltliche Motive sich entlang gewohnter Bild- und Genrekonventionen bewegten. […] Die Wirklichkeit der ‚Wirklichkeit' bezog sich demnach primär auf den technischen Aspekt der Farbe." (Marc Hansen: „Wirklichkeitsbilder". Der Erste Weltkrieg in der Farbfotografie. In: Paul (Hrsg.): *Das Jahrhundert der Bilder*, S. 188–195, hier S. 191.)

265 Paula Diehl: Reichsparteitag. Der Massenkörper als visuelles Versprechen der „Volksgemeinschaft". In: Paul (Hrsg.): *Das Jahrhundert der Bilder*, S. 470–479, hier S. 470. Diehl behauptet die enge Verwandtschaft zwischen der Inszenierung der Reichsparteitage und Theater, insbesondere Richard Wagners Idee des Gesamtkunstwerks: „Die Idee einer Integration von Publikum und Akteuren in einer einzigen Gemeinschaft durch ästhetische Erfahrungen war keine genuine Erfindung der NS-Propaganda. Schon Richard Wagners Kunstwerk-Konzept hatte die Absicht, die Zuschauer so zu überwältigen, dass sie sich der Inszenierung hingeben und dadurch in eine einzige Gemeinschaft auflösen würden. Inszenierungstechniken wie die Verdunkelung des Raumes oder der Entwurf von ausgefallenen Szenarien wurden in diesem Rahmen entwickelt. Sie beeindruckten nicht nur Hitler, der Wagner und Bayreuth bewunderte, sondern beeinflussten auch die Inszenierung von NS-Massenveranstaltungen und der Reichsparteitage." (Ebd., S. 478.)

266 Vgl. auch Diehl: Reichsparteitag, S. 470.
267 Paul: *Bilder des Krieges. Krieg der Bilder*, S. 225–226.
268 Vgl. Schröter: *3D*, S. 189.
269 Diese Strategie wird auch für das Kino der NS-Zeit zum Programm: „[D]as Kino des Dritten Reichs ist kein Kino, in dem es darum geht, von vornherein klare ideologische Programmatiken möglichst effektvoll zu bebildern. Diesem Kino geht es ganz im Gegenteil in erster Linie darum, seine Zuschauer und Zuschauerinnen in jeweils sehr unterschiedliche Zustände audiovisueller Erregung zu versetzen, die im Film selber keineswegs eindeutig besetzt werden müssen. Man könnte eher sagen: das Kino war für die Erregung, das politisch-ideologische Umfeld für die Projektions- und Übertragungsmöglichkeiten dieser Erregungspotentiale zuständig." (Harro Segeberg: Erlebnisraum Kino. Das Dritte Reich als Kultur- und Mediengesellschaft. In: Ders. (Hrsg.): *Mediale Mobilmachung*, Teil I: Das Dritte Reich und der Film. Paderborn: Fink 2004, S. 11–42, hier S. 31.)
270 Belting: *Bilderfragen*, S. 13.
271 Editorial: Rückblick und Vorschau. In: *Das Raumbild. Monatszeitschrift für die gesamte Stereoskopie und ihre Grenzgebiete* 2,12 (1936), S. 265–266.
272 Leni Riefenstahl, zit. n. Rainer Rother: Riefenstahls Olympia. Die Olympischen Sommerspiele 1936 als filmisches Event. In: Paul: *Bilder des Krieges. Krieg der Bilder*, S. 506–513, hier S. 510.
273 Goebbels am 14./15.2.1941, nach einem Bericht des *Film-Kurier* vom 17.02.1941, zit. in Segeberg: Erlebnisraum Kino: Das Dritte Reich als Kultur- und Mediengesellschaft, S. 11.
274 Ebd., S. 12.
275 Ebd., S. 26–27.

„Films Like Real Life"
Stereoskopische Kinematographie und 3D-Film bis 1929

1 Vgl. Wilhelm Rollmann: Notiz zur Stereoskopie. In: *J. C. Poggendorffs Annalen der Physik (und Chemie)* 89 (1853), S. 350–351, sowie ders.: Zwei neue stereoskopische Methoden. In: *J. C. Poggendorffs Annalen* 90 (1853), S. 186–187.
2 *Sehsucht. Das Panorama als Massenunterhaltung des 19. Jahrhunderts*, S. 336.
3 Vgl. Louis Ducos du Hauron: *Les Couleurs en photographie. Solution du problème*. Paris : Marion 1869. Jesko Jockenhövel gibt an, dass das erste System zur Trennung der projizierten Bilder für jedes Auge 1891 patentiert und zum ersten Mal verwendet worden sei. Jesko Jockenhövel: *Der digitale 3D-Film. Narration, Stereoskopie, Filmstil.* Wiesbaden: Springer 2014, S. 48.
4 Besonders in naturwissenschaftlichen Publikationen werden Anaglyphenbilder abgedruckt, die „mathematische und technische Modelle in konstruktiv hergestellten Zeichnungen plastisch wiedergaben" Baier: *Quellendarstellungen zur Geschichte der Photographie*, S. 171.
5 Vgl. zu Anderton Moritz Rohr: *Die binokularen Instrumente*. Berlin: Julius Springer 1907.
6 Jockenhövel: *Der digitale 3D-Film*, S. 50. Zur Geschichte des 3D-Films siehe auch Stephan Drößler: Kino in der dritten Dimension. Streifzugdurch die 3D-Geschichte. Ein neues Zeitalter? In: *Filmdienst* 61,1 (2008), S. 6–11; Ray Zone: *Stereoscopic Cinema and the Origins of 3-D Film*. Lexington: UP of Kentucky 2007.
7 Gernsheim: *Geschichte der Photographie*, S. 312.
8 „Im Ruttmann-Film ‚Berlin' gibt es eine Aufnahme von zwei in entgegengesetzter Richtung aneinander vorbeifahrenden

Untergrundbahnzügen. Der Apparat schaut von oben her auf die beiden Züge herunter. Wer diese Szene betrachtet, sieht zunächst, daß der eine Zug von vorn nach hinten, der andre von hinten nach vorn fährt (räumliches Bild), zugleich aber auch, daß der eine Zug vom untern Bildrahmen zum obern, der andre von oben nach unten sich bewegt (flächiges Bild). Der zweite, flächige Eindruck entsteht als Projektion der räumlichen Bewegungen in die Bildfläche, was natürlich andre Bewegungsrichtungen ergibt." (Rudolf Arnheim: *Film als Kunst*. Berlin: Rowohlt 1932, S. 27.)

9 Béla Balázs: *Der Geist des Films*. Frankfurt am Main: Suhrkamp 2001, S. 16.

10 So besprochen in Heike Klippel / Florian Krautkrämer: Wenn die Leinwand zurück schießt. Zur Geschichte des 3D-Kinos. In: Jan Distelmeyer / Lisa Andergassen / Nora Johanna Werdich (Hrsg.): *Raumdeutung. Zur Wiederkehr des 3D-Films*. Bielefeld: Transcript 2012, S. 45–66, hier S. 48.

11 Die Famous Players Film Company wurde bereits seit 1912 von Adolph Zukor, Edwin Stanton Porter und Daniel Frohman betrieben. Der Vertrieb oblag der Paramount Pictures Corporation (1914–1916). Ihr Motto lautete „Famous Players in Famous Plays". Ihren Anfang nahm sie damit, dass Zukor den Auftrag hatte, den amerikanischen Vertrieb der Filme mit Sarah Bernhardt in der Hauptrolle zu kontrollieren. Die Company wurde später in „Paramount" umbenannt.

12 Vgl. R. M. Hayes: *3-D Movies. A History and Filmography of Stereoscopic Cinema*. Jefferson, NC / London: McFarland 1989, S. 236.

13 Ebd., S. 277.

14 Der amerikanische Erfinder und Fotograf Frederic Eugene Ives ist eine entscheidende Figur in der Geschichte der Kinematographie und der Liaison von (Farb-)Fotografie, Stereoskopie und Film. Im Jahre 1902 beantragte er das Patent für einen „Tempo Indicator", das ihm 1903 erteilt wurde. Ebenfalls 1903 erhielt er die Patentrechte für sein „Parallax-Stereogram". Die Library of Congress in Washington, D. C. hält über 5.000 Blätter von Frederick Eugene und seinem Sohn Herbert Eugene Ives (1882–1953) archiviert.

15 Hayes: *3-D Movies*, S. 286.

16 Ebd., S. 286.

17 Vgl. u. a. Ray Zone: *3D Filmmakers. Conversations with Creators of Stereoscopic Motion Pictures*. Oxford: Scorecrow 2005. Hayes notiert: „Filmed in Southern California. Duo-color. Silent. 76 minutes." Darsteller waren Elliott Sparling (Terry O'Neill), Barbara Bedford (Maria Almeda), Noah Beery (Don Almeda), Aileen Manning (Ysabel Almeda), Albert Prisso (Don Alvarez) and John Herdman (oldpadre). „The running time is figured at 16 f. p. s., but it was probably photographed with variable speed between 14 and 22 f. p. s." (Hayes: *3-D Movies*, S. 288.)

18 Zone: *Stereoscopic Cinema and the Origins of 3-D Film*, S. 112.

19 Ebd., S. 110.

20 Vgl. Hayes: *3-D Movies*, S. 184.

21 Eine Les Films Abel Gance Produktion für die Société Générale de Films, Paris, in Zusammenarbeit mit Pathé, Paris, West Company (Consortium Wengeroff-Stinnes), Berlin, Vilaseca y Ledesma, Madrid, Kanturek, Prag, Wilton, Voorburg und Svensk Filmindustri, Stockholm. Kontrolliert durch Loew's Inc. Copyright 13. Oktober 1928 durch Metro-Goldwyn-Mayer Distributing Corporation. Hayes: *3-D Movies*, S. 273–274. Umfassendere Ausführungen zu Produktion und Rezeption von *Napoléon* finden sich bei Kevin Brownlow: *The Parade's Gone*. Berkeley / Los Angeles: University of California Press 1968.

22 Mahola Dargis: 'Napoleon' Is Lost, Long Live 'Napoleon'! In: *The New York Times*, 16.03.2012.

23 Die Essanay Filmstudios wurden 1907 durch den amerikanischen Filmpionier George Kirke Spoor (1872–1953) gegründet. Gemeinsam mit P. John Berggren entwickelte Spoor ‚Natural Vision', ein System zum Vorführen von Breitwand und 3D.

24 Films Like Real Life. Words as Well as Deeds. In: *Times of India*, 23.12.1924, S. 12.

25 Ebd.

26 Ebd.

27 Ebd.

28 Ebd.

29 Claude Friese-Greene (geboren als Claude Harrison-Greene, (1818–1943)).

30 Siehe auch das vorangegangene Kapitel über ‚Raumbilder'. Siehe zu Literatur und Film im Dritten Reich unter anderen Karl-Heinz Schoeps: *Literature and Films in the Third Reich*, aus d. Dt. v. Kathleen M. Dell'Orto. Rochester: Camden-House 2004. Der deutsche Titel lautet *Literatur im Dritten Reich (1933–1945)*. Berlin: Weidler 2000 (bei der englischen Übersetzung handelt es sich gleichzeitig auch um eine erweiterte Fassung der deutschen Vorlage).

31 Vgl. Jockenhövel: *Der digitale 3D-Film*, S. 50.

32 Vgl. zu Boehner etwa http://saebi.isgv.de/biografie/Fritz_Boehner_(1896–1959) (Zugriff am 18.10.2014).

33 Jockenhövel: *Der digitale 3D-Film*, S. 48.

34 Vgl. z. B. Hugo Münsterbergs Aussage zur Adaption von Theatermaterial durch die Kinematographie: „The kinematographic theater soon had its Shakespeare repertoire; Ibsen has been played, and the dramatized novels on the screen became legion. Victor Hugo and Dickens scored new triumphs. In a few years, the way from the silly trite practical joke to *Hamlet* and *Peer Gynt* was covered with such thoroughness that the possibility of giving a photographic rendering of any thinkable theater performance was proven for all time." (Zit. in Allan Langdale (Hrsg.): *Hugo Münsterberg on Film*. New York: Routledge 2002, S. 58–59.)

35 *Life of Pi* (USA / Taiwan / UK 2012), Drehbuch: David Magee; Produktion: Ang Lee / Gil Netter / David Womark; Kamera: Claudio Miranda.

36 Fritz Göttler: Titanic in 3D – ein Trauergesang. In *Süddeutsche Zeitung*, 05.04.2012. http://www.sueddeutsche.de/kultur/blockbuster-zurueck-im-kino-titanic-in-d-ein-trauergesang-1.1326453 (Zugriff am 16.09.2014).

37 Ebd.

38 Göttler: Titanic in 3D – ein Trauergesang.

39 Distelmeyer / Andergassen / Werdich: Eroberung der Realität – 3D und André Bazin. Eine Einleitung, in: Dies. (Hrsg.): *Raumdeutung*, S. 7–15, hier S. 9.

40 Bei diesen Dimensionen handelt es sich nicht um physikalische Kardinalachsen, also Vertikale, Horizontale oder Spatiale, sondern vielmehr um Spezialeffekte, die im Film hintereinander, getrennt oder synchron zum Einsatz kommen: Hierzu gehören Sensory Seats (bewegliche Sitze), die etwa ruckartige Bewegungen, oder eine rasante Fahrt simulieren, Windmaschinen (für Witterung, Fahrtwind), Schnee, Regen, Dampf, Seifenblasen (für Unterwasser-Szenen), der Einsatz von olfaktorischen Reizen, etwa Aromen oder am Kinositz unten angebrachte Beinkitzler, dünne Gummifäden, die aktiviert werden, wenn auf dem Bild etwa ein Gang durch Gras, Insekten oder Spinnen dargestellt

werden. Ich danke an dieser Stelle Jürgen Niens für den Hinweis auf das 9D-Kino-Spektakel *Throne of Helios*, das die rhodische Geschichte erzählt: http://www.throneofhelios.com (Zugriff am 16.09.2014). Bei einem Besuch dieses Kinos im September 2014 arbeiteten die Effektmaschinen so sicht- und hörbar, dass die Aufmerksamkeit von der Leinwand weggelenkt wurde auf die Lokalisierung der Ursprünge von Dampf- und Regen; das Rauschen der Anlagen und Düsen verhinderte folglich die eigentlich anvisierte intensivierte Immersion. – Ganz gleich, ob es sich um eine bildkünstlerische Arbeit, eine Fotografie oder ein Kinobild handelt: alle in einem Bild gezeigten Raumanordnungen sind erst einmal nur visuell zu erfassen, was den offenkundigen Unterschied zu einem Echtraumerleben bringt, das, wie Stephan Günzel formuliert, „durch alle Sinne zugleich vermittelt wird" (Stephan Günzel: *Raum Bild. Zur Logik des Medialen*. Berlin: Kadmos 2012, S. 8).

41 Wim Wenders im Interview mit Matthias Greuling und Alexandra Zawia, aufgezeichnet am 30. März 2011 im Hotel „Das Triest" in Wien. https://www.youtube.com/watch?v=rvsWg4_b9zI (Zugriff am 18.09.2014).

42 Ebd.

43 Wim Wenders zit. in Charlotte Higgins: Wim Wenders Taps into 3D for Documentary on Bausch. In: *The Guardian*, 13.02.2011.

44 http://www.pina-film.de/ (Zugriff am 18.09.2014).

45 Vgl. Michaela Otto: Bildende und darstellende Künste. In: Günzel: *Raum. Ein interdisziplinäres Handbuch*, S. 60–76, bes. Abschnitt „Tanz", S. 72–74.

46 Von diesem Effekt wird in dem Film *Gravity* (2013) von Alfonso Cuaron intensiv Gebrauch gemacht. Eine Kritik zum Film von Eric Eisenberg nimmt explizit darauf Bezug und ordnet diesen Effekt in seiner Liste der ‚3D-Tauglichkeit' des Filmes unter „Before the Window"-Wirkung ein. Er notiert: „Thanks to blockbuster genre films that use 3D as a gimmick, throwing things into the audience either for a laugh or a scare, it's common for classier 3D films to ignore this part of the viewing experience in favor of simply creating deep, immersive environments, but Cuaron fully utilizes every aspect of the technology with *Gravity*. Whether it's a floating screw that slips out of someone's hand, a strap that someone ne–eds to hold on to for dear life, or a tear, the director makes a habit throughout the entire film of extending out into the movie theater." (Eric Eisenberg: To 3D or not to 3D: Buy the Right Gravity Ticket. http://www.cinemablend.com/new/3D-Or-3D-Buy-Right-Gravity-Ticket-39663.html (Zugriff am 13.09.2014).) Weitere Kategorien, die er an 3D-Filme, die er bespricht, anlegt, sind: „The Glasses of Test", „Audience Health", „Brightness", „Beyond the Window", „Planning & Effort", „Does 3D fit?" (ebd.).

47 Higgins: Wim Wenders Taps into 3D for Documentary on Pina Bausch.

Literaturverzeichnis

Adam, Hans Christian: *Die erotische Daguerreotypie. Eine Mediengeschichtliche Bestandsaufnahme.* Prag: Odephil 1998.

—: Nackte Haut im Silberspiegel. Erotische Daguerreotypien im Deutschen Museum. In: *Kultur & Technik* 2 (2007), S. 26–31.

Anders, Günther: *Die Antiquiertheit des Menschen*, Bd. 2: Über die Zerstörung des Lebens im Zeitalter der dritten industriellen Revolution. München: Beck [4]1988.

Alpers, Svetlana: *Rembrandt als Unternehmer. Sein Atelier und der Markt.* Köln: DuMont 1989.

Arnheim, Rudolf: *Film als Kunst.* Berlin: Rowohlt 1932.

Arnold, Wilhelm: *Das Raumerlebnis in Naturwissenschaft und Erkenntnistheorie.* Nürnberg: Sebaldus 1949.

Bab, Julius: *Theater im Lichte der Soziologie.* Leipzig: Hirschfeld 1931.

Bäckström, Helmer: Aus der Frühgeschichte der plastischen „lebenden" Bilder. In: *Das Raumbild* 11,9 (1936), S. 193–198.

Baier, Wolfgang: *Quellendarstellungen zur Geschichte der Photographie.* München: Schirmer-Mosel 1977.

Balázs, Béla: *Der Geist des Films.* Frankfurt am Main: Suhrkamp 2001.

Balk, Claudia: *Theaterfotografie. Eine Darstellung ihrer Geschichte anhand der Sammlung des Deutschen Theatermuseums München.* München: Hirmer 1989.

Balme, Christopher B.: Zwischen Artifizialität und Authentizität: Frank Wedekind und die Theaterfotografie. In: Andreas Kotte (Hrsg.): *Theater der Region – Theater Europas.* Basel: Ed. Theaterkultur 1995, S. 175–187.

Banham, Martin (Hrsg.): *The Cambridge Guide to Theatre.* Cambridge: Cambridge UP 1995.

Bapst, Germain: *Essai sur l'histoire des panoramas et des dioramas.* Paris: Impr. nationale 1891.

Barnouw, Erik: *Documentary. A History of the Non-Fiction Film.* New York: Oxford UP 1993.

Barsy, Andor von: *Raumbild-Fotografie. Technik und Gestaltung der Stereoaufnahme.* Halle, Saale: Knapp 1943.

Barth, Volker: *Mensch versus Welt. Die Pariser Weltausstellung von 1867.* Darmstadt: WBG 2007.

Barthes, Roland: *Die Lust am Text*, aus d. Franz. v. Traugott König. Frankfurt am Main: Suhrkamp 1974.

—: *Fragmente einer Sprache der Liebe*, aus d. Franz. v. Hans-Horst Henschen. Frankfurt am Main: Suhrkamp 1988.

—: *Die helle Kammer. Bemerkungen zur Photographie*, aus d. Franz. v. Dietrich Laube. Frankfurt am Main: Suhrkamp 1989.

—: *Der entgegenkommende und der stumpfe Sinn*, aus d. Franz. v. Dieter Hornig. Bd. 3: Kritische Essays. Frankfurt am Main: Suhrkamp 1990.

Baudelaire, Charles: *Sämtliche Werke / Briefe in acht Bänden*, Bd. 5: Aufsätze zur Literatur und Kunst. 1857–1860, hrsg. v. Friedhelm Kemp / Claude Pichois. München / Wien: Hanser 1989.

—: Die Photographie und das moderne Publikum. In: Ders.: *Der Künstler und das moderne Leben. Essays, ›Salons‹, Intime Tagebücher*, hrsg. v. Henry Schumann. Leipzig: Reclam 1990, S. 199–229.

Bayly, Christopher A.: *Die Geburt der modernen Welt.Eine Globalgeschichte 1780–1914.* Frankfurt am Main: Campus 2006 [*The Birth of the Modern World, 1780–1914. Global Connections and Comparisons.* London: Blackwell 2004].

Belting, Hans: *Bild-Anthropologie. Entwürfe für eine Bildwissenschaft*. München: Fink 2001.

— (Hrsg.): *Bilderfragen. Die Bildwissenschaften im Aufbruch*. München: Fink 2007.

Benjamin, Walter: Kleine Geschichte der Photographie (1931). In: Bernd Stiegler (Hrsg.): *Texte zur Theorie der Fotografie*. Stuttgart: Reclam 2010, S. 248–269.

—: *Das Kunstwerk im Zeitalter seiner technischen Reproduzierbarkeit*. Frankfurt am Main: Suhrkamp [1963] 1977.

—: *Das Passagen-Werk. Gesammelte Schriften*, Bd. V, hrsg. v. Rolf Tiedemann. Frankfurt am Main: Suhrkamp 1989.

Bentley, Nicolas: Dickens und seine Illustratoren. In: E. W. F. Tomlin (Hrsg.): *Die Welt des Charles Dickens*. Hamburg: Hoffmann & Campe 1969, S. 205–227.

Blank, Claudia: *Theaterfotografie. Eine Darstellung ihrer Geschichte anhand der Sammlung des Deutschen Theatermuseums*. München: Hirmer 1989.

Bleeker, Maaike: *Visuality in the Theater. The Locus of Looking*. New York: Palgrave Macmillan 2008.

Blümlinger, Christa (Hrsg.): *Sprung im Spiegel. Filmisches Wahrnehmen zwischen Fiktion und Wirklichkeit*. Wien: Sonderzahl 1990.

Bohn, Rainer / Eggo Müller / Rainer Ruppert (Hrsg.): *Ansichten einer künftigen Medienwissenschaft*. Berlin: Sigma Bohn 1988.

Bolz, Norbert: „Wer hat Angst vom Cyberspace?" (1993). In: Detlev Schöttker (Hrsg.): *Von der Stimme zum Internet. Texte aus der Geschichte der Medienanalyse*. Göttingen: Vandenhoeck & Ruprecht 1999, S. 213–217.

Booth, Michael R.: *Theatre in the Victorian Age* [1991]. Cambridge: Cambridge UP 1995.

Bosworth, C. Edmund (Hrsg.): *A Century of British Orientalists, 1902–2001*. London: Oxford UP 2001.

Brauneck, Manfred: *Die Welt als Bühne: Geschichte des europäischen Theaters*, Bd. 3. Stuttgart / Weimar: Metzler 1999.

Brewster, David: *The Stereoscope. Its History, Theory, and Construction. With Its Application to the Fine and Useful Arts and to Education*. London: John Murray 1856.

—: *Das Stereoskop, seine Geschichte, Theorie und Construction, nebst seiner Anwendung auf die schönen und nützlichen Künste und für die Zwecke des Jugendunterrichts*, aus d. Eng. v. Christ. Heinr. Schmidt. Weimar 1857.

Brownlow, Kevin: *The Parade's Gone*. Berkeley / Los Angeles: University of California Press 1968.

Bruhn, Matthias: *Das Bild. Theorie-Geschichte-Praxis*. Berlin: Akademie 2009.

Buck-Morss, Susan: *Dialektik des Sehens. Walter Benjamin und das Passagen-Werk*. Frankfurt am Main: Suhrkamp 2000.

Buddemeier, Heinz: *Panorama, Diorama, Photographie. Entstehung und Wirkung neuer Medien im 19. Jahrhundert*. München: Fink 1970.

Buerger, Janet E.: *French Daguerreotypes*. Chicago: University of Chicago Press 1989.

Burns, Elizabeth: *Theatricality. A Study of Convention in the Theatre and in Social Life*. New York: Harper & Row 1973.

Busch, Bernd: *Belichtete Welt. Eine Wahrnehmungsgeschichte der Fotografie*. Frankfurt am Main: Fischer 1997.

Cahan, David: *Hermann von Helmholtz and the Foundations of Nineteenth-Century Science*. Berkeley / Los Angeles: University of California Press 1993.

Cassirer, Ernst: *Versuch über den Menschen. Einführung in eine Philosophie der Kultur*. Hamburg: Meiner 2007.

Ceram, C. W.: *Eine Archäologie des Kinos*. Reinbek: Rowohlt 1965.

Conrad, Sebastian: *Globalisierung und Nation im Deutschen Kaiserreich.* München: Beck 2010.

Conrad, Sebastian / Dominic Sachsenmaier (Hrsg.): *Competing Visions of World Order. Global Moments and Movements, 1880s–1930s.* New York: Palgrave Macmillan 2007.

Conversations-Lexicon für bildende Kunst, hrsg. v. Clasen, Lorenz / Friedrich Faber / Johann Andreas Romberg. Bd. 2: B–Dittenberger. Leipzig: Renger 1846.

Crary, Jonathan: *Techniken des Betrachters. Sehen und Moderne im 19. Jahrhundert.* Amsterdam / Dresden: Verlag der Kunst 1996.

Crowther, Andrew: *Contradiction Contradicted. The Plays of W. S. Gilbert.* Cranbury: Associated University Presses 2000.

Daguerre, Louis Jacques Mandé: *Das Daguerreotyp und das Diorama, oder genaue und authentische Beschreibung meines Verfahrens und meiner Apparate zu Fixierung der Bilder der camera obscura und der von mir bei dem Diorama angewendeten Art und Weise der Malerei und der Beleuchtung* [Stuttgart 1839]. Hannover 1988. Reprint nach dem Original der Erstausgabe.

Darrah, William C.: *Stereo Views. A History of Stereographs in America and Their Collection.* Gettysburg: Times and News 1964.

—: American Sentimental Stereographs. In: *Stereo World* 1,3 (July–August 1974), S. 1, 10.

—: *The World of Stereographs.* Gettysburg: Darrah 1977.

Dauthendey, Max: *Der Geist meines Vaters. Aufzeichnungen aus einem begrabenen Jahrhundert.* München: Langen 1921.

Davies, Kristian: *The Orientalists. Western Artists in Arabia, the Sahara, Persia and India.* New York: Laynfaroh 2005.

Davis, Paul: *Charles Dickens A to Z. The Essential Reference to His Life and Work.* New York: Checkmark 1998.

De Beauvoir, Simone: *Das andere Geschlecht*, aus d. Franz. v. Uli Aumüller / Grete Osterwald. Reinbek: Rowohlt 1995.

Deutsches Theater-Lexikon, hrsg. v. Wilhelm Kosch. Bd. 2: Hurka – Pallenberg. Klagenfurt / Wien: Kleinmayr 1960.

Dewitz, Bodo von / Reinhard Matz (Hrsg.): *Silber und Salz. Zur Frühzeit der Photographie im deutschen Sprachraum 1839–1860.* Kataloghandbuch zur Jubiläumsausstellung 150 Jahre Photographie. Köln / Heidelberg: Edition Braus 1989.

Diderot, Denis: *Ästhetische Schriften*, aus d. Franz. v. Friedrich Bassenge / Theodor Lücke. Frankfurt am Main: EVA 1968.

Diehl, Paula: Reichsparteitag. Der Massenkörper als visuelles Versprechen der ‚Volksgemeinschaft'. In: Gerhard Paul (Hrsg.): *Das Jahrhundert der Bilder. 1900 bis 1945.* Göttingen: Vandenhoeck & Ruprecht 2009, S. 470–479.

Dinkins, Greg (Hrsg.): *New York City in 3D. A Look Back into Time. With Built-in Stereoscope Viewer.* Minneapolis: Voyageur 2009.

Distelmeyer, Jan / Lisa Andergassen / Nora Johanna Werdich (Hrsg.): *Raumdeutung. Zur Wiederkehr des 3D-Films.* Bielefeld: Transcript 2012.

Dreesbach, Anne: *Gezähmte Wilde. Die Zurschaustellung „exotischer" Menschen in Deutschland 1870–1940.* Frankfurt am Main: Campus 2005.

Drößler, Stephan: Kino in der dritten Dimension. Streifzug durch die 3D-Geschichte. Ein neues Zeitalter? In: *Filmdienst* 61,1 (2008), S. 6–11.

Duboscq, Jules: *Règles pratiques de la photographie sur plaque, papier, albumine et collodion.* Paris: Duboscq 1853.

Earle, Edward W. (Hrsg.): *Points of View. The Stereograph in America – A Cultural History.* New York: Visual Studies Workshop 1979.

El Nouty, Hassan: *Théatre et Pré-Cinéma. Essai sur la problématique du spectacle au XIXe siècle.* Paris: Nizet 1978.

Escudier, Gaston: *Les Saltimbanques.* Paris: Michel Lévy frères1875.

Faulstich, Werner (Hrsg.): *Das Erste Jahrzehnt. Kulturgeschichte des 20. Jahrhunderts.* München: Fink 2009.

Fischer, Ludwig: Perspektive und Rahmung. Zur Geschichte einer Konstruktion von ‚Natur'. In: Harro Segeberg (Hrsg.): *Die Mobilisierung des Sehens. Zur Vor- und Frühgeschichte des Films in Literatur und Kunst* (*Mediengeschichte des Films*, Bd. 1). München: Fink 1996, S. 69–96.

Fischer-Lichte, Erika: *Die Entdeckung des Zuschauers. Paradigmenwechsel auf dem Theater des 20. Jahrhunderts.* Tübingen: Francke 1997.

Fitzner, Sebastian: ‚Raumrausch und Raumsehnsucht'. Zur Inszenierung der Stereofotografie im Dritten Reich. In: *Fotogeschichte* 28,109 (2008): Räumliches Sehen. Die Stereoskopie im 19. und 20. Jahrhundert, S. 25–37.

Fleming, Paula / Brian May / Denis Pellerin: *Diableries. Stereoscopic Adventures in Hell.* London: The London Stereoscopic Company 2013.

Friedberg, Anne: *Window Shopping. Cinema and the Postmodern.* Berkeley: University of California Press 1993.

Friedländer, Max: *Essays über die Landschaftsmalerei und andere Bildgattungen.* Den Haag / Oxford: Stols / Cassirer 1947.

Fuchs, Eduard: *Illustrierte Sittengeschichte*, Bd. 3: Das bürgerliche Zeitalter. München: Langen 1912.

Gautier, Théophile: *Histoire de l'art dramatique en France depuis vingt-cinq ans.* 3e, 6e série. Genève: Slatkine 1968.

Geismeier, Willi: *Biedermeier. Das Bild vom Biedermeier. Zeit und Kultur des Biedermeiers. Zeit und Kunstleben des Biedermeier.* Wiesbaden: Ebeling 1979.

Gen, Pitter: Der Führer besucht den Raumbild-Verlag. In: *Das Raumbild. Stereoskopisches Magazin für Zeit und Raum* 7 (1939).

Gernsheim, Helmut: *Geschichte der Photographie. Die ersten hundert Jahre.* Frankfurt am Main: Propyläen 1983.

Glanzrollen. Darstellerfotografie vom 19. Jahrhundert bis 1933, hrsg. v. der Theaterwissenschaftlichen Sammlung Porz-Wahn. Pulheim-Brauweiler: Deutsche Fototage 1995.

Goethe, Johann Wolfgang: *Die Wahlverwandtschaften. Ein Roman. Zweyter Theil.* Tübingen: Cotta 1809.

Grau, Oliver: *Virtuelle Kunst in Geschichte und Gegenwart.*Berlin: Reimer 2001.

—: Remember the Phantasmagoria! Illusion Politics of the Eighteenth Century and Its Multimedial Afterlife. In: Ders. (Hrsg.): *MediaArtHistories.* Cambridge: MIT Press / Leonard 2007, S. 137–162.

Großklaus, Götz: *Medien-Zeit Medien-Raum. Zum Wandel der raumzeitlichen Wahrnehmung in der Moderne.* Frankfurt am Main: Suhrkamp 1995.

Günzel, Stephan: *Raum. Ein interdisziplinäres Handbuch*, unter Mitarbeit von Franziska Kümmerling. Stuttgart: Metzler 2010.

—: *Raum Bild. Zur Logik des Medialen.* Berlin: Kadmos 2012.

Gunning, Tom: Phantom Images and Modern Manifestations. Spirit Photography, Magic Theater, Trick Films, and Photography's Uncanny. In: Patrice Petro (Hrsg.): *Fugitive Images. From Photography to Video.* Bloomington: Indiana UP 1995, S. 42–71.

Hall, Roger A.: *Performing the American Frontier, 1870–1906.* Cambridge: Cambridge UP 2001.

Hämmerle, Patricia Anna: *Schattenriss der Zeit. Fotografie und Wirklichkeit.* Dissertation, Zürich 1996.

Hampf, M. Michaela / Simone Müller-Pohl (Hrsg.): *Global Communication Electric: Business, News and Politics in the World of Telegraphy.* Frankfurt am Main: Campus 2013.

Hansen, Marc: ‚Wirklichkeitsbilder'. Der Erste Weltkrieg in der Farbfotografie. In: Gerhard Paul (Hrsg.): *Das Jahrhundert der Bilder. 1900 bis 1949*. Göttingen: Vandenhoeck & Ruprecht 2009, S. 188–195.

Hauron, Louis Ducos du: *Les Couleurs en photographie. Solution du problème*. Paris: Marion 1869.

Hayes, R. M.: *3-D Movies. A History and Filmography of Stereoscopic Cinema*. Jefferson, NC / London: McFarland 1989.

Heard, Mervyn: *PHANTASMAGORIA. The Secret History of the Magic Lantern*. The Hastings: Projection Box 2006.

Heine, Heinrich: *Lutezia. Berichte über Politik, Kunst und Volksleben*. Säkularausgabe, Bd. 11, hrsg. v. der Nationalen Forschungs- und Gedenkstation der klassischen deutschen Literatur in Weimar und dem Centre National de la Recherche Scientifique Paris. Berlin / Paris: Akademie / Edition du CNRS 1974.

Helmholtz, Hermann von: *Handbuch der physiologischen Optik*. Leipzig: Voss 1867.

Hermann, Max: Das theatralische Raumerlebnis. In: *Zeitschrift für Ästhetik und allgemeine Kunstwissenschaft* 25 (1931): Beilagenheft: Vierter Kongreß für Ästhetik und allgemeine Kunstwissenschaft. Hamburg, Oktober 1930, S. 152–163.

Herz, Rudolf: *Hoffmann und Hitler. Fotografie als Medium des Führer-Mythos*. München: Klinkhardt 1994.

Heydecker, Joe J.: *Das Hitler-Bild. Die Erinnerungen des Fotografen Heinrich Hoffmann*. St. Pölten: Residenz 2008.

Hick, Ulrike: *Geschichte der optischen Medien*. München: Fink 1999.

Historical Social Research 131,35 (2010): Global Communication. Telecommunication and Global Flows of Information in the Late 19th and Early 20th Century, hrsg. v. Roland Wenzlhuemer.

Hochreiter, Otto: Erotik der Rührung. Zur stereoskopischen Akt-Daguerreotypie. In: Bodo von Dewitz / Reinhard Matz (Hrsg.): *Silber und Salz: Zur Frühzeit d. Photographie im dt. Sprachraum 1839–1860*. Köln: Ed. Braus 1989, S. 480–493.

Hoerner, Ludwig: *Das photographische Gewerbe in Deutschland 1839–1914*. Düsseldorf: GFW 1989.

Holmes, Oliver Wendell: Das Stereoskop und der Stereograph. In: Wolfgang Kemp (Hrsg.): *Theorie der Fotografie*, Bd.1. München: Schirmer-Mosel 1980, S. 114–121.

Holzer, Anton: ‚Going over the Top'. Neue Perspektiven aus dem Schützengraben. In: Gerhard Paul (Hrsg.): *Das Jahrhundert der Bilder. 1900 bis 1949*. Göttingen: Vandenhoeck & Ruprecht 2009, S. 196–203.

—: *Die andere Front. Fotografie und Propaganda im Ersten Weltkrieg*. Darmstadt: Primus 2007.

Iser, Wolfang: *Der implizite Leser. Kommunikationsformen des Romans von Bunyan bis Beckett*. München: Fink 1972.

Jackob, Alexander / Kati Röttger (Hrsg.): *Theater und Bild. Inszenierungen des Sehens*. Bielefeld: Transcript 2007.

Jackob, Alexander: *Theater und Bilderfahrung. In den Augen der Zuschauer*. Bielefeld: Aisthesis 2014.

Jockenhövel, Jesko: *Der digitale 3D-Film. Narration, Stereoskopie, Filmstil*. Wiesbaden: Springer 2014.

Jones, John: *Wonders of the Stereoscope*. New York: Knopf 1976.

Jones, John Bush: *Our Musicals. Ourselves*. Hannover: Brandeis UP 2003.

Jooss, Birgit: *Lebende Bilder: Körperliche Nachahmung von Kunstwerken in der Goethezeit*. Berlin: Reimer 1999.

Kemner, Gerhard: *Stereoskopie. Technik, Wissenschaft, Kunst und Hobby*. Berlin: Museum für Verkehr und Technik 1989.

Kemp, Wolfgang (Hrsg.): *Theorie der Fotografie: eine Anthologie*, Bd.1: 1839–1912. München: Schirmer-Mosel 1980.

Kessler, Frank / Sabine Lenk / Martin Loiperdinger (Hrsg.): *Georges Méliès. Magier der Filmkunst* (*KINtop. Jahrbuch zur Erforschung des frühen Films* 2). Frankfurt am Main: Stroemfeld / Roter Stern 1993.

—: *Film und Projektionskunst* (*KINtop. Jahrbuch zur Erforschung des frühen Films* 8). Frankfurt am Main: Stroemfeld / Roter Stern 1999.

Kieninger, Ernst / Doris Rauschgatt: *Die Mobilisierung des Blicks. Eine Ausstellung zur Vor- und Frühgeschichte des Kinos.* Wien: PVS 1995.

Klier, Helmar (Hrsg.): *Theaterwissenschaft im deutschsprachigen Raum. Texte zum Selbstverständnis.* Darmstadt: WBG 1981.

Klippel, Heike / Florian Krautkrämer: Wenn die Leinwand zurück schießt. Zur Geschichte des 3D-Kinos. In: Jan Distelmeyer / Lisa Andergassen / Nora Johanna Werdich (Hrsg.): *Raumdeutung. Zur Wiederkehr des 3D-Films.* Bielefeld: Transcript 2012, S. 45–66.

Koeltzsch, Hans: *Der neue Operettenführer.* Stuttgart / Hamburg: Deutscher Bücherbund 1967.

Korte, Helmut / Johannes Zahlten (Hrsg.): *Kunst und Künstler im Film.* Hameln: Niemeyer 1990.

Krämer, Sybille: Spielerische Interaktion. Überlegungen zu unserem Umgang mit Instrumenten. In: Florian Rötzer: *Schöne neue Welten? Auf dem Weg zu einer neuen Spielkultur.* München: Boer 1995, S. 225–236.

Krauss, Rosalind: Photography's Discursive Spaces. In: Jessica Evans / Stuart Hall (Hrsg.): *Visual Culture. The Reader.* London: Sage 1999, S. 193–210.

Krauth, Alfred / Carl Neithold (Hrsg.): *Die Indupor-Stereo-Photographie. Eine neue Erwerbsquelle für den praktischen Photographen; Wegweiser, die Stereophotographie in den Dienst der Industrie, des Portraits und der Wissenschaft zu stellen.* Frankfurt am Main: Stereo-Indupor-Gesellschaft 1920.

Kuchenbuch, Thomas: *Die Welt um 1900. Unterhaltungs- und Technikkultur.* Stuttgart / Weimar: Metzler 1992.

Langdale, Allan (Hrsg.): *Hugo Münsterberg on Film. The Photoplay, a Psychological Study, and Other Writings.* New York: Routledge 2002.

Langlois, Charles: *Relation du combat et de la bataille d'Eylau.* Paris: Panorama des Champs-Elysées 1844.

Lauter, Wolfgang: *Passagen.* Dortmund: Harenberg 1996.

Lehnert, Gertrud (Hrsg.): *Raum und Gefühl. Der Spatial Turn und die Emotionsforschung.* Bielefeld: Transcript 2011.

Lemke, Hermann: *Das Kaiserpanorama. Seine Geschichte, seine Entwicklung und seine hohe Bedeutung für Schule und Volk. Eine monographische Studie.* Storkow: Schultechnik-Verlag 1913.

Leonhardt, Nic: ... in die Tiefe des Bildes hineingezogen. Die Stereofotografie als visuelles Massenmedium des 19. Jahrhunderts. In: Christopher Balme / Markus Moninger (Hrsg.): *Crossing Media. Theater – Film – Photographie – Neue Medien.* München: ePODIUM 2004, S. 99–108.

—: *Piktoral-Dramaturgie. Visuelle Kultur und Theater im 19. Jahrhundert (1869–1899).* Bielefeld: Transcript 2007.

Leonhardt, Nic / Christopher B. Balme: Theater und Fotografie im 19. Jahrhundert. In: Ch. Grivel / André Gunthert / Bernd Stiegler (Hrsg.): *Die Eroberung der Bilder.* München: Fink 2003, S. 102–119.

Lexikon der Ästhetik, hrsg. v. Henckmann, Wolfhart / Konrad Lotter. München: Beck 1992.

Lichtenstein, Jacqueline: *The Eloquence of Color. Rhetoric and Painting in the French Classical Age.* Berkeley / Los Angeles / Oxford: University of California Press 1993.

Linseisen, Elisa: *3D. Filmisches Denken einer Unmöglichkeit.* Würzburg: Königshausen & Neumann 2014.

Lorenz, Dieter: *Der Raumbild-Verlag Otto Schönstein. Zur Geschichte der Stereoskopie (DHM-Magazin. Mitteilungen des Deutschen Historischen Museums* 11,27). Berlin: DHM 2001.

—: *Das Kaiserpanorama. Ein Unternehmen des August Fuhrmann.* München: Münchner Stadtmuseum 2010.

Maas, Ellen: *Das Photoalbum 1858–1918. Eine Dokumentation zur Kultur- und Sozialgeschichte.* Ausstellungskatalog Münchner Stadtmuseum. München: Lipp 1975.

—: *Die goldenen Jahre der Photoalben. Fundgrube und Spiegel von gestern.* Köln: DuMont 1977.

Maase, Kaspar: *Die Kinder der Massenkultur. Kontroversen um Schmutz und Schund seit dem Kaiserreich.*Frankfurt am Main: Campus 2012.

MacCannell, Dean: Staged Authenticity. Arrangement of Social Space in Tourist Settings. In: *American Journal of Sociology* 79,3 (1979), S. 589–603.

Matthes, Lothar: *Vaudeville. Untersuchungen zu Geschichte und literatursystematischem Ort einer Erfolgsgattung.* Heidelberg: Winter 1983.

McCormick, John: *Melodrama. Theatres of the French Boulevard.* Cambridge: Chadwyck-Healey 1982.

Medicus, Thomas: Die schwarze Seite der Schrift. Roland Barthes' Wahrnehmung der Welt durch das Detail. In: Barbara Naumann (Hrsg.): *Vom Doppelleben der Bilder. Bildmedien und ihre Texte.* München: Fink 1993, S. 15–28.

Meisel, Martin: *Realizations. Narrative, Pictorial, and Theatrical Arts in Nineteenth-Century England.* Princeton: Princeton UP 1983.

—: Scattered Chiaroscuro. Melodrama as a Matter of Seeing. In: Jacky Bratton / Jim Cook / Christine Gledhill (Hrsg.): *Melodrama. Stage Picture Screen.* London: British Film Institute 1994, S. 65–81.

Mikotowicz, Thomas (Hrsg.): *Theatrical Designers. An International Biographical Dictionary.* New York: Greenwood 1992.

Miraglia, Marina / Pino Pinatanida / Ulrich Pohlmann (Hrsg.): *Giorgio Sommer in Italien. Fotografien 1857–1888.* Heidelberg: Edition Braus 1992.

Monaco, James: *Film verstehen. Kunst, Technik, Sprache, Geschichte und Theorie des Films und der Medien. Mit einer Einführung in Multimedia*, überarb. u. erw. Aufl. hrsg. v. Hans-Michael Bock. Reinbek: Rowohlt 1996.

Müller, Corinna: *Frühe deutsche Kinematographie. Formale, wirtschaftliche und kulturelle Entwicklungen 1907–1912.* Stuttgart / Weimar: Metzler 1994.

Müller, Jürgen E.: *Intermedialität. Formen moderner kultureller Kommunikation.* Münster: Nodus 1996.

Müller, Susanne: *Die Welt des Baedeker. Eine Medienkulturgeschichte des Reiseführers 1830–1945.* Frankfurt am Main / New York: Campus 2012.

Nadar: *Als ich Photograph war.* Frauenfeld: Huber 1978 [*Quand j'étais photographe.* Paris 1900].

Nazarieff, Serge: *Stereo Akte 1850–1930.* Berlin: Taco 1987.

Nekes, Werner (Hrsg.): *Ich sehe was, was du nicht siehst! Sehmaschinen und Bilderwelten. Die Sammlung Werner Nekes.* Ausstellungskatalog Museum Ludwig. Göttingen: Steidl 2002.

Newhall, Beaumont: *Geschichte der Photographie*, aus d. Amer. v. Reinhard Kaiser. Darmstadt: WBG 1984.

Niemann, Carsten: *Aus meinem Hannoverschen Bühnenalbum.* Erfurt: Sutton 1998.

Norstedt, Marilyn (Hrsg.): *British Parliamentary Papers, Stage and Theatre*, Bd. 1. Shannon: Irish UP 1968.

Oehlschläger, Claudia: *Unsägliche Lust des Schauens. Die Konstruktion der Geschlechter im voyeuristischen Text.* Freiburg i. Brsg.: Rombach 1996.

Oettermann, Stephan: *Das Panorama. Die Geschichte eines Massenmediums.* Frankfurt am Main: Syndikat 1980.

Osterhammel, Jürgen: *Die Verwandlung der Welt. Eine Geschichte des 19. Jahrhunderts.* München: Beck 2009.

Paech, Joachim / Jens Schröter (Hrsg.): *Intermedialität analog/ digital. Theorien – Methoden – Analysen.* München: Fink 2008.

Panofsky, Erwin: Ikonographie und Ikonologie. In: Ekkehard Kaemmerling (Hrsg.): *Bildende Kunst als Zeichensystem*, Bd. 1: Ikonographie und Ikonologie. Theorien – Entwicklung – Probleme. Bildende Kunst als Zeichensystem. 6., überarb. Aufl. Köln: DuMont 1994, S. 207–225.

Paul, Arno: Theater als Kommunikationsprozess. Medienspezifische Erörterungen zur Entwöhnung vom Literaturtheater. In: Helmar Klier (Hrsg.): *Theaterwissenschaft im deutschsprachigen Raum. Texte zum Selbstverständnis.* Darmstadt: WBG 1981, S. 238–289.

Paul, Gerhard: *Bilder des Krieges. Krieg der Bilder. Die Visualisierung des modernen Krieges.* München: Fink 2004.

— (Hrsg.): *Das Jahrhundert der Bilder. 1900 bis 1949.* Göttingen: Vandenhoeck & Ruprecht 2009.

Pellerin, Denis: *La photographie stéréoscopique sous le second Empire.* Paris: Bibliothèque Nationale de France 1995.

—: *De quelques usages du stéréoscope sous le Second Empire.* Mondoubleau: Pellerin 1999.

Peters, Ursula: *Stilgeschichte der Photographie in Deutschland 1839–1900.* Köln: DuMont 1979.

Pfister, Manfred: *Das Drama. Theorie und Analyse.* München: UTB 1997.

Pietsch, Werner: *Stereofotografie. Die Grundlagen der Stereoskopie, Einführung in ihre photographischen Anwendungen sowie Anleitung zur praktischen Ausübung.* Halle, Saale: Fotokino [1959] 1962.

Pinson, Stephen C.: *Speculating Daguerre. Art and Enterprise in the Work of L. J. M. Daguerre.* Chicago / London: University of Chicago Press 2011.

Plumpe, Gerhard: *Der tote Blick. Zum Diskurs der Photographie in der Zeit des Realismus.* München: Fink 1990.

Rajewski, Irina: *Intermedialität.* Tübingen: UTB 2002.

Reuth, Ralf Georg: *Das Gesicht der Diktatur: Das Dritte Reich in 3D-Photos.* München / Zürich: Pendo 2011.

Rheingold, Howard: *Virtuelle Welten. Reisen im Cyberspace.* Reinbek: Rowohlt 1992.

Rötzer, Florian (Hrsg.): *Schöne neue Welten? Auf dem Weg zu einer neuen Spielkultur.* München: Boer 1995.

Rohr, Moritz: *Die Binokularen Instrumente.* Berlin: Springer 1907.

Romer, Grant / Uwe Scheid: *Die erotische Daguerreotypie.* München: Orbis 1997.

Rott, Herbert W. / Dietmar Sieger (Hrsg.): *Neapel und der Süden. Fotografien 1846–1900. Sammlung Siegert.* Ausstellungskatalog Bayerische Staatsgemäldesammlungen München. Ostfildern: Hatje Cantz 2011.

Said, Edward: *Orientalism.* London: Penguin 1977.

Samuels, Maurice: *The Spectacular Past. Popular History and the Novel in the Nineteenth Century.* Cornell: Cornell UP 2004.

Scheffer, Wilhelm: *Anleitung zur Stereoskopie. Mit einem Anhang stereoskopischer Formeln.* Berlin: Gustav Schmidt 1904.

Schilling, Otto: *Handbuch der Stereoskopie. Theorie, Praxis und Anwendungen der Stereoskopphotographie.* Leipzig: Liesegang 1910.

Schlink, Wilhelm: *Ein Bild ist kein Tatsachenbericht. Le Bruns Akademierede von 1667 über Poussins ‚Mannawunder'.* Freiburg i. Brsg.: Rombach 1996.

Schmidt, Johann N.: *Ästhetik des Melodramas. Studien zum Genre des populären Theaters im England des 19. Jahrhunderts.* Heidelberg: Winter 1986.

—: Vom Drama zum Film. ‚Filmische' Techniken im englischen Bühnenmelodram des neunzehnten Jahrhunderts. In: Harro Segeberg (Hrsg.): *Die Mobilisierung des Sehens. Zur Vor- und Frühgeschichte des Films in Literatur und Kunst* (*Mediengeschichte des Films*, Bd. 1). München: Fink 1996, S. 261–277.

Schmidt, Robert F. / Gerhard Thews (Hrsg.): *Physiologie des Menschen.* Berlin / Heidelberg: Springer 1987.

Schoeps, Karl-Heinz: *Literature and Films in the Third Reich*, aus d. Dt. v. Kathleen M. Dell'Orto. Rochester: Camden-House 2004.

Schopenhauer, Arthur: *Die Welt als Wille und Vorstellung II.* Darmstadt: WBG 1961.

Schreiber, Robert A.: Classification of Diableries. In: *Stereo World Magazine* 30 (2004), S. 10–20.

Schreiber, Ulrich: *Opernführer für Fortgeschrittene. Eine Geschichte des Musiktheaters. Das 19. Jahrhundert.* Basel: Bärenreiter 1991.

Schröter, Jens: *3D. Zur Theorie, Geschichte und Medienästhetik des technisch-transplanen Bildes.* München: Fink 2009.

—: Politisierung des Raums. Stereoskopie im Dritten Reich. In: Sabiene Autsch / Sara Hornäk (Hrsg.): *Räume in der Kunst. Künstlerische, kunst- und medienwissenschaftliche Entwürfe.* Bielefeld: Transcript 2010, S. 211–230.

—: *3D. History, Theory and Aesthetics of the Transplane Image*. New York: Bloomsbury 2014.

— (Hrsg.): *Handbuch Medienwissenschaft*, unter Mitarbeit von Simon Ruschmeyer / Elisabeth Walke. Stuttgart: Metzler 2014.

Schwartz, Vanessa / Jeanne M. Przybylski (Hrsg.): *The Nineteenth-Century Visual Culture Reader.* New York / London: Routledge 2004.

Schwartze, Theodor: *Das Buch der Erfindungen im XIX Jahrhundert*, 7., umgearb. Aufl. Leipzig: Spamer 1883.

Segeberg, Harro (Hrsg.): *Die Mobilisierung des Sehens. Zur Vor- und Frühgeschichte des Films in Literatur und Kunst* (*Mediengeschichte des Films*, Bd. 1). München: Fink 1996.

— (Hrsg.): *Mediale Mobilmachung*, Teil I: Das Dritte Reich und der Film. München: Fink 2006.

Sehsucht. Das Panorama als Massenunterhaltung des 19. Jahrhunderts, hrsg. v. der Kunst- und Ausstellungshalle der Bundesrepublik Deutschland. Frankfurt am Main: Stroemfeld 1993.

Senelick, Laurence: Eroticism in Early Theatrical Photography. In: *Theatre History Studies* 11 (1991), S. 1–50.

—: Double Vision. Second Empire Theatre in Stereographs. In: *Theatre Research International* 24,1 (1999), S. 82–88.

Slater, Don: Photography and Modern Vision. The Spectacle of 'Natural Magic'. In: Chris Jenks (Hrsg.): *Visual Culture.* London / New York: Routledge 1995, S. 218–237.

Smith, James L. (Hrsg.): *Victorian Melodramas. Seven English, French and American Melodramas.* London: Dent 1976.

Solomon-Godeau, Abigail: Die Beine der Gräfin. In: Liliane Weissberg (Hrsg.): *Weiblichkeit als Maskerade.* Frankfurt am Main: Fischer 1994.

—: Wer spricht so? Einige Fragen zur Dokumentarfotografie. In: Herta Wolf (Hrsg.): *Diskurse der Fotografie. Fotokritik am Ende des fotografischen Zeitalters.* Frankfurt am Main: Suhrkamp 2003, S. 53–74.

Sontag, Susan: *Über Fotografie*. Frankfurt am Main: Fischer [11]1999.

Stafford, Barbara: *Kunstvolle Wissenschaft. Aufklärung, Unterhaltung und der Untergang der visuellen Bildung.* Amsterdam / Dresden: Verlag der Kunst 1998.

Starl, Timm: Fortschritt und Phantasma. Zur Entstehung der photographischen Bildwelt. In: Bodo von Dewitz / Reinhard Matz (Hrsg.): *Silber und Salz. Zur Frühzeit der Photographie im deutschen Sprachraum 1839–1860.* Agfa Foto-Historama. Kataloghandbuch zur Jubiläumsausstellung 150 Jahre Photographie. Köln / Heidelberg: Edition Braus 1989, S. 80–87.

Stenger, Erich: *Die beginnende Photographie im Spiegel von Tageszeitungen und Tagebüchern. Ein Beitrag zum 100jährigen Bestehen der Lichtbildnerei 1839–1939.* Würzburg: Triltsch 1940.

—: *Siegeszug der Photographie in Kultur Wissenschaft Technik.* Seebruck am Chiemsee: Heering 1950.

Sucher, C. Bernd: *Theaterlexikon. Autoren, Regisseure, Schauspieler, Dramaturgen, Bühnenbildner, Kritiker*, Bd. 1. München: dtv 1994.

Stiegler, Bernd: *Theoriegeschichte der Photographie.* München: Fink [2006] [2]2010.

Strobel, Ricarda: Vom Jahrmarkt in den Filmpalast: Kino und Film im ersten Jahrzehnt. In: Werner Faulstich: *Das Erste Jahrzehnt. Kulturgeschichte des 20. Jahrhunderts.* München: Fink 2014, S. 71–83.

Taft, Robert: *Photography and the American Scene. A Social History, 1839–1889* [1938]. New York: Macmillan 1964.

Talbot, William Henry Fox: *The Pencil of Nature.* London: Longman, Brown, Green and Longmans 1844.

Theaterlexikon, hrsg. v. Henning Rischbieter. Zürich / Schwäbisch Hall: Orell Füssli 1983.

Theye, Thomas (Hrsg.): *Der geraubte Schatten. Eine Weltreise im Spiegel der ethnographischen Photographie.* Ausstellungskatalog Münchner Stadtmuseum / Haus der Kulturen der Welt, Berlin. München / Luzern: Bucher 1989.

Thomson, David Croal: *Life and Labours of Hablot Knight Browne "phiz".* London: Chapman & Hall 1884.

Tillmanns, Urs: Im Bann der Bildpaare. In: *Photographie*, April 1979, S. 120–123.

Tomlin, E. W. F. (Hrsg.): *Die Welt des Charles Dickens.* Hamburg: Hoffmann & Campe 1969.

Turner, R. M.: *In the Eye's Mind: Vision and the Helmholtz-Hering Controversy.* Princeton: Princeton UP 1994.

Vlock, Deborah: *Dickens, Novel Reading, and the Victorian Popular Theatre.* West Nyack / New York: Cambridge UP 1999.

Vogl-Bienek, Ludwig: Turning the Social Problem into Performance. In: Marta Braun / Charlie Keil / Rob King (Hrsg.): Helden mit Handicap. Die Soziale Frage in der viktorianischen Projektionskunst. In: Herbert Uerlings / Nina Trauth / Lukas Clemens (Hrsg.): *Armut. Perspektiven in Kunst und Gesellschaft.* Darmstadt: Primus 2011, S. 231–239.

—: *Beyond the Screen. Institutions, Networks and Publics of Early Cinema.* New Barnet: Libbey 2012.

Warstat, Matthias: Theaterwissenschaft. In: Jens Schröter (Hrsg.): *Handbuch Medienwissenschaft.* Stuttgart: Metzler 2014, S. 434–440.

Welz, Gisela: *Inszenierungen kultureller Vielfalt.* Frankfurt am Main / New York / Berlin: Akademie 1996.

Wendt, Max: *Der Führer und seine Mitarbeiter auf dem Reichsparteitag der Ehre.* Berlin: Dreyer 1936.

Williams, Linda: Corporealized Observers. Visual Pornographies and the ‚Carnal Density of Vision'. In: Patrice Petro (Hrsg.): *Fugitive Images. From Photography to Video*. Bloomington: Indiana UP 1995, S. 3–41.

Wing, Paul: Devil Tissues. The B.K. Diableries. In: *Stereo World* 1 (März–April 1974), S. 3, 15.

Wolf-Czapek, Karl Wilhelm: *Stereoskopie*. Dresden: Verl. der ICA 1914.

Villeneuve, Rodrigue: Photography of Theatre: Images Always Fail. In: *Canadian Theatre Review* 64 (1990), S. 32–37.

Yon, Jean-Claude: *Les Spectacles sous le Second Empire*. Paris: Colin 2010.

Zimmermann, Peter (Hrsg.): *Geschichte des dokumentarischen Films in Deutschland*. 3 Bde. Stuttgart: Reclam 2005.

Zone, Ray: *3D Filmmakers. Conversations with Creators of Stereoscopic Motion Pictures*. Oxford: Scorecrow 2005.

—: *Stereoscopic Cinema and the Origins of 3-D Film*. Lexington: UP of Kentucky 2007.

Zeitungsartikel

Allgemeine Illustrierte Zeitung. 2. Jg., Nr. 1. Leipzig / Dresden / Berlin / Wien, 1866.

Dargis, Mahola: 'Napoleon' Is Lost, Long Live 'Napoleon'! In: *The New York Times*, 16.03.2012.

Death of Anne Pixley. In: *New York Herald*, 10.11.1893.

Die Lichtbilder Daguerre's. In: *Das Pfennig-Magazin für Verbreitung gemeinnütziger Kenntnisse* 312, Leipzig, 23.03.1839.

Die illustrirte Welt. Blätter aus Natur und Leben, Wissenschaft und Kunst zur Unterhaltung und Belehrung für die Familie, für Alle und Jeden. 6. Jg. Stuttgart: Hallberger 1858.

Editorial. Rückblick und Vorschau. In: *Das Raumbild. Monatszeitschrift für die gesamte Stereoskopie und ihre Grenzgebiete* 2,12 (1936), S. 265–266.

Films Like Real Life. Words as Well as Deeds. In: *Times of India*, 23.12.1924, S. 12.

Göttler, Fritz: Titanic in 3D – ein Trauergesang. In: *Süddeutsche Zeitung*, 05.04.2012. http://www.sueddeutsche.de/kultur/blockbuster-zurueck-im-kino-titanic-in-d-ein-trauergesang-1.1326453 (Zugriff am 16.09.2014).

Higgins, Charlotte: Wim Wenders taps into 3D for documentary on Pina Bausch. In: *The Guardian*, 13.02.2011.

Maslin, Janet: Across the Sea of Time. In: *New York Times*, 20.10.1995.

Müller, Katrin Bettina: Trauer in Energie umwandeln. Interview mit Wim Wenders. In: *taz online*, 10.02.2011. http://www.taz.de/!65625/ (Zugriff am 25.10.2014).

Internet-Publikationen

http://www.bigmoviezone.com/filmsearch/movies/index.html?uniq=47

www.brianmay.com

www.dhm.de

Dickens, Charles: *Oliver Twist*. Projekt Gutenberg Books. http://www.gutenberg.org/files/730/730-h/730-h.htm (Zugriff am 28.09.2014).

Eisenberg, Eric: To 3D or not to 3D: Buy the Right Gravity Ticket. http://www.cinemablend.com/new/3D-Or-3D-Buy-Right-Gravity-Ticket-39663.html (Zugriff am 13.09.2014). http://www.uf-3d-foto.de/geschichte/erich_stenger/fruehgeschichte.html

http://www.europeana1914-1918.eu/de

http://www.kaiser-panorama.de/

http://www.londonstereo.com/introduction.html

http://www.londonstereo.com/diableries/
http://www.pina-film.de/
http://saebi.isgv.de/biografie/Fritz_Boehner_(1896–1959) (Zugriff am 18. Oktober 2014)
http://www.stereoscopy.com
http://www.stereoscopicmedia.org
http://www.the3drevolution.com/
http://www.throneofhelios.com
www.yellowstonestereoviews.com
http://www.youtube.com/watch?v=D1afn5gUiU8

Abbildungsverzeichnis

Abb. 24: *Photographic Sketches of English Life*, Nr. 6313: „I'll war[n] you for drinking all the liquor". Deutsches Theatermuseum München, Foto-Sammlung.

Abb. 25: Frauen bei der Handarbeit. Deutsches Theatermuseum München, Foto-Sammlung.

Abb. 26: *That Horrid Rat again!* Strohmeyer & Wyman, Publishers, New York. Underwood & Underwood. 1897. Museum Ludwig Köln, Fotografische Sammlung.

Abb. 27: *Awful Discovery*. Von Phiz. Handkolorierte Hälfte eines Stereobildes. London Stereoscopic Company, 1860. Privates Bildarchiv Nic Leonhardt.

Abb. 28: Erotische Stereoskopie. London, um 1890. The Fine Art Photographer's Publishing Co. 48, Riverdal Road, London, S.W. Privates Bildarchiv Nic Leonhardt.

Abb. 29: Stereobild der Hebe (1796) von Canova (1757–1822) in Berlin, Nationalgalerie. Hersteller: Photographie G.A.F. Déposé à Paris. Um 1880. Deutsches Theatermuseum München.

Abb. 30: Akt-Stereodaguerreotypie, koloriert; ohne Ort, um 1855, unbekannter Fotograf. Museum Ludwig Köln, Fotografische Sammlung.

Abb. 31: Pierre-Numa Bassaget: *Die Schöne mit dem Kanarienvogel*. Lithographie, um 1865. Aus: Eduard Fuchs: *Illustrierte Sittengeschichte*, Bd. 3: Das bürgerliche Zeitalter. München: Langen 1912, S. 140.

Abb. 32: Achille Devéria: *In Erwartung*. Lithographie, 1835. Aus: Eduard Fuchs: *Illustrierte Sittengeschichte*, Bd. 3: Das bürgerliche Zeitalter. München: Langen 1912, S. 146.

Abb. 33 & 34: *Die List der Kokotten*. Anonyme Lithographie. Aus: Eduard Fuchs: *Illustrierte Sittengeschichte*, Bd. 3: Das bürgerliche Zeitalter. München: Langen 1912, S. 292, 293.

Abb. 35: *A Scene in Kroll's Garden – most famous beer garden in Berlin, Germany*. H.C. White Publishers, 1902. Privates Bildarchiv Nic Leonhardt.

Abb. 36: August Fuhrmanns Kaiserpanorama. 1880. Wikimedia.

Abb. 37: *Among the Cherry Blossoms, Tokio, Japan*. Fotografie von B.W. Kilburn, 1901. Vertrieb von James M. Davis. Privates Bildarchiv Nic Leonhardt.

Abb. 38: *Berliner Straßenkämpfe. Weihnachten 1918. Volltreffer am Nationaldenkmal*. Museum Ludwig Köln, Fotografische Sammlung.

Abb. 39: *Hôtel de Ville 24. Mai 1871*. Lithographie um 1875. Abgedruckt in Theodor Josef Hubert Hoffbauer: *Paris à travers les âges*. Paris: Firmin-Didot 1885.

Abb. 40: *Le 24 Mai 1871*. Museum Ludwig Köln, Fotografische Sammlung.

Abb. 41: Plastoreoskop-Brille (= Farb-Anaglyphen-Brille, hier in rot-blau). Aus: Max Wendt: *Der Führer und seine Mitarbeiter auf dem Reichsparteitag der Ehre*. Berlin: Dreyer 1936. Stadtbibliothek Köln. Stereo-Sammlung Selle.

Abb. 42: *Der Führer schreitet zur Tribüne, um die Gäste und Schwerkriegsgeschädigten zu begrüßen*. Aus: *Raumbild-Album*. Stadtbibliothek Köln. Stereo-Sammlung Selle.

Abb. 43: *Auf dem Adolf-Hitler-Platz: Korpsführer Hühnlein macht dem Führer Meldung. Im Vordergrund links: Der Stellv. d. Führers, Rudolf Heß*. Aus: *Raumbild-Album*. Stadtbibliothek Köln. Stereo-Sammlung Selle.

Index

Personen

(Anmerkung: nicht immer ließen sich die biographischen Daten der gelisteten Personen sicher ermitteln. Ein „?“ hinter dem Namen weist auf die Lücke an entsprechender Stelle hin.)

Titel

Begriffe